Die Deutsche Bibliothek verzeichnet diese Publikation in der Deutschen Nationalbibliografie; detaillierte bibliografische Daten sind im Internet unter https://portal.dnb.de abrufbar.

1. Auflage 2024

www.masselverlag.de

ISBN 978-3-948576-12-7

Lisa Marie Binder

DER SUPER-FASCHISMUS

oder

Das Buch der Vergebung

massel

Inhalt

VORWORT

Walter van Rossum

Wir könnten uns zurücklehnen. Wir hatten zu annähernd hundert Prozent Recht. Wir, die wir Anfang 2020 aussortiert wurden als Spinner, stets mit der Option vertraut, bald als Kriminelle gehandelt zu werden. Man verkündete dramatische Maßnahmen gegen eine Seuche unfassbaren Ausmaßes. Wir waren noch nicht einmal im Vollbesitz unserer Zweifel und doch schon als Volksfeinde erkannt und isoliert. Wir stürzten uns in eine den meisten unbekannte Wissenswelt, wir improvisierten eine Gegenöffentlichkeit, in der lauter Fremde zu einer Art Gemeinschaft fusionierten. Relativ früh hatten wir die Codes der Macht geknackt. Wir entdeckten, wie eine vermeintlich erschreckende Zahl an Toten vorsätzlich und mit allen Mitteln „hochskaliert" wurde. Wir entlarvten die Behauptung, dass die rigiden Maßnahmen, die das Grundgesetz binnen Tagen zu Makulatur werden ließen, einzig und allein der Überlastung des Gesundheitssystems dienten. Und als man in Windeseile die Endlösung der „Impfung" aus der Tasche zog, wussten wir bereits, dass die damit anvisierte Herdenimmunität nicht funktionieren konnte – und noch schlimmer, dass die sogenannten Impfstoffe verheerende Schäden anrichten würden. Sämtliche Gründe, mit denen die Oberwelt die Gesellschaft verwüstete, konterten wir umgehend mit komplexen und gut belegten Gegennarrativen. Wir sind gefährlich, deshalb schickte man uns in die Verbannung. Wir hatten auf ganzer Linie Recht, doch keine Möglichkeit unser Recht zu realisieren. Und das wird auf längere Sicht so bleiben.

Es kamen neue Ausnahmezustände: der „barbarische russische Angriffskrieg" gegen die schutzlose Ukraine. Bei dieser Gelegenheit wurde tatsächlich eine für nicht möglich gehaltene Zeitenwende proklamiert. Wiederum binnen weniger Wochen wurden bewährte Muster der Verständigung, der Diplomatie, der Friedenssicherung über Bord geworfen. Und wiederum entlarvten wir die von langer Hand vorbereitete Fälschung der Umstände. Gleichzeitig übernahm eine komplett hysterische Politik gegen die „Klimakatastrophe“ das Regime. Auch hier haben wir umgehend, die Lügen erkannt und auseinandergenommen. Es nützt uns nichts. Nicht nur wir, alle leben im Wartesaal der Apokalypse. Jeder auf seine Weise.

Bei den Konformisten werden die Symptome der Zerrüttung immer deutlicher. Auf Seiten des Widerstands haben sich einige in eine Art inneres Exil begeben, andere hoffen darauf, dass die Apokalypse an Hitze verliert, wieder andere träumen von Aufarbeitung. Wenn man nur die Schuldigen ermittelt, korrupte Professoren entlassen, das durchgeknallte Medienrudel wieder an die Leine genommen und führende Politiker vor Gericht gestellt hat, dann käme allmählich auch der Rechtsstaat zurück – irgendwie sollten dann auch die Wunden heilen. Doch das sind hilflose Illusionen. Davon handelt das Buch von Lisa Marie Binder.

Denn ein paar entscheidende Frage bleiben noch unbeantwortet: Wie war das alles möglich? Worum dreht sich der ganze Spuk? Kaum einer, der sich mit den verschiedenen Brandherden auseinandergesetzt hat, wird glauben, es handle sich um eine Serie von Unfällen, Missverständnissen oder einfachen Fehlern. Jeder, der bei Sinnen ist, spürt das System, doch kaum einer kennt den Plan und die Planenden. Spuren weisen auf das *Weltwirtschaftsforum* und seinen Gründer und bisherigen Chef Klaus Schwab, dessen Phantasien über *Die vierte industrielle Revolution* und den *Great Reset* in seinen gleichnamigen Büchern nachzulesen sind. Man wird erstaunliche Ähnlichkeiten mit der real existierenden Wirklichkeit entdecken. Es mögen außerdem unvorstellbar mächtige und reiche Netzwerke von sogenannten Philanthropen im Spiel sein. Darüber wurde schon in Dutzenden Publikationen spekuliert. Lisa Marie Binder versucht nicht, die Täter namhaft zu machen, sie will den Geist des Unternehmens ergründen. „Vor allem zeigt dieses Buch, an welcher Stelle die Menschen in den Faschismus gekippt sind – und wie das immer wieder möglich wird. Um unsere

Schmerzen verwinden zu können, müssen wir uns erkennen." (S. 13)

Es hat sich ergeben, dass wir meist ein wenig im Ungefähren von „Diktatur", „Tyrannei", „Totalitarismus" oder „Totalitärem" reden. Auch Faschismus kommt vor – um auszudrücken, dass man versucht, die Gesellschaft, die Menschen **einem** politischen Willen Untertan zu machen. Lisa Marie Binder erkennt gar einen Superfaschismus am Werk. „Dieser neue Faschismus ist nicht ‚schlimmer', als historisch entwickelte Formen des Faschismus. Nicht in dem, was sich aus ihnen auf Erden entwickelt hat. Die Auswüchse des Nationalsozialismus waren unerträglich. Sie dürfen sich nie mehr realisieren. Im Kern einer Ideologie jedoch, in seiner genetischen Handlungsbeschreibung, liegt die Idee für das, was folgen soll und folgen kann. Wenn eine Maxime, als Essenz einer Ideologie und Fundament einer Politik, tiefer reicht, als alle vorangegangenen Formen von Faschismus, weil sie bis an den Kern des Menschseins heranreicht, ist sie geeignet, weitaus schlimmere Ergebnisse auszuformen, als diejenigen es sind, die sich bereits entwickelt haben." (S. 191)

Binder warnt davor, Faschismus mit seiner historischen Gestalt und den üblichen ihm zugeschriebenen Merkmalen zu verwechseln. Die Essenz jenes Superfaschismus erschöpft sich nicht in der Suspendierung aller bürgerlichen Freiheiten und Grundrechte, sowie der Sprengung der „wichtigsten ethischen Übereinkünfte" (S. 192f). Dieser Superfaschismus nimmt „den Menschen in seinem Menschsein ins Visier. Wenn alle Bindungen restlos zerstört sind, bleibt der Mensch vereinzelt zurück. Kaum wagt man, sich diese Dystopie auszumalen. Einen Vorgeschmack haben wir bereits erhalten. Das soziale Wesen Mensch würde seines Lebenssinns beraubt. Denn ohne Beziehung zu seinesgleichen, zur Welt im Ganzen, ist jeder Mensch nichts." (S. 201)

Es geht um ein System, das nicht bloß mit den Mitteln autoritärer Gewalt operiert, sondern diesem System geht es um die Aneignung des Menschen, indem man ihn enteignet, aus sich selbst vertreibt. Wir sind Zeugen dieser kollektiven Entwurzelung: Menschen, die eben noch beim Anblick einer genetisch manipulierten Gurke mit Brechreiz reagierten, lassen sich gläubig einen Impfstoff verabreichen, der die menschliche Genetik manipuliert. Menschen, die nicht nur zuschauen, sondern sich gar daran beteiligen, Andersdenkende den Mühlen der Justiz zu überantworten oder dem Gehechel des Mobs auszusetzen – ohne, dass sie auch nur andeutungsweise erklären könnten, welche unverzeihlichen Verbrechen hier geahndet werden sollen. Zweifel am Ausmaß der Pandemie, Zweifel an Putins rohem Imperialismus – hatte man uns nicht versichert, Kritik, Einspruch, Widerstand gegen bestimmte Überzeugungen wäre nicht nur erlaubt, sondern sogar in fast jedem Fall höchstinstanzlich geschützt? Menschen, die der „Spiegel" als „die Wehrhaften" feierte, weil sie die Demokratie im Namen derer verteidigen zu behaupten, die für jeden erkennbar und vor unser aller Augen die demokratischen Reste zertreten. Menschen, die seit Jahrzehnten und aus besten Gründen darauf vertrauten, Frieden ohne Waffen zu schaffen, verfallen in durchgeknalltes Kriegsgeheul, weil ein unscheinbarer nuschelnder Mann von „Zeitenwende" faselt. Niemand hielt es für nötig, diesen pompösen Unfug zu hinterfragen.

Der historische Faschismus musste noch gewaltig orgelnde Erregungsrituale schaffen, trommelnde Aufmärsche im Zeichen heiliger Schwüre und leidenschaftliche Gesinnungstänze inszenieren, um Menschen in massenvernichtende Schlachten zu schicken oder Eltern dazu zu bringen, ihre 15jährigen Kinder den Phantasmen des Endsiegs zu opfern. Heute reichen ein paar von abgebrühten Politikern leblos verkündete Imperative unterstützt vom Meinungsdauerfeuer der befehlshabenden Leitartikler, damit Menschen kollektiv die eigene Seele verlassen. Im monotonen Marsch des Rudels vergessen sie umgehend jeden Anstand, vergessen sie sich. Den neuen Untertan erkennt man daran, dass er nie den geringsten Versuch unternommen hat, sich mit den Argumenten der Kritiker zu beschäftigen, einen kühlen Blick hinter die Kulissen etwa der großen Pandemieoper zu wagen, oder sich auch nur einen Moment lang mit den Behauptungen der „Klimakatastrophe" zu beschäftigen. Es wäre so einfach. „Lebenswirksamer" im Geist der Neuen Normalität scheint es, sich den noch so klappernden Verfügungen zu fügen. Spindeldürre Gegenwarten werden zu flüchtiger Heimat, immer auf dem Sprung in die nächste Gegenwart.

Lisa Marie Binder beschreibt nicht nur das Innenleben der Neuen Normalität, sie erklärt auch, wie sie funktioniert. Und man versteht, warum dieses Buch im Untertitel „Buch der Vergebung" heißt. „Die Heilung dieser Krankheit des Systems gelingt nicht in der Neuformulierung von Verfassungen, sondern in der Auseinandersetzung mit dem Leben. Es ist Zeit, Antworten auf das übermächtige Bedürfnis weniger Verantwortlicher zu finden, ihre Macht über jedes Verhältnis mehren zu wollen. Es wird sich nicht in Luft auflösen und eine, auf das Bestehen der Menschheit bezogene, ewige Herausforderung bleiben – auf die wir jedoch mit angemessenen Werkzeugen reagieren könnten. Sie ergibt sich aus der Erkenntnis, dass wir nicht umhinkommen, eine Evolution unserer Begegnungsformen anzustoßen, die zuvörderst ein Bekenntnis zum Menschen einfordert." (S. 24)

VORWORT

Lisa Marie Binder

Der Geist des Faschismus hat sich unserer bemächtigt – schon wieder! Mit lautem Gepolter trat er im zunächst anmutig daherkommenden März 2020 in unsere Lebenswirklichkeit. Und siehe da – weder sprach er italienisch, noch trug er Schnauzbart. Dieser neu aufgeschlagene Faschismus zeigte sich solidarisch dieses Mal und hing der Idee der Unsterblichkeit nach. Das waren neue Gewänder, in die er sich schmiegte.

Doch nicht nur trat er wahnsinnig hip und zeitgeistkonform auf die Weltbühne, sodass er für das Gros der Menschen bis heute unerkannt geblieben ist, er überschritt die Maßlosigkeit totalitärer Bestrebungen und sogar des Ursprungsfaschismus in beinahe unerträglichem Maße. Das konnte fühlen, wessen Rezeptoren noch nicht abgestumpft waren und diese intuitive Wahrnehmung lässt sich dezidiert begründen. Die Grundlage dieser Begründung besteht in einer detaillierten Analyse von Anspruch und Wirklichkeit des im deutschen Grundgesetz normierten Leitbildes unserer Gesellschaft. Sie ist nachzuvollziehen in meinem Buch „Der Rechts-Befund“. Es führt die einzelnen im vorliegenden Buch „Der Super-Faschismus“ dargestellten Ergebnisse in fundierter Weise aus und wendet sich an den fachlich interessierten Leser.

Die alte Faschismus-Definition hat sich nicht nur im Gleichschritt mit ihrem Definitionsgegenstand überholt, sie war nie passend. Wer Definitionen an phänotypischer Symptomatik orientiert, verfehlt die Essenz. Weder benötigt der Faschismus einen Führer, noch eine „rechte Gesinnung“. Es ist die gänzlich unerlöste Verwirklichung eines Lebensprinzips, die sich im Faschismus entfaltet, ein Ur-Muster auf der Klaviatur menschlicher Ausdrucksformen. Es bringt unsägliches Leid, das sich transgenerationell fortsetzt, wenn wir uns nicht mit unserer ganzen Kraft entgegenstellen. Wir müssen *Nein* sagen! *Nein*, zur Unterminierung unseres Verstandes, unserer Bedürfnisse und unseres kulturellen Erbes und *Nein* zur Pervertierung menschlicher Ethik. Dieses *Nein* muss erfühlt werden, es muss dem gemachten Zeitgeist Stand halten und es muss den Raum öffnen für das, was den Menschen in seinem Menschsein ausmacht. Dazu gehört die menschliche Gemeinschaft. Es gilt, ihren Wert zu erkennen und ihren Bestand mit ganzer Hingabe zu schützen, vor jedem weiteren Angriff, der nur denjenigen dient, die die Menschen nicht als beseelte Wesen, sondern als Kalkulationsmasse betrachten. Dafür haben wir alle Wunden zu lecken, die uns in den vergangenen Jahren zugefügt wurden und wir sollten die Hand über diejenigen halten, die wir anderen zugefügt haben.

Dieses Buch zeigt die Diskrepanz zwischen demokratischem Anspruch und Wirklichkeit und es lässt die alte Streitfrage nach dem Unterschied zwischen Totalitarismus und Faschismus virulent werden, die auf eine neue verfasste Faschismus-Definition hinausläuft. Doch vor allem zeigt dieses Buch, an welcher Stelle die Menschen in den Faschismus gekippt sind – und wie das immer wieder möglich wird. Um unsere Schmerzen verwinden zu können, müssen wir uns erkennen – uns, als menschliche Wesen. Dann gelingt Vergebung, die Basis dafür, in Frieden und miteinander eine Welt zu erschaffen, die uns nicht nur entspricht, sondern würdig ist.

Anleitung zum Gebrauch dieses Buchs

Der Zeitgeist benötigt keinen „langen Atem“ mehr. Die zur Verfügung stehende Zeit in Film und Kunst, für Nachrichtenbeantwortung und die Heilung unseres Körpers und Geistes ist verblüffend kurz geworden. Was sich nicht in Einzeilern erfassen lässt, dauert zu lange. Wie sich echte Langeweile anfühlt und welche Schätze sie birgt, wissen nur mehr die wenigsten Kinder – die Alten erinnern sich dunkel ... Dieser Anspruch der Zeitverknappung schafft eine Eindimensionalität, die auch im Denken wirksam wird. Bücher halten dagegen! Für das vorliegende Exemplar bedeutet das: Lesen Sie es am liebsten auf traditionelle Art, von vorn bis hinten. Der gedankliche Bogen mag es Ihnen danken. Wer es vorzieht, rascher zum Kern vorzudringen und auf die Argumentation zu verzichten, die den Zustand unserer Demokratie und der totalitären Anteile unserer Gesellschaft nahelegen, dem sei empfohlen, zunächst Teil 1 zu lesen und dann, nach einem großen Sprung, bei Teil 4 fortzusetzen. Das ergibt ein wenig Zeit! Zeit! Zeit! Ich wünsche Ihnen Erkenntnis und überraschende Gedanken bei der Lektüre.

TEIL 1

Anstrengungen gegen das Leben

Es gibt massive Anstrengungen höchst einflussreicher Kreise, unser Leben, wie wir es noch kennen und schätzen, umwälzend zu verändern. Sie betreffen den Kern unserer Existenz. Es ergibt Sinn, um diesen Angriff zu wissen und ihm wohlweislich die Stirn zu bieten, insbesondere, indem wir in den Blick nehmen, welches Leben wir als Menschheit leben wollen. Das gefährliche Momentum dieser Anstrengungen liegt darin, dass der Angriff auf die Menschlichkeit maskiert daherkommt. Ihm zugrunde liegt eine Un-Ethik der Verdrehung aller kulturellen Schätze der Menschheit, die sich in das gesellschaftliche Gefüge eingeschlichen hat. Nichts wäre törichter, als den Urhebern dieses Angriffs Kleingeistigkeit zu unterstellen. Sie sind nur deshalb auf bisheriger Linie so erfolgreich, weil der Mensch im Grunde gut und damit in gewissem Maße schlicht ist. Bar jeder Ethik nutzen sie diesen Umstand gnadenlos aus und implementieren ihren grotesken Wertekanon als Solidarität und den Maßstab guten Handelns. So kommt es, dass nicht nur das Verwahrlosen- und Versterbenlassen unserer Nächsten als Akt der Menschenliebe hingestellt werden konnte, den zuvörderst die Kirchen mittrugen. Hiermit wurde der Kern unserer Individuation in den Fokus der Anstrengungen genommen. Wenn schließlich das gemeine Volk „eingesehen“ haben sollte, dass keine biologischen Urgesetze existierten und selbst das Basalste unserer menschlichen Herkunft divers und optional sei, droht der Funken göttlichen Lichts in uns getilgt zu werden.

Wer die Welt betrachtet, kommt kaum umhin anzunehmen, es bestünde Interesse daran, die Menschen von ihren Wurzeln abzutrennen. Das Ergebnis nämlich ist Haltlosigkeit im Innen, gefolgt von der Empfänglichkeit für Totalitarismus. Wie jede totalitäre Herrschaftsform wenigstens in einer Rückschau die Frage stellt, „wie das alles möglich wurde“, verlangen die Menschen auch heute nach Erklärungen. Sie sind geeignet, ihnen in gewisser Hinsicht über den Verlust von Freundschaften und Familienbanden hinwegzuhelfen. Aus meiner Sicht gibt es zu dieser Frage klare Antworten. So wie jede Krise das Potenzial birgt, nicht nur unsere eigenen Überzeugungen zutage zu befördern, sondern auch Transformationen einzuleiten, wurde mir bewusst, wie radikal ich mich den Werten Freiheit und Würde verpflichtet fühle. Ich persönlich bin dazu bereit, das zu tun, was ich vor mir selbst vertreten kann. Im Umkehrschluss heißt das: Keinen Zentimeter rücke ich von denjenigen Werten ab, die zu meinem ethischen Kompass gehören. Dies machte in den unglaublichen Jahren 2020 bis 2023 einerseits ein anderes Leben notwendig, als das Kollektiv es offenbar leben möchte. Es zeigte andererseits alleine durch die tatsächliche Möglichkeit, *nicht* am Unrecht teilzunehmen, welches die entscheidenden Werkzeuge und Werte waren, die hätten verhindern können, dass die Menschheit ein weiteres Mal – und dies zudem in beinahe pandemischem Ausmaß – ihrem dunkelsten Schatten zum Opfer fiel.

Wenn wir uns der Entwurzelung und den Verdrehungen entgegenstellen wollen, ist es notwendig, sich auf den Weg zur Erkenntnis zu machen. Daraufhin folgt die Aufgabe der Integration dessen, was ist. In einem dritten Schritt kann eine aus Erkenntnis und Integration errungene Haltung erwachsen, die sich schließlich nach außen manifestiert. Wenn aus vielen, individuellen lebensförderlichen Haltungen eine kollektive Haltung für die Menschheit und das Leben gewonnen werden kann, die einer wahren Ethik gerecht wird, wird das Unmenschliche eingedämmt und darf seinen, in der Polarität dieser Welt, notwendigen Raum einnehmen, ohne uns weiterhin zu dominieren.

KAPITEL 1

Wo sind wir gelandet?

Was ist das für eine Situation, in der die Menschheit sich befindet? Was ist hier passiert und *wie* konnte es passieren – schon wieder? Die Formulierung dieser Zeilen gereicht für mich selbst zum Balanceakt. Die Banalität der Materie, die vordergründig die Welt in einen neuen Totalitarismus gestürzt hat, ermüdet und empört. Wir hätten doch anspruchsvollere Versuche erwartet, uns an der Nase herumzuführen. Die wenig bemühte Überzeugungskraft der Verantwortlichen war geeignet, unseren Geist zu beleidigen. Hinzu kommt: In welcher Haltung gelingt es, dem Menschen zu begegnen, der offenbar *nichts* ahnt? Die Suche nach einem guten Weg schulte unser Mitgefühl.

Wir befanden uns über zwei Jahre in einer Situation, in der geltendes Menschenrecht außer Vollzug gesetzt wurde. Mit der Ausrufung einer epidemischen Lage nationaler Tragweite bescherte uns eine Clique um Klaus Schwab vom Weltwirtschaftsforum zu Davos den Beginn eines neuen Zeitalters. Ihre Proklamation wurde möglich durch eine Veränderung der Definition der Pandemie seitens der Weltgesundheitsorganisation (WHO) sowie dem Entschluss der beteiligten Regierungen, die Existenz eines scheinbar neuartigen Virus als kausale Ursache eines scheinbar neuen Krankheitsbildes zu behaupten.[1] Seine angebliche Neuartigkeit wurde nicht zum Gegenstand von Forschungen gemacht;[2] Obduktionen wurde vom Robert-Koch-Institut (RKI) ausdrücklich nicht empfohlen[3] und scheinbar nur von Prof. Dr. med.

1 Nun offiziell belegbar mit den bislang geheim gehaltenen Protokolle des Corona-Krisenstabs des Robert Koch-Instituts (RKI), Paul Schreyer, „Es soll hochskaliert werden", https://multipolar-magazin.de/artikel/rki-protokolle-1, 18.03.24.

2 Beck, Norbert, „COVID-19-Obduktionen: Harte Fakten", Deutsches Ärzteblatt 2020; 117(26): A-1333 / B-1131, https://www.aerzteblatt.de/archiv/214530/COVID-19-Obduktionen-HArt.e-Fakten, 08.05.24.

3 InFranken, „Corona-Verstorbene, Obduktion von Covid-19-Toten: Warum das RKI seine Meinung geändert hat", https://web.archive.org/web/20201125174609/https://www.infranken.de/ratgeber/gesundheit/covid-19-patienten-obduzieren-das-rki-raet-jetzt-doch-dazu-art-4992924.

Klaus Püschel in Hamburg durchgeführt.[4] Die Chance eines kollektiven Zweifels an diesem Szenario war im Grunde weit größer, als bei anderen Erzählungen, in die wir mitunter bereits hineingeboren wurden. Hier ging es, anders, als dargestellt, nun nicht um spezifiziertes Fachwissen, sondern um etwas Höchstpersönliches: um Krankheit und Gesundheit. Wir mussten uns zunächst verwundert die Augen reiben, als wir feststellten: Die Menschen zweifeln nicht. Die Tatsache, dass der Mensch nicht konsterniert innehält, wenn man ihm auf den Kopf zusagt, er sei krank, obwohl er in voller Kraft steht, mag einen verschreckt das Weite suchen lassen. Wer das Grauen hinter sich gelassen hat, erkennt den kollektiven Geisteszustand unserer Gesellschaft: Der Bezug zum eigenen Körper, zum eigenen Leben, ja, gar zum eigenen Selbst ist unterbrochen. Diese Erkenntnis vermag tiefe Verstörung hervorrufen. Doch aus dieser anfänglichen Verstörung erwächst Ermunterung. Dazu nämlich, sich auf den Weg zu machen, um Heilungsstrategien auszumachen.

Keine Differenzialdiagnose möglich

Obwohl die Krankheit „Covid-19", oder „Corona" sich in Ermangelung einer Differenzialdiagnose zu anderen Atemwegserkrankungen klinisch nicht diagnostizieren lässt und der angewandte Kunstgriff, die Erkrankung mittels eines PCR-Tests zu diagnostizieren schon der groben Plausibilitätsprüfung nicht standhält,[5] ließ sich das Rollout der Verantwortlichen nicht stoppen. Wem bekannt ist, dass vornehmlich das Virus SARS-CoV-2 niemals isoliert wurde,[6] wundert

4 Püschel, Klaus; Aepfelbacher, MArt.in, „Umgang mit Corona-Toten: Obduktionen sind keinesfalls obsolet", Dtsch Arztebl 2020; 117(20): A-1058 / B-892, https://www.aerzteblatt.de/archiv/214070/Umgang-mit-Corona-Toten-Obduktionen-sind-keinesfalls-obsolet, 10.05.24.

5 Lisa Marie Binder, „Der Rechts-Befund", massel Verlag 2024, S. 25 ff.

6 Centers for Disease Control and Prevention, „CDC 2019-Novel Coronavirus (2019-nCoV) Real-Time RT-PCR Diagnostic Panel": „Since no quantified virus isolates of the 2019-nCoV were available for CDC use at the time the test was developed and this study conducted, assays designed for detection of the 2019-nCoV RNA were tested with characterized stocks of in vitro transcribed full length RNA (N gene; GenBank accession: MN908947.2) of known titer (RNA copies/µL) spiked into a diluent consisting

sich nicht. Wenn lediglich Virus-Bruchteile mittels PCR-Tests detektiert werden können, das Virus selbst aber nicht bekannt ist, wird innerer Halt kostbar. Denn dieser Umstand hinderte niemanden daran, Testanordnungen mit genau diesen Tests zu erlassen. Sie werden bis heute genutzt. Damit wurde ein untaugliches Validierungsinstrument zum Damoklesschwert unserer Verfassung. Ein gelungener Schildbürgerstreich, zu dem man nur gratulieren kann.

Vernichtung in Synchronizität

Auch die massenhaft zugestellten Isolationsanordnungen[7] unterlagen freilich ausschließlich der Rechtfertigung durch das Ergebnis der PCR-Tests. Sie griffen in das höchst sensible Recht der Selbstbestimmung des Aufenthaltsorts ein, die eine Freiheitsentziehung im Rechtssinne nahelegt. Sie darf nur unter engen rechtlichen Voraussetzungen ergehen.

Obgleich der Einsatz der PCR-Tests, nicht anders als im Falle der ersuchten Detektion einer HIV-Infektion, als nicht mehr zu betrachten ist, als ein schnöder Taschenspielertrick, unterwirft sich die Menschheit – besonders in den westlichen Ländern der Europäischen Union – ergeben den Ergebnissen der Testungen und damit dem Diktat ihrer Regierungen. Es besteht zu allem bisher in der Geschichte stattgefundenen Unrecht jedoch ein eklatanter Unterschied: Dieses

of a suspension of human A549 cells and viral transport medium (VTM) to mimic clinical specimen", deutsche Übersetzung: „Da zum Zeitpunkt der Entwicklung des Tests und der Durchführung dieser Studie keine quantifizierten Virusisolate des 2019-nCoV für die CDC zur Verfügung standen, wurden die für den Nachweis der 2019-nCoV-RNA konzipierten Assays mit charakterisierten Beständen in vitro transkribierter Volllängen-RNA (N-Gen; GenBank-Zugang: MN908947.2) mit bekanntem Titer (RNA-Kopien/µL) getestet, die in ein Verdünnungsmittel bestehend aus einer Suspension menschlicher A549-Zellen und einem viralen Transportmedium (VTM) gegeben wurden, um eine klinische Probe nachzuahmen., Seite 40, https://www.fda.gov/media/134922/download, 10.05.24.

7 Eine solche Isolationsanordnung griffen wir in einer vom Verein „Aus Liebe zum Grundgesetz" (AlzG) initiierten und finanzierten Klage an. Das VG München gab uns im Oktober 2023 recht: Die Anordnung der Quarantäne sowie die Allgemeinverfügung des Bayerischen Staatsministeriums für Gesundheit und Pflege zur häuslichen Isolation wegen COVID-19 vom 18.08.2020 über den Vollzug des Infektionsschutzgesetzes war (im angefochtenen Umfang) rechtswidrig, https://ausliebezumgrundgesetz.de/2023/12/06/klage-vor-dem-verwaltungsgericht-muenchen-erfolgreich/, 10.05.24.

Unrecht wurde beinahe weltweit und beinahe synchron vollzogen. Dabei zielte das Engagement der Verantwortlichen offenbar auf ganze Gesellschaftsstrukturen. Der Mittelstand, das Kleingewerbe und selbstständige Berufe wurden in existenzielle Krisen gestürzt. Ethische Übereinkünfte, nach der die vulnerabelsten Personenkreise um Kinder, Alte und Schwache zu schützen sind, wurden durch eine sauber von der Berliner Marketingagentur „Scholz & friends" ausgearbeitete Lösung[8] ersetzt, die das heißt: sei solidarisch. „Impfen ist Nächstenliebe" und – sinngemäß: bedecke Dein Antlitz, sonst tötest Du Deinen Opa. Weil das auch das Stichwort der christlichen Kirchen war und die tiefe Kirche möglicherweise nicht weit vom Stamm des tiefen Staats fällt, gab es in unserer bayerischen Gemeinde nun vor der evangelischen Kirche auch „Pfingsten in der Tüte". Kein flacher Scherz, sondern verstörende Realität. Er verursachte nach zwei Jahren Erfahrung im kollektiven Irrenhaus nicht den größten Schaden. Wären die höchst wahrscheinlich[9] rechtswidrigen Freiheitsentziehungen, das Vernichten privater Vermögen und der Angriff auf die psychische und physische Unversehrtheit unserer Kinder, Alten und Schwachen keine strafrechtlich relevanten Tatbestände, für die im Rahmen einer juristischen Verhältnismäßigkeitsprüfung auf Grundlage der in den Epidemischen Bulletins des RKI seit März 2020 bekannten Tatsachen, der Entfall des Vorsatzes ebenso fraglich ist, wie das Vorliegen von Rechtfertigungs- oder Entschuldigungsgründen, wären die grotesken Auswüchse der Causa Corona eine großartige Gelegenheit, aus vollem Herzen zu lachen. Das Lachen muss auf später verschoben werden.

Rekapitulation

Bereits die im Frühjahr 2020 in den epidemiologischen Bulletins veröffentlichten Rohdaten unserer obersten Seuchenbehörde des

---

8 health.reminder, „#wirbleibenzuhause: Scholz & Friends kommuniziert in der Corona-Krise für das BMG", https://www.healthreminder.de/news/wirbleibenzuhause-scholz-friends-kommuniziert-in-der-corona-krise-fuer-das-bmg, 10.05.24.

9 Lisa Marie Binder, „Der Rechts-Befund", massel Verlag, 2024.

RKI widerlegten die Behauptung eines Szenarios einer neuartigen Erkrankung, gefolgt von einer derart hohen Zahl an Opfern, die zur Aufrechterhaltung des Gesundheitssystems den Ausruf einer Pandemie und epidemischen Lage nationaler Tragweite legitimierte.

Die „Infektionszahlen", die auf Basis des PCR-Tests keine sein konnten, waren seit *Anfang März* 2020 rückläufig. Damit besaß *keiner* der angeordneten Lockdowns oder Euphemismen der sogenannten „Maßnahmen", die nach juristischer Anamnese eher einen verfassungswidrigen Vorgang darstellen, der unter dem Strich verdächtig nach Staatsstreich riecht, einen nennenswerten Einfluss auf das Infektionsgeschehen. Jede weitere Diskussion, die seit diesem Zeitpunkt geführt wurde, hatte sich damit erübrigt. Nichtsdestotrotz wurden sie ausführlich geführt. Die Frage nach der adäquatesten aller Maskentypen oder der exakten Intensivbetten-Auslastung zeigt, dass die Menschen sich zwar sehr beschäftigt hielten. Bedauerlicherweise nicht damit, Einfluss auf die Verantwortlichen auszuüben. Die Erörterung irrelevanter Fragen ging an der entscheidenden Frage der Verhältnismäßigkeit der Eingriffe des Staats in die Rechte der Menschen vorbei. Im Strafrecht spräche man vom aberratio ictus: dem fehlgegangenen Hieb.

Die von der ehemaligen Bundeskanzlerin Angela Merkel als Exit-Strategie aus der „Pandemie" vorgestellte und millionenfach verabreichte mRNA-Impfung konnte bereits zum Zeitpunkt der Verkündung der Strategie als missbräuchlich erkannt werden. Weder bedurfte es irgendeiner der vollzogenen Grundrechtsaussetzungen noch einer Exit-Strategie. Scham jedoch scheint im Bundesministerium für Bildung und Forschung nicht endemisch – trotz aller mittlerweile in öffentlich-rechtlichen Medien dargestellten Informationen zur Untauglichkeit der Covid-Impfstoffe hält es bis heute an seiner Sicht fest: „Mehrere Impfstoffe gegen das SARS-CoV-2-Virus wurden bislang in Europa zugelassen. Das ist ein großer Erfolg im Kampf gegen das Virus, denn *nur durch Impfungen kann die Welt wieder dauerhaft zu einer Form der Normalität zurückkehren.*"[10] Hoch-dramatische Verhältnisse lassen sich quasi auf Knopfdruck hin reaktivieren und wurden auf lange Sicht hin angelegt.

Diese, beinahe *zum* Zeitpunkt der Installation, widerlegte Vorstellung des Szenarios einer Bedrohung der Gesellschaft durch ein nicht gekanntes Virus, rechtfertigte bis in das Frühjahr 2023 die Aussetzung einerseits aller zentralen Grundrechte, sowie andererseits fundamentaler Prinzipien unserer Gewaltenteilung und damit unserer demokratischen Grundordnung. Hier sind wir gelandet.

10 Bundesministerium für Bildung und Forschung, „Corona-Impfstoffe im Vergleich: Unterschiede der Impfstoffarten", https://www.bmbf.de/bmbf/shareddocs/kurzmeldungen/de/coronavirus-impfstoffe-im-vergleich.html, 06.03.2024.

KAPITEL 2

Die Vehemenz des Systems schafft echte Kreativität

Diejenigen, die den Zustand unserer Lebenswirklichkeit weitestgehend erfasst hatten, begaben sich auf die Suche nach Auswegen. Wer sich nicht dafür entschied, das Land zu verlassen, der schloss sich in Gruppen zusammen. Dort wurde auf allen Ebenen versucht, neugestaltet und kreativ nach Alternativen geforscht.

Der Ruf nach einer neuen Verfassung

Diese Landung ruft allen Orts Menschen auf den Plan, die nach Lösungen unserer Situation suchen. Sie ist ja nicht nur per se grotesk, sie erzielte durch den Einsatz schweren medialen Geschützes eine tiefgehende Spaltung unserer Gesellschaft, die für feinfühlige Geschöpfe unter uns nicht leicht zu ertragen ist. Eine Lösung scheint in der Neuformulierung unserer Verfassung zu liegen. Dies ist zunächst verständlich. Obwohl unser Grundgesetz, das einen in höchstem Maße gelungenen Ausdruck von zu verbriefenden Menschenrechten und staatsrechtlicher Organisation darstellt, nicht etwa abgeschafft wurde, fand es über die letzten Jahre in seinen wesentlichen Punkten eben keine Anwendung mehr. Der Ruf nach einer neuen Verfassung, wie er von Demokraten, wie auch von Gruppierungen kommt, die die Gültigkeit unseres Grundgesetzes grundsätzlich anzweifeln, verkennt jedoch den tatsächlichen Mangel unseres Rechtssystems. Er gründet eben nicht in den Formulierungen unserer Grundrechte, sondern in der Natur des Menschen. Es fußt auf der Unmöglichkeit, einen Missbrauch der verliehenen Amtsstellung zu verhindern. Keine Klausel dieser Welt ist in der Lage, nachhaltig zu verhindern, dass Verantwortliche sich rechtlicher Konstrukte bedienen, die den Ausnahmezustand formulieren. Die Heilung dieser Krankheit des Systems gelingt nicht in der Neuformulierung von Verfassungen, sondern in der Auseinandersetzung mit dem Leben. Es ist Zeit, Antworten auf das übermächtige Bedürfnis weniger Verantwortlicher zu finden, ihre Macht über jedes Verhältnis mehren zu wollen. Es wird sich nicht in Luft auflösen und eine, auf das Bestehen der Menschheit bezogene, ewige Herausforderung bleiben – auf die wir jedoch mit angemessenen Werkzeugen reagieren könnten.[11] Sie ergibt sich aus der Erkenntnis, dass wir nicht umhinkommen, eine Evolution unserer Begegnungsformen anzustoßen, die zuvörderst ein Bekenntnis zum Menschen einfordert.

Wer im Dezember 2021 durch seine Gemeinde oder andernorts spazierte und anlässlich engagiert errichteter Polizeisperren schließlich an politisch neuralgischen Orten zu stehen kam, erlebte dasjenige, was uns den Weg aus der scheinbar verfahrenen Situation weisen kann. Wenn Demonstranten und ahnungslose Passanten aufeinandertrafen, geschah das, wovor sich die Verantwortlichen am meisten fürchten: Die Menschen begannen, sich miteinander zu unterhalten. Wer es dann aushielt, zugewandt und höflich auf Fragen zu reagieren, deren Antworten von der einen Seite längst von allen Dächern gepfiffen wurden, wer sich also in Respekt und Achtsamkeit übte, der erlebte Erhebendes: die viel zitierte Illusion der Trennung. Wir fühlten, dass wir Menschen unerhört Vieles miteinander teilen und gemeinsam ebenso Unerhörtes erreichen können. Diese Menschen also, die bislang alles ertragen hatten, was man ihnen zugemutet hat und bereit waren, ihre eigenen Bedürfnisse zu negieren, waren aufrichtig daran interessiert, welche Gedanken ihren Geschichten zuwiderlaufen. Solche mitunter aufgeregten Gespräche formen unsere Nächstenliebe, während wir aushalten, dass wir für verrückt gehalten werden. Dort, wo sich die Menschen am Rande ihrer Blasen begegnen, beginnen die beiden Welten, sich wieder ineinanderzuverhaken. Genau dort keimt eine neue Einigkeit unter den Menschen.

11 Die schriftliche Ausführung dieser Werkzeuge ist in Planung.

Begegnung schafft Frieden

Jede echte Begegnung mit dem anderen ist geeignet, den Frieden zu fördern – ein besonders schlichtes Mittel hierfür ist das gemeinsame Singen. Weil die Urheber der „Neuen Normalität", einer Ideologie im Definitionssinne, hierüber profunde Kenntnis besitzen, überzogen sie die Welt mit ihrer neuen fixen Idee. Sie bestand aus einer Form pervertierter Solidarität, deren Semantik in ihr Gegenteil verkehrt wurde. Sie machte scheinbar nötig, dass Menschen sich nicht mehr begegneten: Selbst gemeinsames Singen war unter Strafe gestellt. Bestanden Ausnahmen, so durften sie „mit Abstand" und maskiert abgefeiert werden. Begegnung war sowohl tatsächlich als auf metaphysischer Ebene verunmöglicht. Um in Frieden miteinander zu gelangen, mussten die Menschen sich aufmachen.

Wandel durch die Menschen selbst

Die bewegende Frage nach der strafrechtlichen Relevanz der politisch installierten Nachweispflichten, von Negativergebnissen der Covid-Tests, bis zu Genesenen-Status oder Impfnachweisen ist momentan noch theoretischer Natur. Das Widerstandsrecht aus Artikel 20 Abs. 4 unseres Grundgesetzes ist von einem hehren Gedanken geleitet. Eine Situation akuten Unrechts aber ruft danach, dass die Menschen sich emanzipieren und über die aktuelle Auslegung der verfassten Regeln erheben, indem sie auf den Wesensgehalt des Grundgesetzes pochen – dies ist ein ethischer Imperativ, der in unserer Verfassung seinen Ausdruck findet. Kein Totalitarismus dieser Welt war geneigt, das erhobene Unrecht zu betiteln – darauf zu warten, könnte weltfremder nicht sein. Dass wir es nun mit einem solchen Unrecht zu tun bekommen haben, zeigte die umfassende Prüfung des Sachverhalts.[12]

Die Zäsur, die in der Ausrufung der epidemischen Lage nationaler Tragweite lag, die auf die politische Anweisung eines einzelnen externen Akteurs zurückgeht, dessen Name derzeit in den freigeklagten

12 Lisa Marie Binder, „Der Rechts-Befund", massel Verlag, 2024.

Protokollen des RKI-Krisenstabs noch geschwärzt ist, die auf die Verschärfung der Risikobewertung entgegen der Sachlage pochte,[13] verursachte einen juristischen Kurswechsel, der sich vom Bundesverfassungsgericht bis hinab zu den einzelnen Verwaltungsgerichten ausbreitete. Die Bescheidung vormals bezugsweise eindeutiger Sachverhalte, wurde de facto aussichtslos. Dies gilt trotz eingeräumten Fehlannahmen: Bereits im Dezember 2022 wurde von offizieller Seite bestätigt, dass keiner der verpflichtenden „Impfstoffe" Erkrankung oder Transmission an andere Menschen verhindern konnte.

Diese Inkohärenz ist Teil des Spiels und Betroffenen anderer Sachverhalte längst bekannt. Anzeigen, die Verbrechen im Kreis ritualisierte Gewalt benennen, führen nicht zu nennenswerter Strafverfolgung. Systemische Gewalt weiß sich abzusichern. Wiederholt drücken Menschen mir ihre persönliche Sorge aus, Opfer eines Angriffs von der „guten" Seite zu werden. Ich halte an Demokratie und Menschenrechten unumstößlich fest. Deshalb ermutige ich dazu, diesem Szenario angstfrei ins Antlitz zu blicken. Von welch kleinem Geiste zeugte es nämlich, anzunehmen, allen Anfängen zu wehren, bedeute, Faschismus nur als solchen erkennen zu können, wenn er mit Judenstern am Ärmel aufkreuzt? Schauprozesse, in denen engagierte Demokraten medienwirksam zerpflückt werden, gerade in Einrichtungen, die sich explizit der Holocaust-Aufarbeitung widmen, diskreditieren Juristen und Journalisten ganz von selbst.

Marion Schmidt, Streiterin für Demokratie und gegen Willkürmaßnahmen, die gemäß Darstellung der Süddeutschen Zeitung (SZ) die sogenannten „Corona-Maßnahmen" mit Maßnahmen der NS-Diktatur verglichen hat, wurde mangelnde Verfassungstreue vorgeworfen und damit die Kündigung ihrer Referentenstelle bei der KZ-Gedenkstätte Dachau als rechtmäßig beurteilt. Schmidt weise, so die Süddeutsche Zeitung (SZ), eine Ideologie auf, die mit der freiheitlich-demokratischen

13 Paul Schreyer, „Es soll hochskaliert werden", https://multipolar-magazin.de/artikel/rki-protokolle-1, 08.05.24.

Grundordnung nicht zu vereinbaren sei. Sie hatte auf einer Demonstration gegen die Corona-Politik im Hinblick auf die Einführung einer Impfpflicht von einer „Faschisierung" Deutschlands gesprochen und zur Rebellion aufgerufen. Die SZ berichtete, Schmidt habe mit Oval Media gesprochen, die auf deren Website Verschwörungserzählungen" vom „Großen Reset gewisser Eliten"[14] verbreite.

Die Begründung der Kündigung bedient sich der Kontaktschuld als Angriffspunkt. Tatsachen, die in den Originaldokumenten des WEF und in den Ausführungen Klaus Schwabs ohne großen Aufwand sauber zu recherchieren sind, werden als Unwahrheit diskreditiert. Stringentes Denken findet im Journalismus keine konsequente Anwendung mehr. Man hüte sich jedoch davor, Marion Schmidt „ungeschicktes" Verhalten vorzuwerfen. Wer sich der Wahrheit verpflichtet fühlt, arbeitet nicht in derlei Kategorien.

Der Vorgang generalisierter Pönalisierung historischer Vergleiche ist geeignet, höchst aufmerksam zu machen. Ergibt sich die Einsicht zu grobem Unrecht nicht auf natürliche Weise, sondern veranlasst sie den Gesetzgeber, mit Strafbewehrungen zu arbeiten, fragt sich, welches Motiv hier wirklich drängt. Die Nutzung religiöser Kategorien scheint noch nicht aus der Zeit gefallen zu sein und weist auf den Grad des kollektiven Vernunftgebrauchs hin. Es zeigt sich wiederum: zur Diskreditierung von Kritikern politischer Entscheidungen wird dasjenige vorgeworfen, was diese ihrerseits zum Kern ihrer Kritik erheben – der Wunsch nach Antifaschismus auf allen Seiten. Ein offenbar höchst wirksamer Zug: der Gegenschlag mit gleicher Waffe.

Meinungspluralismus als hehres Ziel

Noch bevor die sogenannte „Pandemie" ihr offiziell verkündetes Ende finden konnte, tat sich unsere Regierung mit einem neuen Vorstoß in Sachen Einhegung der öffentlichen Debatte hervor. Unter dem

14 Jessica Schober, „Impfgegnerin will weiter in KZ-Gedenkstätte arbeiten", Süddeutsche Zeitung vom 11.12.2022.

demokratischen Anspruch, Meinung und Gegenmeinung nicht nur zu tolerieren, sondern im Diskurs einen individuellen und gesellschaftlichen Mehrwert zu erkennen, erscheint die Erweiterung des § 130 StGB, der die Volksverhetzung normiert, höchst fraglich. In seiner aktuellen Fassung stellt er das „Billigen, Leugnen oder gröblich Verharmlosen" einer dort bezeichneten Handlung, die sich gegen eine Person oder Personenmehrheiten richtet, die einer der Kategorien von „national" bis „rassisch", „religiös" oder „ethnischer Herkunft" zuordnen lässt, mit Freiheitsstrafe bis zu drei Jahren unter Strafe. Dabei muss das Tun geeignet sein, zu Hass oder Gewalt gegen eine solche Person oder Personenmehrheit aufzustacheln und den öffentlichen Frieden zu stören. Der Verabschiedung des neuen Absatzes fünf im Oktober 2022 in einem sogenannten Omnibusverfahren, einem Gesetzgebungsverfahren, das zwei Gesetzesvorhaben zusammenfasst, die inhaltlich keinen Zusammenhang aufweisen, gingen weder gesellschaftlichen Diskussionen voraus, noch wurde in den Medien davon berichtet. Diese Änderung scheint eine kritische Auseinandersetzung mit der Einordnung aktueller Vorkommnisse in kriegerischen Auseinandersetzungen jedenfalls deutlich zu erschweren. Das Ringen um Aufklärung aktueller, wie historischer Sachverhalte, ist ein wesentliches Merkmal des Meinungspluralismus, dessen Bestand nun abermals infrage gestellt ist. Nach ständiger Rechtsprechung des Bundesverfassungsgerichts[15] ist die „erwiesen unwahre Tatsachenbehauptung" nicht vom Schutz der Meinungsfreiheit umfasst. Wer also ist befugt, den „Beweis" zu erbringen? Eine im demokratietheoretischen Sinne fundamentale Frage. Die Beschwichtigung des Bundesministeriums der Justiz[16] in ihren FAQ zur Änderung des § 130 StGB verfängt inhaltlich nicht.

Wer die drei vergangenen Jahre unter der Eröffnung der Causa

15 BVerfG, Beschluss vom 03.06.1980 - 1 BvR 797/78, https://openjur.de/u/185425.html.

16 Bundesministerium der Justiz, „Fragen und Antworten zur Neufassung der Strafvorschrift der Volksverhetzung (§ 130 des Strafgesetzbuchs)", https://web.archive.org/web/20221119220814/https://www.bmj.de/SharedDocs/Artikel/DE/2022/1028_Paragraph130_FAQ.html.

Corona aufmerksam verfolgt hat, muss sich fragen, mit welchen Mitteln und Methoden künftig eine *zweifelsfreie* Feststellung von Kriegsverbrechen erfolgen mag. Die Betrachtung der nur jüngeren Geschichte zeigt, dass es mitunter Jahre dauert, bis ein zunächst alternativer und unpopulärer Blick auf die Sachlage Teil der öffentlichen Wahrnehmung wird. Ein Teil der öffentlichen Wahrnehmung ist, wie wir nun deutlich sehen konnten, eben auch die Jurisprudenz. Denken wir hierbei nur an die sogenannte Brutkastenlüge im Kontext des Irakkrieges, die eine Erfindung der amerikanischen PR-Agentur Hill and Knowlton war.[17]

Das BMJ weist in seinen FAQ darauf hin, dass in bestimmten Fällen geschichtliche Tatsachen „allgemeinkundig" sein könnten und dann eine Beweiserhebung durch das Gericht gar nicht erforderlich wäre. Die „Allgemeinkundigkeit" bestimmter geschichtlicher Tatsachen aber, scheint mitunter das Delikateste zu sein, was sich der Wahrheitsfindung entgegenzustellen vermag.

Dieses Phänomen der gefühlten Unanfechtbarkeit kennt man in jeder Disziplin. Sei es in der Grundlagenforschung der Physik, oder in der Medizin, wo sogenannte „medizinische Grundlagen" nicht mehr infrage gestellt werden können. Ein Beispiel ist die wichtige Frage des Einsatzes von Titer-Messwerten als Surrogatmarker zur Feststellung von Immunreaktionen, die in der Impfstoffforschung und -Herstellung die entscheidende Rolle zur Verteidigung der Wirksamkeit von Impfungen spielen. Ein ebenso wichtiges, aber viel Banaleres und gleichzeitige unbekanntes Grundlagenwissen liegt in der Kenntnis der Ausscheidungsbedürfnisse menschlicher Säuglinge. Sie können, entgegen wissenschaftlichem Befund, ihre Ausscheidungsbedürfnisse selbstverständlich nicht nur wahrnehmen, sondern auch kontrollieren und kommunizieren.

Fragen werden entweder nicht zugelassen oder unter Hinweis auf die „Allgemeinkundigkeit" des angeblichen Faktums abgewiesen.

---

17 Barbara Vorsamer, „PR-Agentur Hill & Knowlton:Schmutzige Sprechblasen", https://www.sueddeutsche.de/politik/pr-agentur-hill-knowlton-schmutzige-sprechblasen-1.179920, 06.05.2024.

Damit ist freilich nicht nur der Wissenschaft nicht gedient, sondern auch die Wissenschaftlichkeit des Abweisenden widerlegt. Wissenschaft, die sich nicht ständig infrage stellt, überholt sich im Takt des Fortschritts. Dies zeigte sich eindrucksvoll am Beispiel PCR-Test: Eine Neubewertung der Schlüsseltechnik des PCR-Tests als Basis aller Pandemiegesetzgebung ist unter gegenwärtigen Verhältnissen in der deutschen Gerichtsbarkeit unter keinen Umständen zu erwarten. Hat ein Oberster Gerichtshof sich erst zur Materie geäußert, folgen die unteren Instanzen in aller Regel nach.

Im Oktober 2023 fand die mündliche Verhandlung einer von unserem Verein *Aus Liebe zum Grundgesetz e.V.* initiierten Klage aus dem Oktober 2020 am Verwaltungsgericht München statt. Der im Mai 2020 gegründete Verein sammelt Spenden, um gegen aus unserer Sicht unverhältnismäßige und damit verfassungswidrige Maßnahmen in Bayern vorzugehen. Unser besonnener, aber auch forscher Anwalt wollte trotz gegebener Rechtslage der Richterin nicht „die Chance nehmen, ein besonders gutes Urteil in der Sache zu sprechen". Die Richterin reagierte erwartungsgemäß mit Verweis auf die maßgebliche Entscheidung des Bayerischen Verwaltungsgerichtshofs in München. Auf den Einwand des Klägers hinsichtlich der Tauglichkeit des PCR-Tests stellte er fest: „Die von den Antragstellern vorgetragenen Ungenauigkeiten des PCR-Tests führen aber nicht dazu, dass der PCR-Test grundsätzlich ungeeignet ist, die Infektionsgefahr von SARS-CoV-2 abzubilden. Solange keine zuverlässigere Testmethode vorhanden und anerkannt ist, stellt der PCR-Test ein geeignetes Instrument zur Einschätzung der Übertragungsgefahr von SARS-CoV-2 dar."[18] Der PCR-Test wurde im September 2020 mit juristischem Siegel zum Goldstandard der Medizin erhoben. Weitere Infragestellungen verlaufen sich ab da im Nichts.

Das Vertrauen in unsere Gerichtsbarkeit müsste geradezu

18 VGH München, Beschluss v. 08.09.2020 – 20 NE 20.2001, Rn. 28, https://www.gesetze-bayern.de/Content/Document/Y-300-Z-BECKRS-B-2020-N-22906?hl=true, 10.05.24.

vertrauensselig hoch sein, um hier seit Oktober 2022 einen Diskurs über die Einordnung historischer oder aktueller Kriegsverbrechen zu wagen. Schließlich war bereits das Infragestellen, Einordnen und Bewerten der Pandemiefrage vor Gericht ein Grund zur Verurteilung in verschiedenster Sachlage, von dem selbst Streitsachen vor Familiengerichten nicht unbeeinflusst blieben. Sie erfolgten gemäß Einschätzung des RKI, das zu demjenigen Institut in Deutschland erkoren wurde, das die Wahrheit in „Pandemiefragen" feststellte.

Während in der Schweiz öffentlich ausgetragene Diskussionen über die Entscheidungen des Bundesrates und die Daten des Bundesamts für Gesundheit BAG[19] stattfanden, stellten in Deutschland Einschätzungen von Ärztevereinigungen und die rationale Vernunft des Einzelnen keine zugelassenen Einflussgrößen zur Einschätzung der Sachlage dar.

Worauf darf das Vertrauen gründen, in anderen, zumal hochpolitischen Themen, zöge das entscheidende Gericht ein breiteres Spektrum an Darstellungen der skizzierten Realität in Betracht, um sich der objektiven Wahrheit zu nähern? Wenn der Diskurs über den Tathergang von Kriegsverbrechen wegen konkreter Bedrohung mit strafrechtlichen Sanktionen nicht stattfinden kann, ist der Meinungspluralismus in akuter Gefahr.

---

19 Der Link führt leider nicht mehr zum Video: https://ausliebezumgrundgesetz.de/2020/08/17/1-oeffentliches-podium-in-der-schweiz-corona-pandemie-und-ihre-massnahmen; alternativ: SRF im Gespräch mit Gesundheitsdirektor Jean-Pierre Gallati, Corona-Podium Aarau- „Ich habe mir überlegt, ob man abbrechen soll", https://www.srf.ch/news/regional/aargau-solothurn/corona-podium-aarau-ich-habe-mir-ueberlegt-ob-man-abbrechen-soll, 06.05.24.

Wie viel Demokratie leben wir?

TEIL 2

> *„Die Demokratie ist uns keine Frage der Zweckmäßigkeit, sondern der Sittlichkeit.“ (Willy Brandt)*

In einer detaillierten Prüfung habe ich die Kernfragen meiner Überlegungen beleuchtet und schließlich beantwortet: Wie viel Demokratie leben wir? Wie totalitär ist unser System? Sind wir ein vollumfänglich demokratischer Staat? Ergeben sich womöglich Zweifel? Ab wann sind Zweifel darüber erlaubt? Genügen neunzig Prozent Demokratie? Siebzig? Mit wie viel Zweifel bleibt ein Land im Kern demokratisch?

Um diese Fragen klären zu können, muss die zu prüfende Situation weitestmöglich konkretisiert werden – eine in soziologischen Untersuchungen per se komplexe Angelegenheit, weil Entwicklungen stets fließend erfolgen. Hier soll der Fokus hauptsächlich auf die Epoche von März 2020 (offizielle Erklärung der bisherigen „Epidemie“ zur weltweiten Pandemie durch die WHO) bis Mai 2023 (Aufhebung der letzten sogenannten „Maßnahme“) gelegt werden, obwohl klar ist, dass dieser Zeitabschnitt wohl nur einen fulminanten Höhepunkt einer längst begonnenen Entwicklung in den zurückliegenden Jahrzehnten darstellt und damit sowohl der Beginn, als auch das Ende nur näherungsweise korrekt sind. Die während dieser Epoche geschaffenen Grundlagen in Gesetzen und Sozialstruktur der Gesellschaft, bereiteten den Grund für noch potenziell zu folgende Entwicklungen, die vorgeblich der Erweiterung und Sicherung der Menschheit dient, in Wahrheit aber die Abkehr von fundamentalsten, menschlichen Übereinkünften darstellt. Diese Epoche bezeichne ich als „Neue Normalität“. Dies ist der Begriff, den die Urheber dieser in die Wirklichkeit überführten Idee gegeben haben und der ich in allen Ausprägungen widerspreche.

Diese Fragen zur Demokratie sind wichtig. Zum einen stellt die Demokratiefrage das Kernargument dar, auf Basis dessen die Staaten der westlichen Hemisphäre andere Nationen von deren möglicherweise tatsächlich peinigenden Unrechtssystemen „befreit“. In vorgeblichen Absichten von Gerechtigkeit marschieren NATO-Truppen über fremde Grenzen, die Fackel der Demokratie in jeder Hand, wie bei der

Bombardierung Serbiens, die ohne UNO-Mandat erfolgte. Die Frage der Völkerrechtmäßigkeit des Einsatzes ist bis heute streitig.

Zum anderen hält unser Deutscher Staat, inklusive seiner Staatsbürger, das demokratische Selbstverständnis hoch.

Ein Staat, in dem Vertrauen zum Erliegen gekommen ist, erodiert. Die letzten Jahre führten zu Spannungen in der Bevölkerung, die man nicht beiseite schweigen kann. Diese stellen den Staat als nationales und damit höchstes innerstaatliches Gemeinschaftskonstrukt aktuell vor große Herausforderungen. Ein erster notwendiger Schritt muss im Rückgewinn von Vertrauen liegen. Vertrauen gründet auf Verlässlichkeit. Und Vertrauen verlangt nach Substanz.

Der französische Philosoph Jean-Jacques Rousseau zog im achtzehnten Jahrhundert folgendes Résumé: „Im strengsten Sinne des Wortes hat es nie eine wirkliche Demokratie gegeben und wird es niemals geben." Unter Anwendung eines wohlwollenden und gleichzeitig strengen Prüfungsmaßstabs gelangte ich zu der Erkenntnis, dass Demokratie in unserem, über doch jeden Zweifel erhabenen Westen lediglich *scheinbar existiert.* Die Verwirklichung der Demokratie, im Sinne ihrer juristischen Definition, muss als nicht umfänglich gelungen konstatiert werden. Die vom juristischen Standard-Lexikon definierten Voraussetzungen an den Begriff der Demokratie sind in signifikantem Umfang als nicht vollständig zu erachten. Die wichtigsten Argumente, die zu einem Verständnis der folgenden Ausführungen zum neuen Faschismus notwendig sind, lesen Sie im folgenden Kapitel.

KAPITEL 1

Eingedampfte Demokratie

Das Ergebnis der detaillierten Prüfung zeigte: Weder ist das Volk souverän im Sinne der Definition, noch können sich Meinungen und Gegenmeinungen im politischen Raum frei entfalten. Eine Opposition, die der Definition gerecht wird, existierte unter Bedingungen der Neuen Normalität nicht mehr. Ferner bestehen grobe Mängel in der Ausprägung des Gewaltenteilungsprinzips. Wir sehen uns nicht nur einer strukturell problematischen Verschränkung der Gewalten gegenüber, die mit Schwierigkeiten beim Erfordernis der Unabhängigkeit der Richter einhergeht – eine der Kernfragen der Legitimation der Judikative im Gesamten. Denn erst die richterliche Unabhängigkeit erlaubt die Annahme einer funktionsfähigen Justiz im Sinne ihrer ethischen Legitimation. Eine nicht an Gerechtigkeit orientierte Justiz diente nicht dem Recht, wie von der einäugig bedeckten Justitia symbolisiert, sondern Partikularinteressen. Wir sahen zudem, wie es seit März 2020 zur Übung wurde, Gesetze nicht mehr im Parlament zu erlassen, sondern per Dekret und Rechtsverordnung zu regieren.

„Beschlüsse" aus dem Ärmel geschüttelt

Die Art und Weise des Zustandekommens der sogenannten „Corona-Regelungen" erfolgte über viele Monate hinweg nicht im Parlament, sondern in Ministerpräsidentenkonferenzen (MPK), den sogenannten „Kanzlerinnenrunden" unter der ehemaligen Kanzlerin Angela Merkel. Dass dies mit unserer demokratischen Grundordnung nicht zu vereinbaren ist, formulierte endlich Professor Hans-Jürgen Papier, ehemaliger Präsident des Bundesverfassungsgerichts, am 18. September 23 auf der 4. Konferenz der Denkfabrik R21.[20] Er stellt klar, dass Eingriffe

20 Professor Hans-Jürgen Papier, „Deutschland zwischen Covid und Klima, Grundrechte unter Vorbehalt?", Denkfabrik R21, 18.09.2023, https://www.youtube.com/watch?v=TuwtiqRUUPU, 07.05.24.

in Grundrechte nicht per se unzulässig, sondern unbestritten auch in Krisenzeiten *zulässig* sind. Dafür gelten aber enge Voraussetzungen, nämlich die nach der strikt zu wahrenden Verhältnismäßigkeit einerseits und andererseits dem Grundsatz, dass diese Eingriffe nur durch Gesetz oder aufgrund eines Gesetzes bestimmt werden dürfen. Obwohl diese Feststellungen selbstverständlich Allgemeinplätze juristischer Grundausbildung darstellen, tat die Meldung eines judikativen Schwergewichts Not. Diese nicht in der Verfassung vorgesehenen Kreise wurden als „Gremium der Selbstkoordination" der Länder 1954 ins Leben gerufen.[21] Sie sind kein grundgesetzlich bestimmtes Verfassungsorgan. „Beschlüsse", die in der MPK gefasst werden, sind rechtlich nicht bindend und bedürfen zu ihrer Rechtswirksamkeit der Umsetzung durch die Landesregierungen in einem Gesetzgebungsverfahren und der Verabschiedung durch die Landesparlamente.

Gerechtfertigt wurde diese neue Übung mit dem Ausnahmezustand in der Pandemie – der epidemischen Lage nationaler Tragweite. Wir sahen, sie entbehrte jeglicher wissenschaftlichen Grundlage und große Teile der Wissenschaft widersprachen von Beginn an. Kenntnis der Regierung muss vorausgesetzt werden. Immerhin wurde medial Ende 2021, also knapp zwei Jahre nach dem entscheidenden Moment zur Klärung der Rechtmäßigkeit dieser Übung, auf diese heikle Frage Bezug genommen.[22] Als exemplarischer Beleg für das „Wissenmüssen" der Verantwortlichen kann bereits der „Risk Management Plan"[23] der Hersteller betrachtet werden, veröffentlicht über die European Medicines

---

21 Die Gründung erfolgte auf Initiative der Ministerpräsidenten; Berlin, „Wissenswertes über die Ministerpräsidentenkonferenz", https://www.berlin.de/rbmskzl/politik/senatskanzlei/bundesangelegenheiten/die-ministerpraesidentenkonferenz/wissenswertes-1351117.php, 06.05.24.

22 Jan Drebes, „Was die Ministerpräsidentenkonferenz entscheiden darf – und was nicht", https://rp-online.de/politik/deutschland/corona-mpk-heute-912-themen-termine-und-entscheidungen-der-ministerpraesidentenkonferenz-9-dezember_aid-54251433, 06.05.24.

23 European Medicines Agency, Risk Management Plan, November 2022, COMIRNATY (COVID-19 mRNA VACCINE) RISK MANAGEMENT PLAN, https://www.ema.europa.eu/en/documents/rmp-summary/comirnaty-epar-risk-management-plan_en.pdf, 07.05.24.

Agency (EMA), der klar zeigte, dass die Covid-„Impfungen" nicht einmal zuverlässig vor schweren Krankheitsverläufen mit Covid-19 schützt – ganz zu schweigen von der Verhinderung der Erkrankung grundsätzlich. In seinem Kapitel „Missing information" zeigt sich, dass keine Informationen über die Auswirkungen auf Schwangere, Stillende, Menschen mit Entzündungsherden in ihrem Körper oder mit Immundefiziten vorliegen; „das Sicherheitsprofil ist noch nicht umfassend geklärt", verlautbart das Dokument mit Stand November 2022. Diese Dokumente beispielsweise lagen den Richtern in Italien[24] vor und waren selbstverständlich frei zugänglich, sodass, in Anbetracht eng vernetzter internationaler Kooperation, der gute Glaube von Politik und Amtspersonen auch in Deutschland nicht mehr als gegeben betrachtet werden kann.

Wir sahen damit, dass die Zuständigkeit der Legislative durch das Tätigwerden der Exekutive massiv beschnitten wurde. Prof. Dr. Thorsten Kingreen, Inhaber des Lehrstuhls für Öffentliches Recht, Sozialrecht und Gesundheitsrecht an der Universität Regensburg, fasste die dargestellten Vorgänge im Gesundheitsausschuss, am 2. September 2020, auf folgende Weise zusammen: Hier ginge es ans demokratisch „Eingemachte". Die Verlagerung grundrechtswesentlicher Entscheidungsbefugnisse auf eine gesetzlich nicht angeleitete Exekutive wurde nicht nur von den Wissenschaftlichen Diensten des Deutschen Bundestages, sondern fast einhellig im rechtswissenschaftlichen Schrifttum, für verfassungswidrig gehalten. Wenngleich gem. Art. 80 Abs. 1 S. 1 GG grundsätzlich Gesetze erlassen werden dürfen, die den Erlass von Rechtsverordnungen vorsehen, muss jedoch im Gesetz selbst Inhalt, Zweck und Ausmaß der erteilten Ermächtigung bestimmt werden. In Art. 80 GG reagierten die Verfassungsväter auf die „leidvollen Erfahrungen deutscher Verfassungsentwicklung". Diese

24 Renate Holzeisen im Video „Die kommende Weltregierung", Walter van Rossum, ab Minute 58:00, https://www.manova.news/Art.ikel/die-kommende-weltregierung-2, 07.05.24.

Norm fungiert daher als „bereichsspezifische Konkretisierung des Rechtsstaats-, Gewaltenteilungs- und Demokratieprinzips“ und sollte „der ‚Ermächtigungsgesetzgebung‘ einen Riegel vorschieben und eine geräuschlose Verlagerung der Rechtsetzungsmacht auf die Exekutive sowie die damit verbundene Veränderung des Verfassungssystems verhindern.“ Dies bestätigt das Bundesverfassungsgericht. Das Parlament darf sich nicht „durch eine Blankoermächtigung an die Exekutive seiner Verantwortung für die Gesetzgebung entledigen und damit selbst entmachten.“ Da die Ermächtigungsgrundlagen in § 5 Abs. 2 S. 1 des Infektionsschutzgesetzes (IfSG) ohne jede Differenzierung Ausnahmen und Abweichungen von allen Normen der dort bezeichneten Gesundheitsgesetze erlauben, kann sie allerdings geradezu als eine Blankovollmacht bezeichnet werden, die weitaus mehr als 1.000 Vorschriften umfasst.

Abwehrrechte unter „Pandemiebedingung“

Die Definition des Demokratie-Begriffs fordert schließlich die Anerkennung von Grundrechten. Spätestens an diesem Punkt wächst die Zahl der Beispiele, die sich als Basis zur juristischen Prüfung bieten, ins beinahe Unermessliche. Von den siebzehn geltenden Grundrechten unseres Grundgesetzes wurden jedenfalls dreizehn Grundrechte durch Corona-Verordnungen in einer Art tangiert, die die Diskussion um erfolgte Eingriffe einerseits und deren Verhältnismäßigkeit andererseits, notwendig gemacht hat. Dies gilt sowohl im Hinblick auf die dringend nötige Aufarbeitung, als auch wegen der geschaffenen Möglichkeit, den Notstand jederzeit neu auszurufen, sei es auf Grundlage einer neuen epidemischen Lage nationaler Tragweite oder aufgrund sonstiger Gründe. Die Beschneidung unserer Grundrechte muss als so massiv erkannt werden, dass festzustellen ist: Von deren wesentlichem Kern war wenig übrig geblieben. Die erschöpfende Prüfung zweier Grundrechte – dem Recht auf freie Berufsausübung und dem Recht auf freie Meinungsäußerung – zeigte, dass von einer „Anerkennung von Grundrechten“ im Sinne unserer Verfassung nicht mehr die Rede sein konnte.

Eingriffe in die Verfassung: grundsätzlich möglich – aber wie?

Damit unter rechtlichen Gesichtspunkten in eines der Grundrechte unserer Verfassung eingegriffen werden kann, bedarf es der Beachtung des Verhältnismäßigkeitsprinzips. Diese wird in einer umfassenden Prüfung erörtert. Es ist ein Grundsatz unseres auf Rechtsstaatsprinzipien beruhenden Staates: Jedes staatliche Handeln, ob in Form eines Verwaltungsaktes oder eines Gesetzes, muss verhältnismäßig sein und damit *jeder* hoheitliche Eingriff in verfassungsmäßig geschützte Rechte des Bürgers. Grundrechte nämlich sind *Abwehrrechte des Bürgers gegen den Staat.* In der Verhältnismäßigkeitsprüfung selbst wird untersucht, ob der hoheitliche Eingriff erstens einen legitimen Zweck verfolgt, ob er zweitens geeignet ist, den legitimen Zweck zu erreichen, ob er drittens erforderlich ist, um den legitimen Zweck zu erreichen und ob er viertens angemessen ist.

Die Legitimität des Zwecks

Schon der erste Prüfungspunkt in der Verhältnismäßigkeitsprüfung wirft derart offensichtliche Probleme hinsichtlich der Wahl des Zwecks vonseiten der Regierungen auf, dass das Erstaunen bei jedem Juristen groß sein musste, der im Hinblick auf jeden Gedanken konzertierter Aktionen auf unserem Globus gänzlich unbedarft war. Der von der Bundesregierung verfolgte Zweck bestand zunächst regelmäßig in einem „besseren Schutz vor einer Covid-19-Infektion". Hier ergibt sich allerdings ein rechtliches Problem. Dieses Umstands gewahr urteilte das Bundesverfassungsgericht im Fall des Eingriffs in das Recht auf freie Religionsausübung während der sogenannten „Pandemie", dass Verbote zu religiösen Zusammenkünften wegen der Tiefe des Eingriffs nur in extremen Ausnahmesituationen angemessen seien. Solch ein Fall lag im Zweck der „Verhinderung des Zusammenbruchs des Gesundheitssystems". Es ist also bereits fraglich, ob der verbesserte Schutz von Patienten und Pflegebedürftigen vor Infektionen mit

Covid-19 überhaupt einen legitimen Zweck darstellt.

Ob es tatsächlich die Verhinderung von Todesfällen durch Covid-19 war, die der Gesetzgebers im Fokus hatte, hätte einer breiten öffentlichen Diskussion bedurft. Dies immerhin dürfte sich der juristische Laie bei der Lektüre des betroffenen Gesetzes vorstellen. Dass die Tangierung der Verfassung beinahe in ihrer ganzen Breite wegen des Versuchs der Verhinderung der Überlastung des Gesundheitswesens eine Hybris einerseits und eine Verkennung der Bedeutung der Verfassung andererseits darstellt, steht auf einem anderen Blatt. Ein weiterer Rechtsgrundsatz hätte die Gerichte zu einer fundierten Auseinandersetzung bewegen müssen: Er wurde 2006 im Urteil des Bundesverfassungsgerichts zum Luftsicherheitsgesetz gesetzt.

Mit der Verfolgung dieses Zwecks hätte der Gesetzgeber de facto eine Aufrechnung von Leben gegenüber Leben vorgenommen. Schließlich kommt es bei einer Impfung, die explizit zur alleinigen Exitstrategie gekürt worden und zur de-facto-Pflicht im Gesundheitswesen geworden ist, regelmäßig zu Erkrankungen und Todesfällen. Diese sind, in welcher Häufung auch immer, einer Aufrechnung gegenüber den Todesfällen durch Covid erkrankte Personen nicht zugänglich. Dass eine solche Aufrechnung nicht legitim ist, hat das Bundesverfassungsgericht 2006 im oben erwähnten Urteil zum Luftsicherheitsgesetz klargestellt.[25] Neben der fehlenden Gesetzgebungsbefugnis des Bundes sei „§ 14 Abs. 3 LuftSiG mit dem Grundrecht auf Leben und mit der Menschenwürdegarantie des Grundgesetzes nicht vereinbar, soweit von dem Einsatz der Waffengewalt tatunbeteiligte Menschen an Bord des Luftfahrzeugs betroffen werden." Weiter führt es aus, *„Diese würden dadurch, dass der Staat ihre Tötung als Mittel zur Rettung anderer benutzt, als bloße Objekte behandelt; ihnen werde dadurch der Wert abgesprochen, der dem Menschen um seiner selbst willen zukommt."*

25 1 BvR 357/ 05, 15.02.2006, https://www.bundesverfassungsgericht.de/SharedDocs/Entscheidungen/DE/2006/02/rs20060215_1bvr035705.html, 10.05.24; Bundesverfassungsgericht, „Abschussermächtigung im Luftsicherheitsgesetz nichtig, Pressemitteilung Nr. 11/2006 vom 15. Februar 2006", https://www.bundesverfassungsgericht.de/pressemitteilungen/bvg06-011.html, 10.05.24.

Als auch den Verantwortlichen langsam dämmerte, dass sie eine Zweckanpassung vorzunehmen hätten, damit die Sache sich langfristig vorteilhaft entwickle, beriefen sie sich peu à peu auf einen anderen Zweck: der Verhinderung des Zusammenbruchs des Gesundheitswesens.

Schildbürgerstreich par excellence

Obwohl das Ausweichen auf diesen Zweck so verspätet, wie notwendig war, hält es einer exakten Betrachtung der Sachlage nicht Stand. Das „Gesetz zur Stärkung der Impfprävention gegen COVID-19 und zur Änderung weiterer Vorschriften im Zusammenhang mit der COVID-19-Pandemie", vom 10. Dezember 2021 konnte mit seinen inhaltlichen Bestimmungen Patienten und Pflegebedürftige keinen besseren Schutz vor einer Covid-19-Infektion erzeugen und noch nicht einmal fördern. Dies gilt einerseits wegen der fehlenden Geeignetheit der „Impfstoffe" zur Verhinderung von Covid-19-Infektionen und der Transmission von „Geimpften" auf andere Menschen.[26] Andererseits wegen der Untauglichkeit des „Genesenenstatus" zur Unterbindung der Transmission krankheitsfördernder Agens aufgrund fehlender Geeignetheit der eingesetzten PCR-Tests zur Diagnosestellung. Die massenweise, größtenteils angeordnete, Testung von Menschen, beispielsweise in Schulen, Kindergärten, Einrichtungen, Krankenhäusern, bei Fernreisenden und an Arbeitsplätzen hatte schlicht *keinen* Einfluss auf das Infektionsgeschehen. Menschen konnten weiterhin erkranken. Ein gesundheits*fördernder* Effekt, der sich aus einem besseren Schutz vor Covid-19-Infektionen hätte ergeben können, konnte aus diesem Grund zu keiner Zeit erwirkt werden.

Dieser Fakt war auch zum Zeitpunkt des Erlasses des Gesetzes zu erkennen. Die wissenschaftlichen Grundlagen zur Einordnung

---

26 Nach ausführlichem Dafürhalten der kritischen Ärzte und Heilpraktiker über zwei Jahre, im Februar 2022 auch im Mainstream zu lesen: Pascal Kiss, Franziska Ehrenfeld, Veronika Simon, „Impfdurchbrüche, Können infizierte Geimpfte andere mit Covid-19 anstecken?", https://www.swr.de/wissen/ansteckend-trotz-corona-impfung-forschung-100.html, 22.2.2022.

des PCR-Tests waren seit Jahren bekannt. Einordnungen zahlreicher Wissenschaftler machten auf dieses Problem aufmerksam. Wer sich fundiert mit der Tauglichkeit sowie dem Risiko Nutzen-Profil herkömmlicher, antigenbasierter, Impfungen beschäftigt hatte, konnte die Erfolgsaussichten des „Impfstoffs" zuverlässig einschätzen. Bei vernünftiger Betrachtung mit Fokus auf die „Volksgesundheit", wie im Gesetz definiert, wäre selbstverständlich niemals auf eine Impfung als „Exitstrategie" gesetzt worden. Man hätte auf die Stärkung der körpereigenen Kräfte gesetzt; eine wenig profitable und damit „esoterische" Option.

Nichtsdestotrotz ist es aus juristischer Sicht quasi unmöglich, die Legitimität des Zwecks zu verneinen: Solange die Absicht der Legislative erklärtermaßen im Schutz der Bevölkerung liegt und diesem Zweck keine verfassungsmäßig konstituierten Werte entgegenstehen, ist die Verfolgung des Zwecks rechtlich zulässig und eine Legitimität des Zwecks de iure zu bestätigen. Kurz: Solange sich der Gesetzgeber mit seinem Zweck nicht gegen durch die Verfassung geschützte Güter richtet, ist er quasi immer rechtmäßig.

Obwohl dem Thema „Abstandsregeln" innerhalb der juristischen Prüfung keine Relevanz zukommt, zeigt die unhinterfragte Anwendung dieser pathogenen Maßnahme auf eindrucksvollste Weise das Maß der geistigen, emotionalen und sittlichen Reife unserer Spezies in westlichen Hemisphären. Dies wird demjenigen unmittelbar klar, der sich nur einen Moment mit dem Menschen als Säugetier, einem Bindungswesen durch und durch, auseinandergesetzt hat.[27] Abstandhalten ist nicht nur kein wesentliches Kriterium dafür, gesund zu bleiben. In der grundsätzlich unwissenschaftlichen Debatte um den Weg der „Ansteckung" sind bis heute alle relevanten Fragen offengeblieben. Selbst, wenn Abstandhalten zuverlässig geeignet wäre, Gesundheit zu erhalten, geböten Anstand und Menschenliebe, unserem Nächsten

27 Lisa Marie Binder, „Gefährliche Masken-Pädagogik", https://www.manova.news/Art.ikel/gefahrliche-masken-padagogik, 10.05.24.

beizustehen. Das gelingt nicht über Skype. Das gelingt, indem die Hand gehalten wird und Trost gespendet, bis die Zuversicht im Menschen wieder überhandnimmt. Im Übrigen gilt der dringende Rat, sich nicht von der vermeintlich geringfügigen Eingriffsintensität der Maßnahme täuschen zu lassen und sie in der eigenen kritischen Betrachtung zu bagatellisieren. Die Pathogenität des staatlichen Verlangens, sich von seinen Mitmenschen zu distanzieren, rührt in besonderem Maße von der Verordnung der Maßnahme selbst. *Sie* will dem Menschen artfremdes Verhalten anerziehen und zeigt damit umso deutlicher die Relevanz der Auseinandersetzung mit der „Causa Mensch".

KAPITEL 2

Ethik der Gesundheitsmaxime

Jedem an Gesunderhaltung interessierten Mediziner ist bewusst, dass (negativer Dis-)Stress, wie er massiv durch die abgenötigte Erbringung eines Nachweises der Gesundheit gefördert wurde, krank macht, doch der Zweck des „besseren Schutz vor einer Covid-19-Infektion" wurde von der Breite der Gesellschaft ohne gesamtgesellschaftlichen Zweifel schlichtweg hingenommen. Ziel des „vernünftigen" und kooperierenden Bürgers war es vorrangig, ihn möglichst umfassend zu erreichen. Dafür wurde mit Eifer kontrolliert, bevormundet, ausgegrenzt und vor allem: „getestet".

Wer diesen Zweck nicht von allen Seiten beleuchtete, konnte leicht über jeden Zweifel erhaben sein. *Dass* die Beleuchtung aber unterblieb, in der Breite und beim Individuum, selbst, nachdem es sachlich angesprochen wurde, offenbart in erschreckender Deutlichkeit die aus ihrer Mitte gefallene, pathogene und überdies perverse Ethik. Denn dieser Zweck lieferte die Rechtfertigung für alle weiteren erfolgten Mechanismen durch Staat und Gesellschaft. Er wurde gleichsam zur Maxime erhoben. Während man dem Ansinnen des „besseren Schutzes" vor einer Krankheit zunächst noch zustimmen kann, wandelt sich die Zustimmung in einen zerstörerischen Akt, wenn er zur Maxime erhoben wird. Sie nämlich lässt jede konkrete Betrachtung des Gesamtzusammenhangs außer Acht und nimmt keine Rücksicht auf Verhältnismäßigkeitserwägungen. Sie verlangte schließlich den Nachweis der Gesundheit in Bezug auf die „Erkrankung Covid-19" als Zulassungsvoraussetzung zur Teilhabe am öffentlichen Leben.

Nun könnte man meinen, die Voraussetzung spezifischer Gesundheit, nämlich „Gesundheit" bezogen auf Covid-19, belaste den Betroffenen nur wenig und mache die Unverhältnismäßigkeit des staatlichen Eingriffs unwahrscheinlich. Schließlich wäre der Zugang im Falle einer Influenza-Erkrankung bereits gewährleistet gewesen.

Dieses Argument verfängt nicht. Ein untaugliches Messinstrument kann keine Krankheit diagnostizieren und eine sogenannte „Covid-19"-Erkrankung nicht von einer Influenza differenzieren. Wer rechtliche Voraussetzungen schafft, die auf medizinischen Faktoren beruhen, verunmöglicht die Schaffung zuverlässiger, rechtssicherer und damit gerechter Verhältnisse. Denn die Medizin ist keine Wissenschaft. Sie ist Erfahrungswissen, also nicht mehr, als man der klassischen Homöopathie zugestehen will. Beschränkte sie sich darauf, wäre der Schaden überschaubar. Da sie aber in ihrer heute schier unauflösbaren Verstrickung mit der Pharmaindustrie einerseits vom Shareholder-Value, also interessengeleitet ist und damit per se nicht im Interesse des Kranken agieren kann, der ansonsten bald geheilt wäre und Produkte nicht mehr abnehmen würde, ist sie andererseits: angstgeleitet. Jeder vordergründige Zweck der Medizin zielt darauf ab, den Tod zu vermeiden. Dies gilt von der Anamneseerhebung bis zur Beendigung der Therapiemaßnahme. Damit wird jede Untersuchung unter dem Augenmerk der Verhinderung des Todes vorgenommen. Jedes Symptom ist daraufhin zu analysieren, ob eine dringende, abzuwehrende Gefahr besteht. Jedes Ziehen im Bauch könnte bei mangelnder Sorgfalt, den Tod bedeuten, den der Mediziner zu vermeiden hat. Das gilt in banalen Hausarztsituationen, in der Geburtshilfe und ebenso beim Heilpraktiker. Auch er ist verpflichtet, die Brille der Todesvermeidung und damit stets einen angstgeleiteten Fokus zu wählen. Sonst droht (oh, liebe Furcht!) der Entzug der Approbation und Schlimmeres. Dass die Anwendung der (Arznei-)Mittel grundsätzlich untauglich ist, weil sie durch ihre materielle und metaphysische Beschränktheit immer nur symptomunterdrückend und nie heilend wirkt, offenbart die Hilflosigkeit der Ärzte, die Verwirrtheit der Patienten und den Zynismus der Medizin. Die im medizinischen Kontext immanente Todesangst macht Heilung, die den chemischen Angriffen der Pharmakologen und Ärzte trotzen könnte, beinahe unmöglich. Denn auf dem Feld der Angst hat es die Zuversicht schwer. Heilung aber entsteht ausnahmslos auf ihrem Boden.

Der gewählte Zweck zielt damit in Wahrheit nicht bloß auf die Freiheit von der „Erkrankung Covid-19". Sie verlangt vielmehr Gesundheit in einem umfassenden Sinne. Eine Ethik aber, die vermeintlich Leben schützen möchte und zu diesem Zweck umfassende Gesundheit verlangt, verweist krankes Leben eines sekundären Platzes. Diese Einordnung steht in diametralem Widerspruch zur christlichen Ethik, die sich jedes Lebens annimmt, es verteidigt und schützt. Sie erinnert an düstere Kapitel der Menschheitsgeschichte und steht in Übereinstimmung mit der eugenischen Wissenschaft, die gesamtgesellschaftlich mit den Anstrengungen der nationalsozialistischen Politik ab 1933 populär wurde. Erinnern wir uns: sie stigmatisierte, verfolgte und trachtete auf Vernichtung dieses sogenannten minderwertigen Lebens.

Ab 2020 aber begründete der Staat und mithin alle Folgsamen, ihre Einordnung höher- und niederrangigeren Lebens mit diesem Zweck. Man differenzierte zwischen gesundem, noch zu erhaltendem und krankem, nicht mehr schützenswerten Leben. Das Ausweichen auf den Zweck der Verhinderung des Kollabierens des Gesundheitswesens, lässt evident werden, in welch grobem Maße der Staat damit gleichsam die individuelle Würde des Menschen vernachlässigt: Sie spielt in seinen Erwägungen nicht die geringste Rolle.

Das Argument der Unterstützer staatlicher Einschränkungen, die Menschenwürde stünde in Gefahr, wenn Schutz vor der lebensgefährlichen „Erkrankung Covid-19" staatlicherseits vorenthalten würde, läuft ins Leere. Sie konnte auf dem eingeschlagenen Weg weder geschützt werden, noch war sie je wirklich im Fokus des Gesetzgebers. Dies zu erkennen, verlangt einen ungetrübten Blick auf die ethischen Leitlinien unseres Staats – in der aktuellen Kriegspolitik oder auch in der Haltung gegenüber Impfgeschädigten.

Es steht zu vermuten, dass Gerichte und die mediale Öffentlichkeit nur zögerlich auf diesen später beanspruchten Zweck Bezug nahmen, weil er geeignet ist, das Ansinnen der gesamten Politik als mit der Menschenwürde unvereinbar und damit unethisch zu enttarnen. Wann auch immer Leben in schützenswertes und weniger schützenswertes

Leben unterteilt wird, muss diese Entwicklung als deutliches Warnzeichen erkannt werden, das ein „schlichtes Hinnehmen“ unmöglich macht. Bereits ohne Bezugnahme auf christliche Ethik ist zu erkennen, worauf eine solche Wertung hinausläuft: Auf die Verfügungsoption derjenigen Menschen, die ihr Leben für wertvoller halten, als das ihres Gegenübers. Wenn diese Wertung schließlich auch nicht im unerträglichen Ansinnen mündet, weniger wertes Leben vernichten zu wollen, ist es für sich genommen ausreichend unerträglich und mit dem Anspruch, die Menschenwürde zu schützen, wie im ersten Artikel unseres Grundgesetzes gefordert, nicht in Übereinstimmung zu bringen. Dies ist die Essenz des maßgeblich gewordenen Urteils des Bundesverfassungsgerichts zum Luftsicherheitsgesetz von 2006: Eine Aufrechnung von Leben gegenüber Leben ist schlichtweg nicht statthaft. Nie war es seither wichtiger, sich dieses Leitsatzes zu erinnern!

Es ist daher nicht leicht auszumachen, was schwerer wiegt: das staatliche Ansinnen, einen Zweck zur Maxime zu erheben, der sich in nicht weiter von jeder christlichen Logik entfernen könnte – noch vor wenigen Jahren in Sachen „abendländische Kultur“ undenkbar – oder das gänzlich unreflektierte „Hinterdreinlaufen“ des Staatsvolks, ganz gleich, wie unethisch das Motto auch anklingt.

KAPITEL 3

Von der Freiheit, zu sagen, was man denkt

Die Prüfung der Eingriffe in das Grundrecht auf freie Meinungsäußerung und die Frage der juristischen Auslegung des Verbots der Zensur, der „Proklamation der Freiheit des Geistes",[28] brachte ernüchternde Ergebnisse hervor. Wie viel Teilhabe des Einzelnen an Entscheidungen, die dem Souverän zustehen, kann existieren, wenn der freie Ausdruck der Meinung beschränkt ist? Wie viel Demokratie ist möglich, ohne das Recht auf freie Meinungsäußerung?

Vor bald zweihundert Jahren kam in der Paulskirchenverfassung von 1849 der Meinungs- und Pressefreiheit inklusive des Zensurverbots eine überragende Bedeutung zu.[29] Das damals neue, liberale Grundrechtskonzept sollte staatliche Bevormundung eindämmen und den Bürgern Abwehrrechte gegen den Staat an die Hand geben. Es wurde im Grundrechtekatalog der Weimarer Reichsverfassung von 1919 beibehalten. Man verstand die Meinungsfreiheit als eine der wichtigsten Voraussetzungen der Funktionsfähigkeit der Demokratie und der politischen Gemeinschaft überhaupt.[30] Im Ringen um die Wahrheit wurde dem Einzelnen ein Recht auf Irrtum eingeräumt.[31] Wie umsichtig! Denn nur so kann die Verwirklichung dieses bedeutenden Grundrechts gelingen. Auch das Bundesverfassungsgericht hatte eigentlich längst entschieden: Art. 5 GG sei ein Eckpfeiler der grundgesetzlichen Grundrechtsordnung und in seiner Gesamtheit von fundamentalem Gewicht für die demokratische Verfassungsordnung.[32] Doch Art. 5 GG statuiert nicht bloß objektive Prinzipien der Gesamtrechtsordnung,

28 Fritz Ossenbühl, in „Staatsphilosophie und Rechtspolitik. Festschrift für Martin Kriele zum 65. Geburtstag", C.H. Beck Verlag, München, 1997, S. 160 f..

29 Ernst Rudolf Huber, „Deutsche Verfassungsgeschichte seit 1789, Bd. II, Verlag: W. Kohlhammer, Stuttgart, Berlin, Köln, Mainz, 1988, S. 774.

30 E.R. Huber, ebda, Bd. VI, 1981, S. 109.

31 Hellwig, in: Nipperdey, Hans Carl (Hrsg.), „Die Grundrechte und Grundpflichten der Reichsverfassung", Bd. II, Hobbing Berlin, 1930, Art. 118, S.1 (3).

32 BVerfGE 27, 71 (81 f.); 90, 27 (32 f.); 107, 299 (329).

er hat darüber hinaus staatsintegrierende Bedeutung für die parlamentarische Demokratie und den für diese unabdingbaren, freien und unreglementierten Meinungsbildungsprozess.[33]

Man darf also folgern: Meinungsfreiheit und Demokratie gehören untrennbar zusammen – Demokratie kann sich ohne dieses besondere Freiheitsrecht nicht in seiner Gänze entfalten. Wird die Meinungsfreiheit eingeschränkt, wie nun in massiver Weise geschehen, leidet die Demokratie unmittelbar. Sie ist ein unverzichtbares Element einer freiheitlichen Demokratie.

Wer verinnerlicht hat, welche tiefe Bedeutung Art. 5 GG nicht nur für den Einzelnen, sondern darüber hinaus für das demokratische Milieu besitzt, das dem Einzelnen die Heimat bilden soll, wird größte Vorsicht walten lassen, wenn er die Meinungsfreiheit nur tangieren möchte. Wird abseits normativer Struktur, nämlich draußen in der Lebenswirklichkeit, das möglich Sagbare in letzter Instanz von Richtern definiert, die Menschen sind, in all ihrem Menschsein, erkennen wir, welch wertvolle Vorarbeit geleistet wurde, bis unser Grundgesetz verfasst wurde. Selbst in der Hoffnung darauf, dass Menschen sich ihrem Amt schon aufgrund ihrer Auseinandersetzung mit rechtsethischen Grundsätzen verpflichtet fühlen, ist der Fakt nicht auszuräumen, dass sie *ihrem* Blick auf die Welt verbunden bleiben, der nie für die Gesamtheit der Menschen und diese Welt wahr sein kann.

Freiheitsverbürgungen sind nicht selten Antworten auf historische Gefährdungslagen.[34] Eine solche besteht spätestens seit März 2020. Wieder sind wir als Kollektiv in den schmalen Korridor eingetreten, der auf eine notwendige Rückbesinnung auf unsere Freiheitsrechte hinführt.

---

33 BVerfGE 20, 56 (97 f.); 31, 314 (322); 44, 125 (145); 83, 328 (295 f.).

34 Dr. Michael Sachs, Grundgesetz Kommentar 4. Auflage, Verlag C.H. Beck München, 2007, Art. 5 GG, Rn. 5a.

Einschränkungen der Meinungsfreiheit

Einschränkungen der Meinungsfreiheit sind seit März 2020 an der Tagesordnung. Zensurpraktiken in den „Sozialen" Medien oder an Leserkommentaren auf Online-Formaten deutscher Zeitungen werden zur Übung. Strafrechtliche Verfolgungen nach Meinungsäußerungen nahmen deutlich zu. Beispiele, die wenigstens in alternativen Medien publik wurden, sind die Holocaust-Überlebende Vera Sharav, der Musiker Manfred Keller, der Publizist und Künstler Rudolph Bauer oder der US-amerikanische Publizist Christopher Hopkins. Das im August 2023 in Kraft getretene und im Februar 2024 für Deutschland rechtskräftig gewordene EU-„Gesetz über digitale Dienste", „Digital Services Act" (DSA), zur Unterbindung von Desinformationen und Hass-Meldungen, bestätigt die Perpetuierung dieser Entwicklung.

Sharav machte auf einer Gedenkveranstaltung anlässlich des 75. Jubiläums des Nürnberger Kodexes auf die Parallelen aufmerksam, die in der Gegenwart zur nationalsozialistischen Vergangenheit der frühen Jahre gezogen werden könnten. Der Zweck von Holocaust-Gedenkstätten sei es, künftige Generationen zu warnen und darüber zu informieren, wie sich eine aufgeklärte, zivilisierte Gesellschaft in ein völkermörderisches Universum verwandeln könne, das von absoluter moralischer Verderbtheit beherrscht wurde. „Wenn wir einen weiteren Holocaust verhindern wollen, müssen wir die bedrohlichen aktuellen Parallelen erkennen, bevor sie das Gefüge der Gesellschaft vergiften."[35] Gegen die gebürtige Rumänin wurde daraufhin ein Ermittlungsverfahren wegen Volksverhetzung eingeleitet. Indem sie sich erlaubt, auf Parallelen aufmerksam zu machen, gerät sie aus Sicht der Staatsanwaltschaft unter Verdacht, einen Vergleich anzustellen. Vergleiche aber, die nur ansatzweise Bezug auf den Nazifaschismus nehmen, sind in Deutschland bekanntermaßen nicht nur heikel, sondern potenziell strafbar – jedenfalls so lange es um eine Äußerung geht, die wenig

35 Vera Sharav, Klardenker, „Gedenkveranstaltung 75 Jahre Nürnberger Kodex Vera Sharav – Wöhrder Wiese Nürnberg 20.08.22", https://www.mediarebell.com/watch/OVBRj9A8fh7boqz, Minute 9:38, 07.05.24.

Kongruenz mit der herrschenden Meinung aufweist. Stimmen, die sich außerhalb des abgesteckten Meinungskorridors in Wort und Schrift erheben, werden mittlerweile konsensual als „rechts“ bezeichnet. Jeder Kritiker der sogenannten „Corona-Regeln“ kann ein Lied davon singen.

Der Musiker Manfred Keller teilte im Frühjahr 2021 in einer Facebookgruppe eine Karikatur, die den Schriftzug „Impfen macht frei“ zeigte, sowie das Abbild eines Davidsterns, auf dem „Unvaccinated“ stand. Damit reagierte er auf eine Aussage des damaligen Gesundheitsministers Jens Spahn, der wörtlich sagte: „Wir impfen Deutschland zurück in die Freiheit.“ Er erhielt daraufhin eine Anzeige bei der Polizei und bereits im Frühjahr desselben Jahres wurde das Gerichtsverfahren gegen ihn am Amtsgericht Aichach eröffnet, das ihn wegen Volksverhetzung zu einer Geldstrafe verurteilte. Weder die Berufung am Landgericht Augsburg im November 2021, noch die Revision gegen das Urteil beim Oberlandesgericht Bayern brachte eine Aufhebung des Schuldspruchs. Die Verfassungsbeschwerde beim Bundesverfassungsgericht ist seit Juni 2022 anhängig.

Der Staat sieht den öffentlichen Frieden in Gefahr. Ist die strafrechtliche Sanktionierung einer Meinungsäußerung grundsätzlich geeignet, den öffentlichen Frieden wenigstens zu fördern? Sind Beschränkungen des Sagbaren und damit konkrete Gesetze, die die Grenzen der Meinungsfreiheit gesetzlich normieren, in einer Demokratie notwendig, um den öffentlichen Frieden zu wahren? Ketzerisch könnte zudem gefragt werden, inwieweit das Ziel der Gerichte, den öffentlichen Frieden zu verteidigen, mit den politischen Zielen konform gehen. Er nämlich wird nicht gefördert, wenn gegen demokratisch legitimierte parlamentarische und außerparlamentarische Opposition in wenig toleranter und damit demokratischer Weise vorgegangen wird.

Die Neigung, der Beschränkung derjenigen Inhalte zuzustimmen, deren Beschränkung man selbst für angemessen erachtet, ist so menschlich wie inadäquat. Die persönliche Haltung zum Maßstab zu erheben, führte zu einem einzigen, großen Gedankengefängnis. Jede

Erweiterung der umsichtig gewählten Schrankenregelungen in Absatz 2 des Art. 5 GG bricht den Damm dafür, ein solches Gedankengefängnis zu errichten und die grundgesetzlich normierte Freiheit des Art. 5 GG der akuten Gefahr seiner Aushöhlung preisgegeben. Eine Garantie auf Äußerung einer Meinung „der anderen" ist keine Garantie, die den hohen Standards von Demokratie gerecht wird.

Diese gesetzliche Möglichkeit gesellschaftlicher Disziplinierung aber ist in ihrer Wirkung keinesfalls zu unterschätzen. Sie eröffnet *ab diesem Moment* automatisch auch die Möglichkeit der Begünstigung von Interessen wirtschaftlich und gesellschaftlich einflussstarker Kräfte. Es besteht eine eklatant große Notwendigkeit, einen gesellschaftlichen Diskurs darüber zu führen, wie eine Gesellschaft „demokratisch", also auch respektvoll, gleichwürdig und argumentativ, mit Inhalten umgehen kann, die als schwierig, beängstigend oder gefährlich empfunden werden.

Die Sanktionierung bestimmter Meinungsäußerungen wirkt in Wahrheit nämlich zwar abschreckend und verhindert Meinungsäußerung, eliminiert aber nicht den Wunsch zur Auseinandersetzung, die wiederum geeignet ist, eigene Fragen, Zweifel und Ansichten infrage zu stellen und zu transformieren. Die strafrechtliche Bewährung wirkt vielmehr als Unterdrückung eines Bedürfnisses auf Auseinandersetzung und Diskurs, die nicht geeignet ist, es zu erfüllen. Solange Bedürfnisse aber nicht erfüllt und vielmehr unterdrückt sind, bleiben sie bestehen. Die Gewährung öffentlichen Friedens setzt voraus, dass die Individuen weitgehend in innerem Frieden mit sich sind, damit Unmut und Unzufriedenheit sich nicht nach außen kehren. *Dann* nämlich steht der öffentliche Frieden in Gefahr. Wer den Menschen begreift, sieht, dass das Verbot einer Meinungsäußerung mit Inhalt der in Paragraf 130 StGB bezeichneten Art, den öffentlichen Frieden geradezu gefährdet.

Eine Demokratie im ursprünglichen und eigentlichen Sinne, die die Beschränkung der Inhalte zulässiger Meinungsäußerungen denkgrundsätzlich nicht kennt, lebt mit und vom Diskurs. Jede Denkweise ist in ihr zulässig und einer Auseinandersetzung zugänglich. Argumente können vorgebracht und an einer Gegenargumentation gemessen werden. Am Ende einer Auseinandersetzung muss die Möglichkeit zur Wahrung der einzelnen Meinungen bestehen. Das Begehr, bekehren zu wollen, unterstreicht nicht das demokratische Momentum, sondern die eigene, offensichtlich nicht begrenzbare Sorge und Furcht vor der anderen Meinung. Der konkreten Sorge, bei Fehlen der Strafbarkeit würde der öffentliche Frieden gestört, weil getätigte Meinungsäußerungen zu Hass aufstacheln könnten, die Straftaten nach sich zögen, ist entgegenzustellen, dass ein Klima des Wohlwollens, in dem alle Individuen gesehen werden, weil ihnen zugehört wird und ihre Meinung nicht unterminiert, sondern stehen gelassen werden kann, Hass im Keim erstickt. Hass entsteht vielmehr durch das Gefühl und die Erkenntnis, dass das eigene Individuum mit seinen Ängsten und Ansichten keinen Raum gewährt bekommt.

Wenn schließlich die indiskutable Infragestellung von in § 130 StGB bezeichneten Inhalten jedem Versuch eines Diskurses vorangestellt wird, wird die Unvereinbarkeit dieses Musters mit der Wesensgehaltstheorie unseres Grundgesetzes in Art. 19 Abs. 2 GG und konkret mit dem Wesensgehalt von Art. 5 GG deutlich. Art. 19 GG normiert, dass ein Grundrecht in keinem Falle in seinem Wesensgehalt angetastet werden darf. Diese untersagte Infragestellung nämlich setzt eine unangreifbare Instanz voraus, die einen überindividuellen, quasi nicht menschlichen Überblick besitzt, die die Differenzierung zwischen zulässiger und nicht zulässiger Meinung vornehmen könnte. Eine solche konterkariert wiederum die wesentlichen demokratischen Grundsätze, die Ungleichheit per Gesetz beschränkt. Sie kann also denkgesetzlich nicht vorausgesetzt werden, wenn Regeln geschaffen werden, die schließlich Meinungsäußerungen regeln.

Was ist davon zu halten, Vergleiche, die ansatzweise Bezug auf den Nazifaschismus nehmen, unter Strafe zu stellen? Was sind „Parallelen", auf die immer wieder aufmerksam gemacht wurden? Parallelen sind ihrer Natur nach mindestens zwei Entwicklungsstränge, die mit einem Abstand X in die gleiche Richtung fortführen. Die Endpunkte können aufgrund der Abstandskomponente nicht „gleich" ausfallen. Wer jedoch mit gebührendem Abstand auf zwei sich parallel entwickelnden Sachverhalte blickt, erkennt Gemeinsamkeiten, die je nach Inhalt beunruhigen müssen, eine Gleichsetzung allerdings begrifflich ausschließen. Selbst, wenn man annimmt, dass im Aufzeigen von Parallelen Vergleiche angestellt würden, wäre es höchst delikat, diese unter ein grundsätzliches Denkverbot zu stellen. Nichts anderes aber tut das Vergleichsverbot. Der Linguist und Philosoph Daniel Sandmann beschreibt den Vergleich als eine psychische Notwendigkeit und Realität des Gehirns. „Wer nicht vergleicht, denkt nicht. Und wer nicht denkt, ist nicht. Zumindest nicht autonom." Auch, wenn dieses Denk- und Vergleichsverbot als Schutz vor Relativierung etikettiert sei, erkenne jeder Mensch, „in dessen Gehirn ein paar Denkneuronen die Etikettierungskampagnen überlebt haben", dass es zum genauen Gegenteil führe.[36] Wenn Staatsanwaltschaften bei einem Denkvorgang, der Dinge in Relation stellt, eine Verharmlosung voraussetzen und deshalb den Vergleich verbieten, zeigt sich, dass sich ihnen die Bedeutung eines Vergleichs bislang nicht erschlossen hat: Vergleiche führen zu Parallelen und Differenzen. Differenzen aber verharmlosen nicht und sind ausschließlich über Vergleiche festzustellen. Eine behauptete Differenz muss diskursiv begründet werden – eine demokratische Selbstverständlichkeit. In Anbetracht des staatlicherseits mit scharfen Klauen verteidigten Denk- und Vergleichsverbots, stellt Sandmann eine harte Diagnose: „Die Apriori-Gleichsetzung von Vergleich und Verharmlosung kann nur dazu führen, Denken als Mittel, das Leben zu begreifen, zu streichen. Das Vergleichsverbot, den Hitlerfaschismus und insbesondere den Holocaust und Auschwitz betreffend, führt einen gesellschaftlichen Zustand herbei, bei dem die im Verbot eingelagerten Prämissen „richtig" werden. Es handelt sich um einen

---

36 Daniel Sandmann, „Ich vergleiche, also bin ich", https://www.manova.news/Art.ikel/ich-vergleiche-also-bin-ich, 07.05.24.

faschistischen Zustand."

Würde der Holocaust zum austauschbaren Vergleichsobjekt für unliebsame und belastende Maßnahmen degradiert, breite sich bei den in Deutschland lebenden Nachfahren der Opfer des Holocaust, bzw. Angehörigen der Religionsgemeinschaft der Juden ein „Klima der Angst" aus. Dies ist die Annahme, auf der jede Verurteilung gründet. Angesichts der in menschlichen Dimensionen unermesslichen Grausamkeit und Tragik der im Holocaust begangenen Verbrechen, die ein nicht enden wollendes Entsetzen hervorrufen und untilgbares Zeichen dafür sein sollten, dass sie sich nie mehr wiederholen dürfen, scheint die Bemühung des Gerichts, keine Vergleiche zuzulassen, rational nachvollziehbar. Zugleich erfordert diese Haltung die Bereitschaft der Opfer und Hinterbliebenen anderer Völkermorde, ihren erlittenen Opfern, wenigstens nach außen hin, weniger Bedeutung zuzumessen – dies angesichts der subjektiven Grausamkeit des erlittenen Unrechts, aber auch angesichts des kollektiven Schmerzes für ihr Volk – und damit stets die Menschheit im Gesamten. Denn sie setzt sich zusammen aus der singulären Würde der Menschen, die nur und gerade bei *deren* Wahrung auch im Kollektiv ihren Niederschlag findet. Der so alte und doch sträflich vernachlässigte Grundsatz *„Was ihr dem geringsten meiner Brüder getan habt, das habt ihr mir getan."*,[37] verlangt nach Erinnerung. Die gedachte Konstante der „Nichtkausalität" im Leben nämlich, verfehlt den Punkt. Erst die Erkenntnis des Prinzips der universellen Interdependenz ist geeignet, dauerhaften Frieden in jeder Dimension zu erreichen. Sie beginnt freilich bei jedem Urteil, das wir fällen, zuvörderst jedoch vor Gericht.

Nachvollziehbar erscheint die Haltung des Gerichts auch, wenn man auf die in hohem Maße systematische Ausgestaltung des Holocaust abstellt. Dabei ist allerdings in Betracht zu ziehen, dass die Wertung des Attributs „systematisch", das nahe an „bürokratisch" heranreicht, in Abgrenzung zum Attribut „chaotisch" auch darauf gründen

37 Evangelium aus Matthäus 25, 40.

mag, dass gerade deutsche Gerichte, im internationalen Kontext in besonderem Maße für ihre systematische, gründliche und effektive Arbeit bekannt, sich in der Spiegelung ihrer eigenen Qualitäten verlieren. Wer Übereinstimmung zu grundlegenden Eigenschaften einer verurteilungswürdigen und verurteilten Causa bei sich ausmacht, erschrickt in besonderem Maße, weiß er doch, wenigstens unbewusst, um deren Kehrseite, die sich in tragische Auswüchse steigern kann. Wären unsere Gerichte, als Abbild unserer Gesellschaftsstruktur, bekannt für eine besonders chaotische Arbeitsweise, so gründete die Angst der Gerichte nicht auf der Systematik der Ermordung der Vielen, sondern in der Ungeordnetheit des Verbrechens.

Der höchst sensible Streit um die Einordnung des Holocaust darf nicht entschieden werden – er muss es aber auch nicht. Denn das „historisch einzigartige“ Verbrechen des Holocaust machte eine Vorbereitungszeit notwendig. Es geschah nicht plötzlich, sondern nach einer politischen und gesellschaftlichen Periode, in der gerade dieses, von den Gerichten im heutigen Zusammenhang dargestellte Klima vonseiten politisch Verantwortlicher geschürt wurde und sich ausbreiten konnte. Dieses ließ die Vernichtung von Juden und anderer vom Holocaust betroffenen Menschengruppen legitim erscheinen. Es setzte die stufenweise Ausgrenzung, öffentliche Verächtlichmachung, Diffamierung, Stigmatisierung und schließlich Entrechtung der Juden voraus. Erst in dieser gesellschaftlichen Stimmung, die das Feindbild des Juden zur Vollendung brachte, konnte das totalitäre, nationalsozialistische Regime die systematische Vernichtung und damit den Völkermord vollziehen. Denn: wenn hier und da Juden aus Schulen, Häusern und Praxen verschwanden, schien das „in Ordnung“ zu sein. Immerhin gab es im nationalsozialistisch gefärbten Denkbild der Menschen (scheinbar) gute Gründe dafür, den Juden zu misstrauen, sie hintergehen zu können und schließlich auch ihre Deportation nicht zu betrauern. Es stellt sich dann aber die immanent relevante Frage, ob ein Vergleich mit den Gräueln des Nationalsozialismus in abstrakter Weise in der Tat nicht erlaubt sein darf. Denn nur in einem Bewusstsein über die Wirkung einer Rhetorik und Politik, die das Potenzial besitzen, eine Gesellschaft schleichend zu vergiften und die Entfaltung des tragischen Potentials des Holocaust zu fördern, kann einer Wiederholung des himmelschreienden Unrechts und der menschlichen Tragödie entgegengetreten werden.

Wir sehen: Die Verurteilten und Verfolgten unserer Zeit verfolgen also das gleiche Ziel wie aburteilende Gerichte. Beiderseits liegt sie in der Verhinderung der Wiederholung des Holocaust. Diese Parallelität wird von Gerichten nicht erkannt. Die Offenkundigkeit der Herausforderungen unserer Zeit konnte nur in Auseinandersetzung mit der objektivierten Sachlage und Analyse der vom RKI selbst erstellten korrekten Daten, veröffentlicht in den Epidemiologischen Bulletins, erkannt werden. Das ist nicht geschehen. Die Gerichte verwiesen stattdessen auf die offiziellen Empfehlungen des RKI, die von den selbst erstellten korrekten Daten abwichen und machten sich das Urteil des Bundesverfassungsgerichts zu eigen, nach dem „Mit der Aufgabenzuweisung an das Robert Koch-Institut nach § 4 Abs. 1 IfSG im Grundsatz institutionell dafür Sorge getragen ist, dass die zur Beurteilung von Maßnahmen der Bekämpfung übertragbarer Krankheiten benötigten Informationen erhoben und evaluiert werden.“[38] Dieses Urteil aber ist in besonderem Maße kritisch zu hinterfragen, weil das Robert Koch-Institut weisungsgebunden dem Gesundheitsministerium unterstellt und damit weder unabhängig noch demokratisch legitimiert ist. Tragischerweise ist die notwendige Auseinandersetzung unterblieben. Sie hätte sich zugleich dringend mit der historischen Rolle des RKI beschäftigen müssen, das eng in die nationalsozialistische Gewaltpolitik eingebunden war.[39] Sie verdrängte oppositionelle Ärzte und Gesundheitspolitiker aus ihren Ämtern, trieb sie ins Exil oder ermordete sie – mitunter auf dem Gelände des Robert Koch-Instituts in

38 Beschluss des Ersten Senats vom 19. November 2021, Rn.191, 1 BvR 781/21, https://www.bundesverfassungsgericht.de/SharedDocs/Entscheidungen/DE/2021/11/rs20211119_1bvr078121.html, 07.05.24.

39 Robert-Koch-Institut, „Das RKI im Nationalsozialismus“, https://www.rki.de/DE/Content/Institut/Geschichte/ns-geschichte_node.html, 10.05.24.

Berlin.[40] Es darf angenommen werden, dass eine solche Auseinandersetzung das Bundesverfassungsgericht, für die Frage der Statthaftigkeit der weitgehenden Verantwortungsverlagerung auf das RKI, stark sensibilisiert hätte.

Zudem stellt sich die Frage, ob nicht statt einem Vergleich, vielmehr eine Gleichsetzung strafrechtlich zu bewerten sei, in der eine Verharmlosung zu sehen sein könnte, weil sie die Gräuel des Holocaust mit einer gegenwärtigen Situation gerade gleichsetzen würde. Ein Vergleich, in Abgrenzung zur Gleichsetzung, ist ein Vorgang, der zwei Sachverhalte betrachtet und sie auf Unterschiede sowie Gemeinsamkeiten untersucht. Eine Gleichsetzung stellt das Ergebnis einer möglicherweise vorangegangenen Untersuchung in einem Vergleich dar – und konfrontiert das Gegenüber mit einer These. Ein Vergleich aber, der auf gesellschaftliche Missstände aufmerksam macht, dessen Gefahrenpotenzial er neutralisieren möchte, kann keiner Verharmlosung entsprechen. Er ist das Gegenteil, nämlich die Erfassung des Unrechts in seiner ganzen Dimension und der unbedingte Wille, sich seiner erneuten Verwirklichung entgegenzustellen.

Das Bundesverfassungsgericht führt zur Frage einer Friedensstörung aus:[41] „Nicht tragfähig ist ein Verständnis des öffentlichen Friedens, das auf den Schutz vor subjektiver Beunruhigung der Bürger durch die Konfrontation mit provokanten Meinungen und Ideologien zielt. Die mögliche Konfrontation mit beunruhigenden Meinungen, auch wenn sie in ihrer gedanklichen Konsequenz gefährlich und selbst wenn sie auf eine prinzipielle Umwälzung der geltenden Ordnung gerichtet sind, gehört zum freiheitlichen Staat. Der Schutz vor einer „Vergiftung des geistigen Klimas" ist ebenso wenig ein Eingriffsgrund wie der Schutz der Bevölkerung vor einer Kränkung ihres Rechtsbewusstseins durch totalitäre Ideologien oder eine offenkundig falsche

---

40 Robert-Koch-Institut, „Verfolgte Ärzte im Nationalsozialismus, Dokumentation zur Ausstellung über das SA-Gefängnis General-Pape-Straße", https://edoc.rki.de/handle/176904/5442, 10.05.24.

41 1 BvR 2083/15, Rn. 25f. https://www.bundesverfassungsgericht.de/SharedDocs/Entscheidungen/DE/2018/06/rk20180622_1bvr208315.html, 10.05.24.

Interpretation der Geschichte.[42] Eine Verharmlosung des Nationalsozialismus als Ideologie oder eine anstößige Geschichtsinterpretation dieser Zeit allein begründen eine Strafbarkeit nicht.[43] Dieses Urteil hätte dringend zur Entscheidungsgrundlage macht werden müssen.

42 BVerfGE 124, 300, 334.
43 BVerfGE 124, 300, 336.

KAPITEL 4

Zensurpraktiken von Unternehmen

Ein wichtiger Hinweis auf staatliche Beeinflussung war bereits seit März 2020 bekannt. Im Mai 2020[44] berichtete ich von den Planspielen des „Event 201"[45], in denen Zensurmaßnahmen gigantischen Ausmaßes durchgespielt wurden. Erschrocken beobachteten wir die kontinuierlich in der Politik und Lebenswirklichkeit vorgenommene Umsetzung der einzelnen Schritte. Die Veranstaltung war eine von der *Johns Hopkins Bloomberg School of public health*, dem *Weltwirtschaftsforum* sowie der *Bill and Melinda Gates Foundation* (BMGF) ausgerichtete und vom *Open Philanthropy Project* gesponserte Simulation einer Corona-Pandemie. Den fünfzehn international tätigen Handels- und Regierungschefs, sowie leitenden Personen der Gesundheitsministerien wurde ein Szenario präsentiert, in dem SARS-ähnliche Corona-Viren zunächst von Fledermäusen auf Schweine und schließlich auf Menschen übertragen wurden. Die BMGF sponserte im November 2019 das von Prof. Dr. Lothar Wieler geleitete RKI, sowie im Jahr 2020[46] die Berliner *Charité*, an der Regierungsberater Prof. Dr. Christian Drosten als Institutsdirektor tätig war, mit jeweils rund 250.000 US-Dollar. Die Haltung der ehemaligen Bundeskanzlerin Angela Merkel korrespondierte mit derjenigen, die Bill Gates öffentlich einnahm.[47] In einem Interview, ausgestrahlt in den *Tagesthemen* vom 12. April 2020, sprach Gates beeindruckende neun Minuten über seine Einordnung der Geschehnisse

---

44 Lisa Marie Binder, „Der Virus-Pabst", https://www.manova.news/Art.ikel/der-virus-papst, 10.05.24.

45 Johns Hopkins Bloomberg School of Public Health, „About the Event 201 exercise", https://web.archive.org/web/20220707015503/https://www.centerforhealthsecurity.org/our-work/exercises/event201/about.

46 Bill and Melinda Gates Foundation, "Committed Grants", https://www.gatesfoundation.org/about/committed-grants, 07.05.24.

47 Süddeutsche Zeitung, „Bill Gates: Massenproduktion von Corona-Impfung vorbereiten", https://www.sueddeutsche.de/politik/regierung-bill-gates-massenproduktion-von-corona-impfung-vorbereiten-dpa.urn-newsml-dpa-com-20090101-200401-99-550543, 07.05.24.

sowie den Anstrengungen von seiner Seite, um die Welt vor Covid-19 zu schützen.[48] Selten zuvor konnte man in diesem Format derart ausufernd persönlichen Einlassungen zu brisanten Themen lauschen.

Die Planübungen des Events 201 inszenierten die Nichtverfügbarkeit eines Impfstoffs im ersten Jahr[49] der Pandemie. Mit der Marktreife einer effektiven Impfung erlangte man Kontrolle über die Pandemie. Die Simulation sah die Verabreichung der Impfung an bis zu neunzig Prozent der Weltbevölkerung vor. Nun verhielt sich die Krankheit wie eine endemische Kinderkrankheit.

Die Übung empfiehlt den Regierungen, Kooperationen mit klassischen und sozialen Medien einzugehen, um sogenannten „Miss- und Fehlinformationen" entgegenzutreten.[50] Dafür müssten die Medien mit schnellen und stichhaltigen Informationen beliefert werden, O-Ton: *„This will require developing the ability to flood media with fast, accurate, and consistent information."* Informationen von Regierungsseite solle Vorrang eingeräumt und Falschinformation mithilfe von Technologien unterdrückt werden. Konkret vorgeschlagen wurden[51] die Zensur von Internetseiten, die Beschränkung und Abschaltung des Internets, „Faktenchecks", Strafzahlungen und freiheitsbeschränkenden Maßnahmen bei der Verbreitung nicht regierungskonformer Inhalte.

All diese Maßnahmen wurden umgesetzt – für einen großen Teil der Bevölkerung bis heute hin unbemerkt. Faktenchecks haben einen

---

48 Tagesschau, „Bill Gates über Corona-Impfstoff", https://www.youtube.com/watch?v=083Vjebhzgl, 10.05.24.

49 Johns Hopkins Bloomberg School of Public Health, "The Event 201 scenario", https://web.archive.org/web/20220707015510/https://www.centerforhealthsecurity.org/our-work/exercises/event201/scenario.html.

50 Johns Hopkins Bloomberg School of Public Health, "Event 2012", "PUBLIC-PRIVATE COOPERATION FOR PANDEMIC PREPAREDNESS AND RESPONSE A CALL TO ACTION", https://web.archive.org/web/20220719012239/https://www.centerforhealthsecurity.org/our-work/exercises/event201/event201-resources/200117-PublicPrivatePandemicCalltoAction.pdf.

51 Center for Health Security, "Event 201 Pandemic Exercise: Segment 4, Communications Discussion and Epilogue Video", https://www.youtube.com/watch?v=LBuP40H4Tko, 07.05.24 oder Johns Hopkins Bloomberg School of Public Health, "Tabletop Exercise Event 201", "Segment 4, Communications Discussion and Epilogue Video", https://centerforhealthsecurity.org/our-work/tabletop-exercises/event-201-pandemic-tabletop-exercise, 22.04.24.

erstaunlich großen Einfluss und bringen die vermeintlich letzte Wahrheit erfolgreich unter das Volk. Wiederholt kam es zu Kontensperrungen oder der Verhinderung der Eröffnung neuer Konten, indem die Banken entsprechende Hinweis auf die ersuchende Person erhielten. Es erfolgten Zwangs-Psychiatrisierung bei der oppositionellen Rechtsanwältin Beate Bahner[52] oder dem Schweizer Arzt Thomas Binder.[53] Vermutlich exemplarisch inhaftiert wurde der politisch offenbar riskante Oppositionelle Michael Ballweg.

Rechtliche Bewertung von Zensurpraktiken

Sind solche Zensurpraktiken, wie das Löschen oder Sperren von Videos oder Artikeln rechtmäßig? „Dürfen Unternehmen so etwas?" Obwohl unsere Privatautonomie keinen Kontrahierungszwang kennt und privatrechtliche Unternehmen grundsätzlich selbst entscheiden können, mit wem und unter welchen Bedingungen sie zusammenarbeiten, gelingt die umfassende juristische Antwort nur umständlich, in einer Auseinandersetzung mit der sogenannten Drittwirkungsfigur der Grundrechte. Dort wird über das Vehikel zivilgerichtlicher Urteile das Handeln Privater drittwirkend in Grundrechtspflichten genommen, indem es zum Grundrechtseingriff des Staats umgepolt wird, der – mit weitreichenden Konsequenzen – die Entscheidungskompetenz und Prüfungsbefugnis des BVerfG eröffnet.

Anerkannt ist in der verfassungsrechtlichen Diskussion die Beeinträchtigung der Religionsfreiheit religiöser Vereinigungen durch staatliche Warnung der Öffentlichkeit. Der Staat kann also imperativ, durch die Gewährung von Vorteilen oder die Anordnung von Nachteilen, auf die Willensbildung der privaten Dritten einwirken.

Doch nicht nur private Unternehmen wie YouTube könnten von

52 Taz, „Anwältin aus Psychiatrie entlassen", https://taz.de/Juristin-Beate-Bahner-in-der-Klinik/!5679099/, 07.05.24.

53 Fabian Hägler, „Sympathisanten wollten coronakritischen Wettinger Arzt Binder aus der Psychiatrie befreien", https://www.aargauerzeitung.ch/aargau/kanton-aargau/bericht-sympathisanten-wollten-coronakritischen-dr-binder-aus-der-psychiatrie-befreien-ld.2160011, 07.05.24.

staatlicher Beeinflussung betroffen sein. Investigative Untersuchungen des Kollegen Seymour Hersh[54] offenbarten, dass im Ukraine-Konflikt nicht nur Absprachen zwischen Politik und Medien, sondern detaillierte Anweisungen zur Darstellung in öffentlichen Medien erfolgten. Weil die Zensur nicht zwingend zielgerichtet sein muss,[55] können auch faktische Maßnahmen oder Konsequenzen dem Zensurverbot genügen, zum Beispiel positive Anreize oder negative Abschreckungsmöglichkeiten. Im Ergebnis könnte das Handeln Privater, wie von YouTube oder Zeitungen, die auf Anweisung hin Nachrichten verbreitet haben, grundsätzlich als Eingriff gewertet werden. Für die Erbringung des Nachweises ermangelt es momentan noch an handfesten Beweisen.

---

54 Seymour Hersh, „The cover-up", https://seymourhersh.substack.com/p/the-cover-up, 07.05.24.

55 Dr. Michael Sachs, Grundgesetz Kommentar, 4. Auflage, Verlag C.H. Beck München, 2007, Art. 5 GG, Rn. 135b.

KAPITEL 5

Ein ernüchterndes Ergebnis

Die Ergebnisse der Verfassungsmäßigkeitsprüfung ausgewählter Gesetze und Urteile bayerischer Gerichte auf Basis einer objektivierten Sachlage, unter Anwendung eines strengen, aber wohlwollenden Prüfungsmaßstabs, zeigen, dass die Verfassungsmäßigkeit der hoheitlichen Akte höchst fraglich sind.

Erinnern wir uns zudem:

Fehlende Rechtsgrundlage

Die Vorgänge im März 2020 erfolgten ohne gesetzliche Grundlage für die erlassenen Anordnungen. Das zum damaligen Zeitpunkt geltende Infektionsschutzgesetz war keine geeignete Ermächtigungsgrundlage – selbstverständlich auch nicht für das, was man als ersten „Lockdown" bezeichnete. Gerichtsentscheidungen waren zu diesem Zeitpunkt nicht ergangen. Damit waren die damaligen Vorgänge schlicht verfassungswidrig, also ungesetzlich. Dies hielt die Bundestagsabgeordneten, mit Ausnahme von AfD und Linke, nicht davon ab, am 25. März 2020 für die Gesetzesentwürfe zu stimmen, in denen der Bevölkerungs- und Sozialschutz und besondere Bestimmungen zu Krankenhäusern geregelt wurde.[56] Mit diesen Gesetzen stellte der Bundestag fest, dass wegen der durch das „neuartige Coronavirus SARS-CoV-2 verursachten Epidemie" eine epidemische Lage von nationaler Tragweite eingetreten ist.

Rückwirkungsverbot

Seit 2020 kam es zum fortwährenden Verordnungserlass aller denkbaren Verordnungseber und dabei wiederholt zu Regelungsinhalten,

56 Deutscher Bundestag, „Ja zu Gesetzen zum Bevölkerungs- und Sozialschutz und zu Krankenhäusern", https://www.bundestag.de/dokumente/textarchiv/2020/kw13-de-corona-infektionsschutz-688952, 19.07.23.

deren Geltungsbereich in die Vergangenheit zurückreichte. Sie galten also rückwirkend, beispielsweise im Fall des sogenannten „Genesenenstatus".[57] Dies wirft die substanzielle Frage auf, inwieweit diese Rückwirkung mit dem Rückwirkungsverbot aus Art. 20 Abs. 1 und 3 GG zu vereinbaren ist, das sich aus dem Rechtsstaatsprinzip ergibt. Dieses zielt auf Rechtssicherheit und -klarheit. Der betroffene Bürger soll darauf vertrauen können, dass gilt, was zum gegenwärtigen Zeitpunkt geregelt ist. „Was heute gilt", galt aber regelmäßig morgen schon nicht mehr.[58] Selbst, wenn diese Vorgänge, die mit wenigstens grob fahrlässiger Unkenntnis vollzogen wurden, noch als verfassungskonform betrachtet werden können, sind sie im Lichte des Art. 20 Abs. 1 und 3 sehr kritisch zu betrachten. Sie werfen ein grobes demokratietheoretisches Problem auf, das künftig unbedingt zu vermeiden ist.

Fehlende Rechtsklarheit

Massive staatsrechtliche Probleme durch die Beeinträchtigung von Art. 20 Abs. 1 und 3 GG resultierten aus der damals neu entstandenen Praxis, innerhalb neu geschaffener Normen auf jeweils aktuelle Veröffentlichungen des RKI zu verweisen. Sie führte zu einer erheblichen Intransparenz geregelter Inhalte, die gleichzeitig potenziell höchst einschneidende Folgen nach sich zogen, beispielsweise Isolationsanordnungen oder realisierte Strafbewährungen. Diese Praxis könnte das Rechtsstaatsprinzip mit seinem Verlangen nach Rechtsklarheit unverhältnismäßig beeinträchtigt haben. Anfang August 2023 entschied nun der Bayerische Verwaltungsgerichtshof (BayVGH) in einem solchen zum Streitfall gewordenen Verfahren. Dem Urteil zufolge seien zeitweise geltende Vorgaben des Freistaats Bayern zur Quarantäne nach einer Einreise während der sogenannten Pandemie unwirksam

---

57 Lukas Böhl, „90 statt 180 Tage, Genesenenstatus: Gilt die Verkürzung rückwirkend?", https://www.stuttgArt.er-nachrichten.de/inhalt.genesenenstatus-verkuerzt-rueckwirkend-mhsd.b8962515-2fba-4957-bb99-d0b1e5043421.html, 10.05.24.

58 Eine detaillierte rechtliche Einordnung entnehmen Sie meinem Buch, Lisa Marie Binder, „Der Rechts-Befund", massel Verlag, 2024, S. 191 ff.

gewesen.[59] Das Gericht bestätigte die Ansicht des Klägers, dass die Einstufung als Risikogebiet intransparent und nicht nachvollziehbar war. Aufgrund der grundsätzlichen Bedeutung des Falls ließ das Gericht die Revision zum Bundesverwaltungsgericht in Leipzig zu – unter vielen Urteilen endlich ein positives Signal für die Jurisprudenz.

Zeitliche und sachliche Beschränkung

Durch den Bezug auf die Notlage im Sinne der epidemischen Lage nationaler Tragweite hätten Art und Umfang der Herrschaft und sein Regelungsinhalt zeitlich und sachlich beschränkt gewesen sein müssen.[60] Diese Beschränkung halten Gerichte für gegeben; dies auch dann, wenn Menschen von der Grundversorgung mit Lebensmitteln ausgeschlossen waren, weil sie einen Supermarkt nicht betreten konnten. Dies geschah, weil sie ärztlich attestiert von der Pflicht zum Tragen einer Mund-Nasen-Bedeckung befreit waren und der Einlass mit Berufung auf das Hausrecht verwehrt wurde. Das gerichtliche Argument: Die Maskenpflicht sei zeitlich begrenzt. Die Einschränkung des Grundrechts sei somit weniger gravierend, als sie es wäre, wenn die Einschränkung auf unbestimmte Zeit gelte und eine Diskriminierung damit ausgeschlossen. Das Hausrecht eines privaten Supermarktbetreibers nämlich stehe so lange über dem Grundsatz fehlenden Kontrahierungszwangs der freien Marktwirtschaft, wie das allgemeine Diskriminierungsverbot nicht greift. Soweit dem formal zugestimmt werden kann, weil der Gesetzgeber seit dem gesetzlich normierten Ausnahmezustand in zeitlich eng aufeinanderfolgenden Terminen Corona-Verordnungen erlassen hat, ist diesem Punkt materiell entgegenzutreten. De facto nämlich bestand die Maskenpflicht in Supermärkten bis zur endgültigen Aufhebung im April 2022 (exemplarisch für Bayern) ununterbrochen und kann auf gleiche Weise ad infinitum fort-

59 Urt. v. 02.08.2023, Az. 20 N 20.2861.

60 Gemäß § 28a Absatz 5 IfSchG sind Rechtsverordnungen, die nach § 32 i.V.m. § 28 Absatz 1 und § 28a Absatz 1 erlassen werden, mit einer allgemeinen Begründung zu versehen und zeitlich zu befristen. Die Geltungsdauer beträgt grundsätzlich vier Wochen; sie kann verlängert werden.

geschrieben werden. Liegt eine solche Verstetigung vor, kann aber bei globaler Betrachtung freilich nicht mehr von zeitlicher Beschränkung gesprochen werden. Vielmehr mutet diese Argumentation nach einem Taschenspielertrick an.

Zerrüttung der Rechtshierarchie

Durch die Bedeutung, die das Infektionsschutzgesetz unter der sogenannten Pandemie erlangt hat, wurde die traditionelle Rechtshierarchie zerrüttet. Alleine die Ermächtigungsgrundlagen des § 5 Abs. 2 S. 1 des Infektionsschutzgesetzes (IfSG) erlaubte ohne jede Differenzierung Ausnahmen und Abweichungen von allen Normen der dort bezeichneten Gesundheitsgesetze, sodass man sie mit Fug und Recht als eine Blankovollmacht bezeichnen kann, die weitaus mehr als 1.000 Vorschriften umfasst. Solche Blankoermächtigungen aber sieht das Grundgesetz, wie bereits ausgeführt, nicht vor.

Kein demokratischer Verstoß per se, dafür aber eine Haltung, die sich nur schwer mit einem demokratischen Grundverständnis in Übereinstimmung bringen lässt und vielmehr die Schwelle zu totalitären Tendenzen markieren könnte, verdeutlicht sich in einem Zitat der damaligen Bundeskanzlerin Angela Merkel. Bezugnehmend auf das Bundesgesetz der sogenannten „Bundes-Notbremse“, stellte sie fest, „Wir haben nicht mehr die unterschiedlichen Verwaltungsgerichts-Entscheidungen“.[61] Dass die Bundeskanzlerin in der Beschneidung des Rechtswegs einen Vorteil sieht, weil für einzelne Regelungen nur noch vor dem Bundesverfassungsgericht geklagt werden könne, erstaunt. Der Präsident des Düsseldorfer Verwaltungsgerichts, Andreas Heusch, hierzu: „Wenn die Bundeskanzlerin es als Mehrwert sieht, dass die Verwaltungsgerichte ausgeschaltet werden, dann frage ich mich, was für ein Verständnis von Rechtsstaat sie hat“.

61 Eirik Seldmair, „Düsseldorfer Verwaltungsgerichtspräsident kritisiert Merkel scharf“, https://rp-online.de/nrw/landespolitik/verwaltungsgericht-duesseldorf-deutliche-kritik-an-merkel_aid-57704339, 07.05.24.

Fazit

Zusammengefasst ist festzuhalten: Weder das Erfordernis der Volkssouveränität (regelmäßig nicht umgesetzte Wahlprogramme), noch das Prinzip der Herrschaft der Mehrheit mit dem Prinzip der freien Willensbildung (keine freie Entfaltung der Gegenmeinung), noch die Voraussetzung der Gewaltenteilung (fehlende Selbstverwaltung der Judikative, Problem der Unabhängigkeit der Richter, Regieren per Dekret und Rechtsverordnung, Einsatz sogenannter „Kanzlerinnenrunden" während der ausgerufenen Pandemie), noch schließlich die Voraussetzung der Anerkennung von Grundrechten (jedenfalls höchst streitige Verfassungsmäßigkeit der Grundrechtebeschränkungen mittels Datengrundlagen, die nicht den Rohdaten des RKI entsprachen) sind in einem Ausmaß umgesetzt, die den Anforderungen des Grundgesetzes entsprechen. Kurzum: Wir haben unübersehbare Mängel in unserem Staatswesen und damit ein Demokratie-Problem.

Der ehemalige Präsident des Bundesverfassungsgerichts, Hans-Jürgen Papier,[62] konstatierte dieses weitreichende Ergebnis in seiner zwar zurückhaltenden, doch dabei nicht an Klarheit ermangelnden Feststellung: „Unsere verfassungsmäßige Ordnung kennt keine Notstandsverfassung, die eine vollständige oder auch nur partielle Suspendierung der Grundrechte gestattet." „Auch die grundsätzlich berechtigten Forderungen, nach effektiven Infektionsschutzmaßnahmen oder einer effektiveren Klimapolitik, rechtfertigen nicht eine *autokratische* Regierungsstruktur, das heißt, eine Suspendierung der Freiheitsrechte zugunsten eines auf Obrigkeitsreglementierung, Überwachung und eines die freien Bürgerinnen und Bürger des Landes als Untertanen behandelnden Fürsorgestaates."

62 Professor Hans-Jürgen Papier, „Deutschland zwischen Covid und Klima, Grundrechte unter Vorbehalt?", Denkfabrik R21, 18.09.2023, https://www.youtube.com/watch?v=TuwtiqRUUPU, 07.05.24.

Ist unser Staat über Nacht totalitär geworden?

TEIL 3

Bevor wir uns fragen, ob wir es jüngst mit einer Form des Faschismus zu tun hatten, stellen wir die Frage voraus, inwiefern wir einer Form totalitären Regierens ausgesetzt waren oder noch sind. Sie halte ich für die Basis des Faschismus, der sich in der Gesellschaft auf dessen Grund ausbreiten kann. Diese Einschätzung wird in der Breite nicht geteilt.

Dem Politikwissenschaftler Ullrich Mies immerhin stellt sich die Frage nach der Autorität des Systems nicht mehr: „Im Inneren haben sie die Staaten mit dem Corona-Regime in den Ausnahmezustand versetzt und damit die Grenze zum Totalitarismus überschritten.“[63] Im Allgemeinen aber herrscht Einigkeit darüber, dass der Begriff des Totalitarismus vom Faschismus, wenn überhaupt, dann nur sehr schwer differenziert werden kann. Was ist das überhaupt – Faschismus? Woran orientieren wir uns bei dieser Frage? An Definitionen, allgemein gebräuchlichen oder juristischen, an sozial- und politikwissenschaftlichen Studien, an der gängigen Meinung der Bevölkerung, soweit sie überhaupt auszumachen wäre oder am möglichen Urheber des Faschismus? In der allgemeinen Verwirrung über den Faschismus-Begriff keimt immer wieder die Idee auf, den Begriff endlich aufzugeben. Diskussionen über eine mögliche Einordnung der Neuen Normalität zeigen ebenso, wie die theoretischen Auseinandersetzungen seit 1945 über die Differenzierungen der politischen Verwerfungen zwischen Franco, Mussolini und Hitler, die große Uneinigkeit in Fragen der Abgrenzung zwischen den einzelnen autoritären Regierungsstilen.

Es erscheint legitim, eine Abgrenzung für unmöglich zu erklären, weil die einzelnen Erscheinungen sich teilweise überlappen. Selbst die Einordnung des Nationalsozialismus als Faschismus wird teilweise infrage gestellt. Der Historiker Fernando Esposito hält den Begriff des Faschismus für generisch und damit für überflüssig oder hinderlich. Er könne die Singularität der von den Nationalsozialisten verübten

63 Ullrich Mies, „Westliche Welt im Ausnahmezustand“, https://web.archive.org/web/20230319221708/https://www.rubikon.news/artikel/westliche-welt-im-ausnahmezustand.

Menschheitsverbrechen verschleiern.[64] Der Philosoph Ludwig Wittgenstein beschreibt das Phänomen der Verflochtenheit einzelner autoritärer bis autokratischer Regierungsstile:[65] „Und die Stärke des Fadens liegt nicht darin, dass irgendeine Faser durch seine ganze Länge läuft, sondern darin, dass viele Fasern einander übergreifen. [...] es läuft ein Etwas durch den ganzen Faden, – nämlich das lückenlose Übergreifen dieser Fasern." In der Tat nimmt diese konsekutive Betrachtungsweise ein gutes Quäntchen Ballast vom Untersuchenden. Die gegenseitigen Verbindungen zwischen den einzelnen Erscheinungsformen autoritärer Regierungsstile macht es zu einem höchst herausfordernden Unternehmen, sie zu entflechten und einer nachvollziehbaren Differenzierung zu unterwerfen.

Der wohl bekannteste Streit um diese Frage fand in den Achtzigerjahren in der Auseinandersetzung zwischen dem Historiker Ernst Nolte und dem Philosophen Jürgen Habermas im sogenannten Historikerstreit statt. Nolte betrachtete das publizistische „Nichtvergehenwollen" als Behinderung für die historische Aufarbeitung.[66] Er plädierte für eine „Gleichbehandlung" des Nationalsozialismus mit anderen Epochen der deutschen Geschichte. Dieser Forderung trat Habermas entschieden entgegen. Er bezeichnete sie als „Revisionismus", der ein deutsches Nationalbewusstsein durch das Abschütteln einer „entmoralisierten Vergangenheit" erneuern solle. In diese Diskussion mischten sich schließlich Historiker, Journalisten und Leser ein, sodass die Debatte sich über ein Jahr erstreckte.

In unseren Betrachtungen geht es nur sekundär um die Frage der Einordnung des Nationalsozialismus, sondern primär um die nach einer Abgrenzung zwischen Totalitarismus und Faschismus. Die Politikwissenschaftlerin Barbara Zehnpfennig erkennt in der Ausübung von

64 Fernando Esposito, „Faschismus – Begriff und Theorien", https://docupedia.de/zg/Faschismus#cite_ref-136, 07.05.24.

65 Ludwig Wittgenstein, „Philosophische Untersuchungen", Bibliothek Suhrkamp, Frankfurt a.M. 1977, I 65ff.

66 Ernst Nolte, „Vergangenheit, die nicht vergehen will. Eine Rede, die geschrieben, aber nicht gehalten werden konnte", zuerst in: FAZ, 6.6.1986, Historikerstreit, S. 42.

Macht per Zwang das verbindende Element zwischen den autoritären Herrschaftsformen. Das totalitäre System ginge darüber noch hinaus: „Es will den Menschen nicht nur von außen zwingen, sondern ihn auch von innen vereinnahmen." Er spezifiziere sich in der „Totalität des Zugriffs auf den Menschen", der nicht nur regierungskonformes Handeln, sondern auch ein solches Denken verlangt. Aus diesem Grund seien totalitäre Systeme Ideologie-geleitete Systeme.[67] Mit dieser Einschätzung ist Zehnpfennig nicht alleine. Die Politikwissenschaftler Carl Joachim Friedrich und Zbigniew Brzezinski erarbeiteten neben ihrem Ideologie-Begriff fünf über dieses Merkmal hinausgehende Faktoren: eine monopolistische Massenpartei, das physische, bzw. psychische Terrorsystem, das Monopol der Massenkommunikationsmittel und Kampfwaffen sowie die zentral gelenkte Wirtschaft unter Einsatz moderner Technik. Das spezifische Wesen des totalitären Regimes bestünde jedoch mehr in seiner Organisation und seinen Methoden zur Erreichung der totalen Kontrolle, als im eigentlichen Streben nach totaler Kontrolle.[68] Die jüdisch deutsch-US-amerikanische Publizistin Hannah Arendt stellt ihrerseits maßgeblich auf das Zusammenspiel von Ideologie und Terror im totalitären System ab.[69] Eine ansehnliche Breite geisteswissenschaftlicher Autoren also, hält das Vorliegen einer Ideologie für ein dem Totalitarismus immanentes Merkmal.

Gefahr einer Untersuchung

Wer die Herrschenden infrage stellt, bleibt nur in einer Demokratie unbeschadet. In einer Subsumtion der Neuen Normalität unter den Totalitarismus-Begriff gelangt man zu der riskanten Schlussfolgerung, unsere jüngste Politik reaktionärer Herrschaftsausübung zu verdächtigen. Wer dies aber tut, wird rasch der Hetze beschuldigt. Wir

---

67 Barbara Zehnpfennig, „TOTALITARISMUS", https://www.staatslexikon-online.de/Lexikon/Totalitarismus, 07.05.24.

68 Carl Joachim Friedrich/ Zbigniew K. Brzezinski „Totalitarian Dictatorship and Autocracy", Harvard University Press; REV. Reprint 2014 ed. Edition (5. Februar 1965).

69 Hannah Arendt, „Elemente und Ursprünge totaler Herrschaft, Antisemitismus, Imperialismus, Totalitarismus", Verlag Piper, München, 1991.

erinnern uns: Er könnte den „demokratischen“ Staat delegitimieren. Im Bestreben, der objektivierbaren Wahrheit so nahe wie möglich zu rücken, bleibt jedoch kein Auskommen. Der Künstler und Publizist Professor Rudolph Bauer stellt fest: Ein politisch sensibler und kritisch geschärfter Blick, der durch die berechtigte Abscheu gegenüber dem Retrofaschismus nicht völlig verblendet ist, müsse erkennen, dass die „Mitte“-Parteien in Wahrheit Merkmale einer Politik aufweisen, die, wenn auch teilweise in eher verdeckter Form, antidemokratische, staatsautoritäre und totalitäre Züge erkennen lassen. Die totalitären Herrschaftspraktiken der etablierten Politik seien weitgehend „smart“, verdeckt, unkenntlich und zum Teil schwer dechiffrierbar.[70] Trotzdem, oder vielleicht genau deshalb, habe ich mögliche totalitäre Tendenzen untersucht.

70 Rudolph Bauer, „Die Schlange wechselt ihre Haut / und bleibet Schlange nach wie vor. Oder: Beiderseits der „Brandmauer“: Kartellparteien und AfD“, http://nrhz.de/flyer/beitrag.php?id=28735, 07.05.24.

KAPITEL 1

Die Wahl der Definition

Eine entscheidende Bedeutung hat bei dieser Prüfung der Totalitarismus-Frage die Wahl der Definition. Sie bestimmt den Prüfungsmaßstab. Ihre Wahl muss daher sorgfältig abgewogen werden, ohne auf den Inhalt der einzelnen Definitionen vorzugreifen. Andernfalls geriete der wissenschaftliche Anspruch in die Gefahr einer Unterminierung. Um Rosinenpickerei und damit einen taktischen Einfluss auf die Wahl zu unterbinden, soll die Wahl der Definition vielmehr von inhaltsunabhängigen Kriterien geleitet sein.

In die nähere Auswahl kamen ein juristisches Wörterbuch sowie ein Lexikon, das dem Allgemeingebrauch zugänglich ist – Wikipedia schied als Quelle selbstredend aus. Ausgehend vom durchschnittlich Interessierten, sprach vieles dafür, das Duden-Lexikon zu konsultieren. Dann jedoch sieht man sich mit einem Problem konfrontiert: Wenn auch Schnittmengen zwischen den einzelnen Auffassungen der Lexika vom Totalitarismus-Begriff bestehen, kann von einer einheitlichen Auffassung keine Rede sein. Das Duden-Lexikon weicht in seiner Begriffs-Definition wesentlich von politikwissenschaftlichen Definitionen, sowie der Definition eines Rechtswörterbuchs ab. Obwohl eine Vorschau auf die Inhalte der Definitionen dogmatisch nicht statthaft ist, bedarf die Wahl der Duden-Lexikon-Definition einer soliden Begründung. In seiner Abweichung vom wissenschaftlichen Allgemeinverständnis, nach dem der Begriff der „Ideologie" ein wesentliches Merkmal eines totalitären Staats ist, wird dieses Erfordernis virulent.

Wer „wissen" will, was Totalitarismus ist, will es schnell wissen. Gängige Suchmaschinen führen auf ihren ersten Ergebnisseiten neben Einträgen von Wikipedia solche der Bundeszentrale für politische Bildung auf und immerhin einige der Duden-„Learnattack" GmbH, einem Tochterunternehmen des Duden-Verlags.[71] Da die Grundlage des juristischen Wörterbuchs wenig Berührungspunkte mit allgemein gebräuchlichen Referenzen aufweist, sodass ein auf ihm basierendes Ergebnis zwar intellektuell fundiert wäre, aber wenig allgemeine Überzeugungskraft entfaltete und das Duden-Lexikon immerhin über Jahrzehnte den Standard darstellte, fiel meine Wahl auf die Definition des Duden-Lexikons – in vollem Bewusstsein des möglicherweise unzulänglichen Texts dieser Definition.

71 https://www.cornelsen.de/karriere/cornelsen-gruppe. Der Duden-Verlag ist Teil der Cornelsen-Gruppe.

KAPITEL 2

Die Prüfung der Totalitarismus-Frage

Die sorgsame Prüfung der Voraussetzungen des Totalitarismus-Begriffs kam zu einem auf den ersten Blick überraschenden Ergebnis.[72] Die Regierungen handelten unter Geltung der wegen der sogenannten „Pandemie" erlassenen Gesetze und Verordnungen nicht nur nicht umfassend demokratisch, sondern zudem diktatorisch. Dieses Ergebnis resultiert aus der Prüfung des Totalitarismus-Begriffs, der die Voraussetzungen einer Diktatur integriert:

Das Duden-Lexikon definiert den Begriff „totalitär" (1) als *mit diktatorischen Methoden jegliche Demokratie unterdrückend, das gesellschaftliche, politische, kulturelle Leben (nach dem Führerprinzip) sich total unterwerfend, es mit Gewalt reglementierend.*

Der Begriff der Diktatur selbst wiederum verlangt die Existenz einer *„unumschränkten, andere gesellschaftliche Kräfte mit Gewalt unterdrückenden Ausübung der Herrschaft durch eine bestimmte Person, bzw. gemeinsame Gruppierung, bzw. Partei o.Ä. in einem Staat".*

Eine Diktatur in unserem Staat?

Die Diagnose „Diktatur" vermag zu frappieren. Deshalb soll ihre Begründung knapp ausgeführt werden. Die gemeinsame „Gruppierung" im Sinne der Definition bestand in der Regierung unserer Bundesrepublik Deutschland. Doch bereits das Merkmal der „Herrschaftsausübung" verlangte in einer Auslegung nach Sinn und Zweck nach einer grundsätzlichen Betrachtung jedes Regierungshandelns.

Die Frage der Abgrenzung von Herrschaftsausübung gegenüber Rechtsetzung wurde dringend: An welcher Stelle befindet sich die Schwelle, an der eine bloße Regelung übertreten wird? Wo verlässt ein Gesetzgebungsakt den Korridor grundgesetzlich verdingter

72 Lisa Marie Binder, „Der Rechts-Befund", massel Verlag 2024, S. 165 ff..

Freiheiten, die die hierin maximal mögliche Unbeschränktheit des Individuums sichern sollen? Wann mündet der Gesetzgebungsakt in Beherrschung? Die Prüfung verlangte nach den wesentlichen Kriterien, die eine Abgrenzung der „Herrschaft“ von einer für das soziale Leben in einer auf dauerhaften Frieden angelegten Gesellschaft notwendigen „Regelung“ zulassen.

Als geeignetes Kriterium zur Abgrenzung von Regierungshandeln gegenüber Herrschaftsausübung imponierte die *Notwendigkeit* im Sinne einer *absoluten* Notwendigkeit. Dabei war es vorteilhaft, zwischen Beherrschung aus gemeinschaftsbedingten Gründen und übermäßiger, also maßloser Beherrschung, zu unterscheiden. Zur Verhinderung übermäßiger Beherrschung müsste ein Regelerlass aus bloßer Willkür oder niederen Beweggründen ausgeschlossen werden. Wann liegt ein solcher vor? Jedenfalls dann, wenn der Regelerlass sich nicht mit unveräußerlichen Menschenrechten in Übereinstimmung bringen lässt. Gelingt dies nicht, kann man von einer gewalttätigen und unterdrückenden Ausübung der Herrschaft sprechen. Wird die Schwelle der *Notwendigkeit* zur Sicherung der verfassungsmäßig maximal möglichen Unbeschränktheit des Individuums überschritten, befindet man sich bereits auf dem Terrain der Beherrschung.

Die Neue Normalität hat genau das hervorgebracht: übermäßige und damit maßlose Beherrschung. Die Tiefe der Grundrechtseinschränkungen, neben der Verfassungswidrigkeit der geprüften Gesetze und Urteile, waren nicht mit unveräußerlichen Menschenrechten in Einklang zu bringen. Dass sie auch „unumschränkt“ im Definitions-Sinne war, zeigte anlässlich der Schwere des Vorwurfs die besonders sorgfältige Argumentation.

„Verpolizeilichung“ des Rechts

Thomas-Michael Seibert, Honorarprofessor am Fachbereich Rechtswissenschaft der Goethe-Universität Frankfurt am Main, spricht im Zusammenhang mit dieser Frage von einer „Verpolizeilichung“ des

Rechts.[73] Bis zur Einführung der Gefährdungshaftung in den Siebzigerjahren des letzten Jahrhunderts, als die Terrorismusbekämpfung in den Fokus des Gesetzgebers rückte, konnten im klassischen Recht Rechtsfolgen nur durch Rechtsverletzungen ausgelöst werden. Seither genügt die Realisierung eines Schadens, der sich aus einer erlaubten Gefahr ergibt, ohne dass es auf das Verschulden ankäme, zum Beispiel im Bereich der Kfz-Halter-Haftung. Auch das alte preußische Gesetz, das die Übertragung ansteckender Krankheiten verhindern sollte, wurde seit 2020 durch den Ausbau der Gesetzesgrundlage im Infektionsschutzgesetz massiv ausgeweitet. Ursprünglich geht es auf das Reichsseuchengesetz aus dem Jahr 1900 zurück, doch plötzlich fand es auf die Gesamtbevölkerung Anwendung. Bei Verabschiedung des Vorgänger-Gesetzes im Bundes-Seuchengesetzes von 1961, hatte der Gesetzgeber begrenzte und lokale Maßnahmen in Betracht gezogen, die ausschließlich für Kranke in Betracht kamen. 2020 wurde nun das Infektionsschutzgesetz dergestalt verändert, dass sogenannte „Nichtstörer“ zu Betroffenen wurden: *gesunde* Menschen. Nun wurden sie den gleichen Maßnahmen unterworfen, wie sie ursprünglich für Störer im Sinne des Polizeirechts vorgesehen waren. Es kam zu Isolationsmaßnahmen, Betretungsverboten, Kontaktverbot und all den anderen Maßnahmen, die wir kennengelernt haben. Diesen Vorgang bezeichnet Seibert als eine „Verpolizeilichung“: Die Transformation eines „Rechts der Souveränität“ in den neuzeitlichen Disziplinarapparat. Seit „Pandemie“-Beginn seien die Abwehrrechte des Bürgers gegen den Staat als Disziplinierungsinstrument eingesetzt worden. Die Freiheit der Ungeimpften hatte gegen Maßnahmen zum Gesundheitsschutz zurückzutreten.

Elementar wird der Rückgriff auf die „Anscheinsgefahr“, ein für das Polizeirecht äußerst hilfreicher Begriff, der Begründungslasten erleichtert, allerdings in Gefahr gerät, sich selbst zu „verflüchtigen“.

---

73 Expressis-verbis, Camilla Hildebrandt im Gespräch mit Thomas-Michael Seibert, „Das ist ein kalkulierter Verfassungsverstoß“, https://www.expressis-verbis.lu/2021/12/09/das-ist-ein-kalkulierter-verfassungsverstoss/, 07.05.24.

Da man nie genau wissen kann, ob eine Gefahr eintreten wird oder nicht, kann man im Gebäude des Polizeirechts argumentativ nur schwer dagegenhalten. Die Angst der Gerichte bis zum Bundesverfassungsgericht in der Causa Corona trug zur Beantwortung dieser fundamentalen Frage bedauerlicherweise nichts Wesentliches bei. Der Rückzug auf das Instrument der Anscheinsgefahr und die Ausweitung des Anwendungsfelds des „Störerbegriffs" aber stellt eine hochproblematische Entwicklung dar. Sie steht im Widerspruch zu den verfassungsmäßig formulierten Ansprüchen unseres Rechtsstaats. Diese Ausweitung ist mit den unverhältnismäßigen Eingriffen in Grundrechte, die wir erlebt haben, nicht zu vereinbaren.

„Unumschränktheit" und Unterdrückung mit Gewalt?

Die Ausübung der Herrschaft war auch „unumschränkt". Dies lag in erheblichem Maße an der legislativen Tätigkeit der nicht hinreichend legitimierten „Kanzlerinnenrunden", die rechtsstaatlichen Ansprüchen zuwiderliefen. Diese Verlagerung grundrechtswesentlicher Entscheidungen auf die nicht angeleitete Exekutive kann als fundamentales und nicht zu heilendes Manko im Lichte demokratischer Anforderungen bewertet werden.

Obwohl die hohe Zahl der Nichtannahmen zur Entscheidung seitens des Bundesverfassungsgerichts kritisch zu bewerten ist, begründete sie nicht die Versperrung des Rechtswegs, der weiterhin beschritten werden konnte. Die einschlägige Entscheidungslage der Gerichte hingegen, die dazu führten, dass die Beschreitung des Rechtswegs seit 2020 de facto beinahe keine Abhilfe zur Durchsetzung der Grundrechte hervorbrachte und erst recht die strafrechtliche Verfolgung der Richter, die abweichende Urteile zu sprechen wagten[74] ,[75] lieferten gewichtige Gründe, eine Unumschränktheit in Betracht zu

74 Camilla Hildebrandt, „Die Corona-Rechtsprechung hat sich vom Leben entkoppelt", https://multipolar-magazin.de/Art.ikel/rechtsprechung-vom-leben-entkoppelt, 07.05.24.

75 BR24, „Masken-Urteil: Ermittlungen gegen Weilheimer Richterin beendet", https://www.br.de/nachrichten/bayern/masken-urteil-ermittlungen-gegen-weilheimer-richterin-beendet,ScjIlkX, 07.05.24.

ziehen. Nie in der Geschichte bezeichnete sich ein amtierendes Gremium als absoluten Herrscher. Immer vollzieht sich diese Einordnung erst im historischen Kontext.

Stringenz entfaltete schließlich das Argument, dass ein nicht eingeschränkter und absoluter Herrscher seine Entscheidungen nicht an (äußeren) Sachgründen orientiert, sondern an (inneren) Motiven, die potentielle Willkür inkludieren. Genau dies ist in der vorliegenden Situation geschehen. Die Schaffung der Grundlage aller folgenden Gesetze und Verordnungen erfolgte gerade nicht auf Basis von Sachgründen, sondern aufgrund einer politischen Anweisung eines einzelnen externen Akteurs zur Verschärfung der Risikobewertung von „mäßig" auf „hoch" im März 2020.[76]

Wir hatten es ebenso mit „gewaltsamer Unterdrückung anderer gesellschaftlicher Kräfte" zu tun: Kräfte, die den Absichten und Maßnahmen der gemeinsamen Gruppierung im Staat inhaltlich entgegentraten. Nicht nur die Querdenker-Bewegung, sondern zahlreiche lokale und kleinere Bewegungen wie „München steht auf", das Netzwerk kritischer Staatsanwälte und Richter, die „Kritischen Polizisten", Zusammenschlüsse in Gemeinden, die sich unter herausfordernden Bedingungen und kriminalisiert trafen, gänzlich ungeordnete Zusammenschlüsse von Eltern in Schulen, Kindergärten, unter Pflegern, Ärzten, Heilpraktikern, Forschungsgruppen aus Ingenieuren und Angehöriger von Heilberufen, der Gemeinwohllobby, von Marianne Grimmenstein und nicht zuletzt unser Verein „Aus Liebe zum Grundgesetz" einte ihr Entschluss, sich einem, nach Prüfung der Sachlage, erkennbaren willkürlichen Notstandsregime nicht beugen zu wollen. Daher leisteten sie Widerstand in verschiedenster Form: durch Demonstrationen, gegenseitiger Unterstützung, der Initiative von Diskussionsrunden, der Ausarbeitung einer neuen Verfassung, Aufklärung und vielen weiteren kreativen Ideen rund um den Aufbau alternativer

76 Paul Schreyer, „Es soll hochskaliert werden", https://multipolar-magazin.de/artikel/rki-protokolle-1, 07.05.24.

Strukturen, die eine unabhängige Versorgung mit lebensnotwendigen Gütern und Leistungen sicherstellen sollte.

Diese Zusammenschlüsse wurden in ihrer Entfaltung und schieren Existenz stark eingeschränkt. Demonstration wurden mit allen möglichen, meist sinnentleerten Auflagen massiv behindert: Reden wiederholt unterbrochen, Abstände zwischen den Teilnehmern zentimeterweise moniert, irrsinnige Desinfektionsmaßnahmen abverlangt, die die Kundgebungen zu Reinlichkeitsspektakeln machte, die dem Anliegen erfolgreich zuwiderliefen, Maskenpflichten ausnahmslos erzwungen – eine oftmals sichtbar peinliche Angelegenheit für die umsetzenden Polizisten. Die mediale Aufbereitung war derart aggressiv, dass diejenigen, die nicht aus eigener Erfahrung eines Besseren belehrt waren, den Kontakt mit Menschen nicht selten abbrachen, die in irgendeiner Form Widerstand leisteten. Schulen arbeiteten mit Arbeitsblättern, auf denen Meinungen zum Widerstand abgefragt und entsprechend bewertet wurden. Argumente der Gegenöffentlichkeit wurden in einem Licht dargestellt, die nur einen Schluss zuließen: Der Widerstand im Hinblick auf Corona sei asozial und illegitim. Es erfolgten öffentliche Aufrufe zur Denunziation von Menschen, die sogenannte „Regeln" übertraten. Den Erfolg konnte ich bereits im Frühjahr 2020 spüren. Das Treffen mit einer anderen Mutter und ihren Kindern am Waldrand unserer oberbayerischen Gemeinde gab einem Mann Anlass dazu, nach dem legitimen Grund für die Anhäufung unserer Personenzahl zu forschen und die Polizei zu benachrichtigen. Er muss sich furchtbar geängstigt haben!

Auf den großen Demonstrationen in Berlin, München und Kassel wurde Polizeigewalt in einem grob unverhältnismäßigen Umfang angewendet. Ich wurde Zeuge davon, wie Polizisten auf eine schwangere Frau einschlugen, die im Berliner Tierpark saß – es galt als Demonstrationsgelände. Die Verstöße gegen unser Grundgesetz und geltendes Menschenrecht waren so gravierend, dass sich der Schweizer Rechtsprofessor und Sonderberichterstatter zu Folter, Nils Melzer einschaltete[77] und die Bundesregierung zu einer Stellungnahme aufforderte.

Das Ergebnis ist damit verstörend, aber doch nicht mehr, als das erlebte Unrecht: Unsere Regierung agierte diktatorisch.

Totalitäre Tendenzen

Die detaillierte Prüfung zeigte: Unter Anlegung eines strengen Prüfungsmaßstabs waren die staatlichen Verhältnisse der Neuen Normalität zwar *nicht umfassend* totalitär. Angesichts des überwiegenden Anteils erfüllter Definitionsbestandteile, sowie der definitionsimmanenten Schwäche des Begriffs, ist jedenfalls das Vorliegen *totalitärer Tendenzen* zu attestieren. Welche Begründung gibt es für dieses Ergebnis?

Die Definition verlangt nicht nur den Einsatz diktatorischer Methoden zur Unterdrückung „jeglicher Demokratie", sondern in einem nächsten Schritt auch die „totale Unterwerfung des gesellschaftlichen, politischen und kulturellen Lebens".

Die Beantwortung dieser Frage gelingt bereits nach einem näheren Blick auf § 28a I, II IfSchG, „Besondere Schutzmaßnahmen zur Verhinderung der Verbreitung der Coronavirus-Krankheit-2019 (COVID-19) bei epidemischer Lage von nationaler Tragweite". Er belegt die Erfassung all dieser Lebensbereiche. Der Theorie nach war auch das politische Leben erfasst: Die Einschränkungen galten auf dem Papier auch für das politische Leben, wenn auch die Realität, die sich in sozialen Medien offenbarte, uns eines Besseren lehrte.[78]

Das Leben hätte „nach dem Führerprinzip" „total" „unterworfen" worden sein müssen, also „absolut" und ausnahmslos in Bezug auf

---

77 Alexander Fröhlich, „Angeblich unrechtmäßige Polizei-Gewalt in Berlin: Geht der UN-Beauftragte für Folter den Querdenkern auf den Leim?", https://www.tagesspiegel.de/berlin/geht-der-un-beauftragte-fur-folter-den-querdenkern-auf-den-leim-4268830.html, 07.05.24.

78 Die „Maskenpflicht" galt für das Volk, weniger für die Regierenden: apotheke adhoc, „Keine 2 Meter: Spahn und das Aufzug-Dilemma", https://www.apotheke-adhoc.de/nachrichten/detail/politik/keine-2-meter-spahn-und-das-aufzug-dilemma-corona-abstandsregel/, 07.05.24.

das gesellschaftliche, politische und kulturelle Leben. Wenn auch die Vielzahl und Breite der aus meiner Sicht verfassungswidrigen Grundrechtseinschränkungen quer durch unser Grundgesetz sowie die einschlägige Aburteilung an den Gerichten historisch einmalig ist, waren die bestehenden Ausnahmen eine Herausforderung für die Begründung der Totalität. Sie existierten jedenfalls der Rechtstheorie nach: beispielsweise in den Ausnahmen zur Pflicht zum Tragen einer Mund-Nasen-Bedeckung. Immerhin waren gewisse Ausnahmen zu bestimmten Zeiten immer wieder für einzelne Lebensbereiche zugelassen. Begründet wurden diese mit unterschiedlichen Argumenten, wiederholt mit dem sogenannten „Inzidenz-Wert". Die Untauglichkeit dieses Messwerts konnte bereits mit Grundlagenwissen der Mathematik entlarvt werden – Wissenschaftler waren zur finalen Durchleuchtung der Sinnhaftigkeit nicht vonnöten. Auch die Möglichkeit, sich klandestin zu treffen, als Ausgangssperren nach bestimmten Uhrzeiten erlassen waren, verfängt nicht in Hinblick auf die Ablehnung des Begriffs der Totalität. Immerhin war und ist es in der Geschichte auch in allen totalitären Systemen möglich, sich im Untergrund gesetzlos zu verhalten. Die Abwägung aller Argumente zeigte, dass die Begriffsdefinition erfüllt war. Die genannten Ausnahmen waren – soweit man immerhin von grob fahrlässiger Unkenntnis der sachlichen Umstände ausgehen muss – eher geeignet, Unsicherheiten einerseits und das sichere Gefühl der Abhängigkeit von politischen Entscheidungen andererseits zu schüren, als demokratische Strukturen zu stärken.

Das Leben war auch (total) unterworfen, also jedenfalls „untertan gemacht", nämlich: dem politischen Willen in Ausprägung seiner Gesetze.

Die Bejahung eines umfassend totalitären Staats scheitert schließlich an der mangelnden Unterwerfung nach dem Führerprinzip. Das Duden-Lexikon definiert den Begriff „Führerprinzip" als das „politische Prinzip des Faschismus und des Nationalsozialismus, nach dem Autorität ausschließlich von einem Führer ausgeübt wird". Der Begriff des Führers wird zwar nicht ausschließlich synonym zum Begriff des

Führers für Adolf Hitler genutzt, der zwischen 1934 und 1945 auch offiziell als „Führer und Reichskanzler" bezeichnet wurde; darüber hinaus kommt auch eine Person in Betracht, die eine Organisation, Bewegung oder Ähnliches leitet. Die Subsumtion der Regierung hierunter würde jedoch der Definition des Begriffs „totalitär" nicht gerecht. Gemeint ist von der Definition ursprünglich ja gerade eine Person, die auf ähnliche Weise wie Adolf Hitler oder der Duce, dem italienischen Faschistenführer Benito Mussolini, politisch agierte. Sie muss also erkennbar den Willen gehabt haben, als „Führer" erkennbar zu sein und in großem Maße die Hauptverantwortung tragen zu wollen; nicht wie ein Bundeskanzler, sondern eher wie ein Monarch.

Während es in Anbetracht der global gleichzeitig geschehenen Grundrechtsbeschränkungen bereits schwierig war, Personen auszumachen, die für die Subsumtion unter den Begriff infrage kommen, scheitert man schließlich an dem Faktum, dass nicht eine singuläre Person auszumachen ist, die die Abläufe seit 2020 zu verantworten hätte. Das „Volk" muss den „Führer" zweifelsfrei ausmachen können. „Führer", die man gar nicht kennt, weil sie medial nicht aufbereitet werden, taugen nicht zum Führer. Gleiches gilt für die sogenannte „Wissenschaft", die in Ermangelung einer Personifikation nicht zum Führer taugt.

Diktatur in der Demokratie

Ist ein solches Ergebnis schlüssig? Wie ist Diktatur möglich, wenn Demokratie in Restbeständen existent ist? Muss eine Diktatur nicht zwangsläufig vollumfänglich frei von demokratischen Strukturen sein? Und ist sie nicht auch notwendigerweise totalitär? Obwohl unser Sprachgebrauch nahelegt, dass Demokratie und Diktatur sich ausschließen und nicht nebeneinander oder fragmentarisch ineinander verwoben existieren können, sehen wir in einer exakten Prüfung den Beleg des Gegenteils: Ja, die beiden Staatsformen können ineinander verwoben existieren. Das ist bei lebensnaher Betrachtung auch schlüssig. Kein Staat entscheidet sich verfassungsmäßig konstituiert und öffentlich proklamiert für die Form der Diktatur, à la: „Wir sind ab heute totalitär“. Beide entwickeln sich aus der Natur des Menschen, und zwar immer dann, wenn Machtstreben menschliche Ethik überragt.

Der neue Faschismus

Was macht das Menschsein aus? Wie ist es möglich, dass das Aufkeimen einer Erscheinung, die ich Faschismus nenne, immer wieder und scheinbar jederzeit möglich ist? Dieses Muster, dem wir immer wieder begegnen, ist menschengemacht. Wenn wir es faschistisch nennen wollen, so ist er eine menschliche Angelegenheit und liegt im Menschsein begründet. Was sind die entscheidenden Kriterien dafür, ob der Mensch sich dazu entscheidet, bei seiner Manifestation mitzuwirken? Oder: Wann entscheidet er sich dafür, nicht an ihm teilzunehmen und schlichtweg nicht mitzumachen?

Der Mensch sei von Natur aus gut, sagen die einen. Er sei von Natur aus böse, sagen die anderen. Ich meine, er ist beides. Beide Pole auf der Skala zwischen böse und gut sind in ihm angelegt. Es liegt am Menschen selbst, ob er sich entscheidet, den einen oder anderen Pol zu bedienen. Zwar sind die Umstände mal in die eine, mal in die andere Richtung geneigter, das Böse oder das Gute zum Vorschein zu bringen. Doch letztlich besitzen wir einen, wenn auch kleinen, so doch entscheidenden Spielraum. Es ist dieser freie Wille, der uns eine Entscheidung abringt.

Selten entscheidet sich der Mensch bewusst für dieses Muster. Meist entwickelt es sich aus einem nicht zuvörderst „bösen" Zug seines Charakters, sondern aus seiner Naivität. Dennoch: Ich habe „dem Bösen" ins Antlitz geblickt. Ich weiß, es existiert. Ich nahm Spielräume wahr und beobachtet, wie sie mal in die eine, mal in die andere Richtung genutzt wurden. Und, Hand auf's Herz: Kennen wir das Böse nicht in uns selbst, wie wir versuchen, es zu zähmen, zu wandeln und manchmal unterliegen oder auch bloß unterliegen wollen?

Was ist das Böse? Es zeigt sich in Eigeninteresse vor Nächstenliebe, in der unumwundenen Angst vor persönlichen Verlusten, vor der Treue in eigene Werte und in der Furcht vor dem Vertrauen in eine omnipotente Kraft, die als „göttlich" bezeichnet wird. Steigert es sich in seinen Exzess, wird es zum Ur-Bösen, der destruktiven Kraft, die in jedem von uns angelegt ist, aber nicht zwangsläufig gelebt wird. Wir sahen das Ur-Böse im Nationalsozialismus und wir sahen es in den zurückliegenden Jahren der Neuen Normalität. Wenn wir davon ausgehen, dass das Ur-Böse – und damit möglicherweise die Wurzel des Faschismus – in den Menschen selbst angelegt ist, fällt die Beantwortung der Frage, wie wir uns in Zukunft vor ihm schützen können, bescheiden aus: gar nicht, nämlich. Eine Möglichkeit allerdings zeigt sich: Sie liegt in der neuen Betrachtung eines alten Verständnisses für unser Menschsein, die auf einen neuen, aber im Grunde alten Umgang mit unseren Kindern weist. Der Blick zu Völkern, die in jahrtausendealter, ununterbrochener Tradition leben, bestätigt: hier ist das destruktive Ausagieren des Ur-Bösen und damit die Geschehnisse der Neuen Normalität undenkbar. Das umfassende Verständnis von der Einheit allen Seins, verbietet es. Wer sich mit der Erde und mit seiner Sippe, mit Himmel und Vergangenheit verwoben sieht, kann weder sich selbst, noch seinen Kindern, seinen Nächsten, noch irgendeinem anderen Wesen Schaden zufügen. Er zerstört damit das gesamte Gleichgewicht. Er entzieht sich selbst die Grundlager für ein glückliches, gesundes Sein.

So geschah es im Phänomen der Neuen Normalität. Wer nur ein bisschen mitmacht – ein bisschen „testet", ein bisschen Maske trägt oder ein bisschen „impft", der stützt das Muster, das wir möglicherweise Faschismus nennen müssen. Noch einmal: Zur Errichtung und Manifestation der Neuen Normalität ist das Mitwirken jedes Einzelnen unbedingt gefragt. Es ist systemimmanent. Das Mitwirken des Einzelnen ist conditio sine qua non für das Gelingen des Musters. Ohne Mitwirken, kein solches Muster, keine Neue Normalität und kein Faschismus. Die Rechnung ist einfach.

Wer mir während der akuten Phase der Neuen Normalität entgegenhielt: „Zu viele machten mit", sodass er selbst durch seinen, wenn auch nur passiven Widerstand, seinem Enthalten und Nichtmitmachen, nichts bewirken könne, mag in tatsächlichen Verhältnissen recht gehabt haben. Ja, wenn eine gewisse Masse an Menschen erreicht ist, die sich fügen, drohen dem Widerstehenden Repressalien.

Wer sich allerdings durch dieses Argument seiner im Menschsein

begründeten Aufgabe des Widerstehens gegen entmenschlichende und entmenschlichte Ordnungen entzieht, verunmöglicht mit seinem elementaren Beitrag, dass das System beendet werden kann.

Er verhindert, dass es Risse bekommt. Jeder, der bekämpft wird, weil er seinen Beitrag verweigert, erzeugt durch die Reaktion des Systems selbst eine Erschütterung. Es besteht somit immer die reale Chance, dass der bei ihr erzeugte Lärm als das erkannt wird, was er ist: Ausdruck und Symptom faschistischen Wütens. Wer noch nicht aus Überzeugung mitmarschierte, kommt ins Nachdenken. Es geschieht mannigfach.

Ein Chirurg, der auf richterliche Anweisung hin zur ärztlichen Untersuchung einer Frau verpflichtet wurde, um festzustellen, ob die Beklagte tatsächlich keine Masken tragen könne, wurde sehr aufmerksam, als er die *ganze* Geschichte zu hören bekam. Er hatte keine Kenntnis davon, dass die strafrechtliche Verfolgung Andersdenkender, die ihre Ansichten mit demokratischen Mitteln öffentlich darstellten, längst zur Realität geworden war. Er selbst trug seine Maske nur dort, wo bei Nichtbeachtung der Pflicht Sanktionen drohten. Nicht im Untersuchungszimmer. Er stützte das System und war ein integraler Bestandteil davon. Aber natürlich befand er sich nicht im vollen Bewusstsein seiner Handlungen.

Befreit das fehlende Bewusstsein den Menschen von seiner Verantwortung? Macht es ihn redlich? Unterlag der Arzt auch wirklich keinem Verbotsirrtum? Hätte er wissen müssen? In einer weitsichtigen Betrachtung spielt diese Frage eine untergeordnete Rolle, weil am Ende der Überlegung keine Verurteilung stehen soll, sondern Verständnis. Nur, wenn wir in Resonanz miteinander gehen, können wir uns als Menschen einen. Und nur Einheit in den wesentlichen, das Menschsein betreffenden Fragen, widersteht der ersehnten Spaltung der Kräfte, die in der Hauptsache „beherrschen“ wollen.

Dem Menschen ist der Verstand geschenkt und er ist gehalten, ihn einzusetzen. Gleiches gilt für unseren inneren Kompass, ein im Grunde weitaus geeigneteres Werkzeug in ethischen Fragen. Dieser gewiss nicht per se böse Chirurg – wie die Mehrheit aller Menschen, die sich zum Werkzeug des möglicherweise faschistischen Musters machen ließen – war in der Lage, alle Untersuchungen der tatsächlichen Umstände einzuholen, um sich ein profundes Bild der Sachlage zu machen. Er hat dies augenscheinlich unterlassen, vermutlich im einigermaßen beruhigten Gefühl, mit ARD und *Süddeutscher Zeitung* gut informiert und im Grunde auf der richtigen Seite zu stehen. Die AfD, rechts von ihm, schien die Welt in den Fugen.

Wir haben erlebt, wie durch die Bank, beinahe alle mit dabei waren. So oft, vorn „an der Front", wenn es darum ging, alles richtigzumachen, genau so, wie die Regierung es verlangt hat. Wie sie uns zurechtgewiesen haben, die Polizei gerufen, Kinder verjagt, manche unter uns persönlich vernichten wollten. Mit von der Partie: auch die Feinsinnigen. Die Virtuosen, die Musiker der klassischen Orchester, die Geigenbauer, die Sozialpädagogen. Es wiegt schwer im Herz. Ja, sie zeigten sich, auch sie waren Teil dieses Systems, voller Unrecht. Auch sie: Wurden möglicherweise zu Faschisten. Wie kommt man nur umhin, sie alle zu verurteilen? Wie geht man um mit der Erkenntnis, dem Fallen aller Schleier und der Enttäuschung über diese Menschheit? Nur auf eine Weise: Indem wir die Enttäuschung beim Wort nehmen. Wir haben die Täuschung überwunden – endlich. Ich mag mein tiefes Entsetzen, meine Trauer nicht zwischen uns stehen lassen. Die meisten Menschen in unserem Kulturraum sind, wenn es darauf ankommt – schwach. *Weil* sie schwach sind, handeln sie gemäß diesem möglicherweise faschistischen Muster. Schwäche macht das Ur-Böse, das wir möglicherweise Faschismus nennen müssen. Erwachsen zu sein, bringt jedoch die Verpflichtung mit sich, hinter die Fassade zu blicken. Hinter die Fassade der Medien, hinter die Fassade der Demokratie und hinter jede Fassade, die vor unseren Augen ins Wanken gerät. Doch Mitgefühl löst den Schmerz über diese Schwäche auf.

KAPITEL 1

Die Neue Normalität als Faschismus in Neuauflage?

Wenn mich die Contenance in diesen Jahren für einen Moment verließ, wenn ich noch vor den Türen des Einzelhandels meine benötigte Ware nicht erhielt, weil ich mein Einverständnis nicht bezeugen wollte und die neuen besonderen Voraussetzungen nicht erfüllte und man mich „maskenlos“ eben nicht bediente, schon gar nicht *innerhalb* des Ladens, hätte ich es leicht bedienen können, dieses Wort: Faschismus. Es ging einem so leicht von der Zunge. Tue ich dem neuen System der Neuen Normalität unrecht, wenn ich dieses Wort in Anspruch nehme? „Also ich weiß nicht, geht das nicht ein bisschen weit?“, so fragte mich jemand, geliebt dazu, auf meinen scheinbar freimütigen Gebrauch des Wortes hin. So schrecklich auch sei, was unseren Kindern und Alten angetan würde, immerhin habe die Welt schon größere Grausamkeiten gesehen, als diese, die wir nun erlebten.

Um sich der Richtigkeit dieser Annahmen zu versichern, muss man freilich nicht lange in der Geschichte wühlen. Nicht nur die Gräuel des nationalsozialistischen Faschismus aus Deutschland, sind geeignet, das Fürchten zu lehren. Schauen wir doch zurück in die Vereinigten Staaten von Amerika und erinnern uns der Lynchexzesse, die Anfang des neunzehnten Jahrhunderts zunächst an Menschen mit afrikanischen Wurzeln verübt wurden und später an Europäern.

Die entscheidende Frage ist, ob das maßgebliche Kriterium zur Verwirklichung des Faschismus der Grad an Grausamkeit sein kann, mit dem Menschen anderen Menschen begegnen.

Dass dem nicht so sein kann, lässt sich bereits aus dem allgemeinen Sprachgebrauch leicht schlussfolgern. Schließlich ist selbst das extreme Maß an Grausamkeit, das Menschen anderen Menschen antun, beispielsweise im Rahmen ritualisierter Gewaltakte an Kleinkindern, nicht zwingend faschistisch begründet. Höchstwahrscheinlich waren es auch nicht oben genannte Lynchexzesse der amerikanischen Bürger.

Offensichtlich ist dem Faschismus also ein Zug eigen, der sich von reiner, wenn auch noch so grausamer Gewaltanwendung abhebt, weil er ihr etwas hinzufügt, das das Wesen reiner Gewaltanwendung übersteigt.

Es ist dasjenige, was Menschen, die eines offensichtlich raren wachen Blickes durch die Welt gehen, sofort wiederzuerkennen meinen und das sie veranlasst, zuzustimmen, dass es faschistisch sei. Was ist es also konkret, was sich seit März 2020 zeigt und dazu Anlass gibt, „Faschismus" zu rufen? Es ist eine Stimmung unter den Menschen, die keinesfalls zufällig und ohne erkennbare Ursache entstanden ist. Eine Stimmung, die geneigt macht, es als hinnehmbar zu empfinden, dass Menschen, die sich dem neuen Credo, auf das wir noch zu sprechen kommen, widersetzen, offen und aggressiv ausgegrenzt werden.

Das Ausleben des Ur-Bösen

Es ist eine Stimmung, die zulässt, dass Eltern auf einem Online-Elternabend einer Privatschule – das Zusammenkommen war verboten – die es wagen, im Hinblick auf die Unterdrückung alternativer wissenschaftlicher Expertise von einer Holschuld gegenüber Information sprechen, zu einem Vertrauensgespräch eingeladen werden. Darin wird unmissverständlich zum Ausdruck gebracht, dass ein Verbleib an der Schule nur möglich sei, wenn die staatlicherseits zugelassene und als richtig und wahr festgestellte Ansicht auf die sogenannte Pandemie respektiert und sich zu eigen gemacht wird. Keinesfalls könne toleriert werden, dass eine alternative Sicht auf die Dinge in der Schulöffentlichkeit vertreten würde. Diese Privatschule war eine Montessori-Schule. Eine der Art also, die heute immer noch damit wirbt, in erhöhtem Maße auf das Wohl des Kindes und der Möglichkeit seiner Entfaltung zu legen. Die allgemeine Ent-Täuschung erlaubt es, nicht nur in diesem konkreten Fall, das Fundament dieser Haltungen sehr genau kennenzulernen.

Es ist eine Stimmung, die zulässt, dass ärztlich von der

„Maskenpflicht“ befreite Kinder, ausgegrenzt, benachteiligt und drangsaliert wurden. Unserer Tochter wäre die unwiederbringliche Einschulung mit Liedchen und Blümchen in jeder der gebeutelten Schülerhändchen verwehrt geblieben und auf das Tragen einer Maske entgegen ärztlicher Attestierung bestanden, hätte ich sie nicht einfach faktisch durchgesetzt. Schulleitung und Geschäftsführung schreckten nicht vor einer persönlichen Haftung zurück und erkannten auch keine Not darin, sich dem Vorwurf des strafrechtlich relevanten Tatbestands der Nötigung auszusetzen.

Vielerorts wurden ärztlich befreite Kinder von den anderen Kindern durch Wegsetzen isoliert, manche in Plastikkästen; natürlich unter Verweis auf den nötigen Infektionsschutz, ein Argument, welches sich selbst unter Anwendung schulmedizinischer Axiome in irrwitziger Geschwindigkeit vom Tisch fegen lässt. Kinder, die an sogenannten „Pool-Testungen“ auf Covid-19, sogenannte „Lolli-Tests“, nicht teilnahmen, weil deren Eltern auf den sogenannten „Spucktest“ auswichen, um mögliche Gefahren durch den direkten Kontakt der Schleimhäute mit dem Material auszuschießen, wurden durch ihre Lehrer bewusst zurückgesetzt. Sie enthielten ihnen – die ohnehin perverse Art der Zuwendung in sogenannten „pädagogischen“ Kontexten – Süßigkeiten vor, welche den Kindern konform agierender Eltern vorbehalten waren. Vergessen wir nicht, uns diese Botschaft an die Kinder zu vergegenwärtigen!

Wer für seine Kinder auf das Recht auf körperlicher Unversehrtheit bestand und davon absah, sich verbiegen zu lassen, wurde mit Leichtigkeit aus privaten Schulen befördert. Eine Aufhebung des Schulvertrags wegen Wegfalls der Vertrauensgrundlage war geschwind aufgesetzt. Der rasche Vollzug gelang durch die Meldung der Familie beim Schulamt. Diese erfolgte, wohlgemerkt, *obwohl* alle gesetzlichen Voraussetzungen an die Tragepflicht eines Mund-Nasen-Schutzes erfüllt wurden.

Keinesfalls nämlich konnte toleriert werden, dass Eltern und ihre Kinder von der offiziell akzeptierten Sichtweise ausscherten.

Es war im Übrigen eine Stimmung, die geneigt machte, es als tolerabel zu betrachten, Menschen zu beschimpfen, die sich dem offiziellen Credo nicht gebeugt haben. Es war zum Diktat geworden. Wer unter Beachtung der gesetzlichen Vorschriften, dadurch allerdings deutlich markiert, maskenbefreit einkaufte, war erheblichem Risiko ausgesetzt. Eine Situation übrigens, die bereits im Nachbarland Schweiz undenkbar war. Niemand sprach Menschen auch nur an, wenn sie sich nicht konform verhielten. Im Gegenteil: Man behandelte sie weiterhin mit Respekt und Höflichkeit.

Eine Freundin weinte eines Tages in mein Telefon: „Ach, wenn ich nur mitmachen könnte. Aber ich bin ja so anders, überall! Jetzt laufe ich sogar ohne Maske draußen herum." Eine Bemerkung, die den Fortschritt der Perversion dieser Stimmung exzellent herausstellt: Selbst derjenige, der die Unstimmigkeiten und Rechtsverletzungen der aktuellen Politik erkannt hatte, war kaum noch in der Lage, sich dem Sog der Verdrehung entgegenzustellen. Selbst sein Denken gelang nur noch im kollektiven, wahnartigen Kontext: Eher zweifelte er an sich selbst, als an den wahnverursachenden Umständen und Urhebern.

Selbst, wenn der Alltag die Übung zum absoluten Gewahrsam nur schulen konnte, blieb es eine gewaltige Herausforderung, unhaltbaren, diskreditierenden und offen aggressiven Vorwürfen, Bedrohungen und Beschimpfungen mit bloßem Mitgefühl zu begegnen. Eines Tages in dieser schweren Zeit saß mir ein Arzt gegenüber, der nach der gründlichen Anamneseerhebung, sichtlich bedrückt, ein solches Attest für uns ausstellte. Auf meine Frage, wie er denn dem Wahnsinn begegne, seufzte er laut auf: „Nein, ohne Maske einkaufen, um Gottes Willen. Da bricht ein Mob los." Seine Haltung verriet den Seelenzustand. Er widerstand, soweit er noch konnte, doch seine Kraft schien sich dem Ende zuzuneigen.

Es war eine Stimmung, die geneigt machte, dass Menschen scheinbar Rücksicht nehmen wollten auf all die offenbar verängstigten Menschen – eine deutlich missverstandene Art der Nächstenliebe. Im Anliegen, den Verängstigten zu schonen, erfährt er vielmehr eine

Bestärkung seiner Angst. Indem die konkrete Konfrontation mit alternativen Lebenskonzepten unterlassen wird, wird dem Geängstigten gleichsam die Möglichkeit zur Befreiung aus seinem Denkgefängnis verwehrt. Im Übrigen nahmen sie sich in diesem Zuge selbst nicht bloß zurück, sondern verleugneten eigene basale Grundbedürfnisse, wie zuvörderst das, auf einen freien Atem. Eine katastrophale Vorbildwirkung für Kinder: Sie ist mit dem Anspruch darauf, Kinder in der Ausbildung eines intakten Selbstgefühls zu bestärken, nicht zu vereinbaren.

Es war eine Stimmung, in der selbst unter Kritikern und Oppositionellen um Verständnis für Hoteliers, Einzelhändler und Wirte geworben wurde, die eine sogenannten 2G-Regel umsetzten. Diese aber bedeutete nichts anderes, als dass demjenigen Teil der Menschen, der einen genetischen Eingriff unbekannter Risiken für sich ablehnte, der Zugang zum öffentlichen Leben verwehrt wurde. Und zwar gewollt.[79]

Im Januar 2021 erhielten wir unerbetenen Besuch vom Verfassungsschutz in unserem Haus. Meinem Mann wurde seitens der ermittelnden Staatsanwaltschaft der Vorwurf der Volksverhetzung entgegengebracht. Hintergrund war das Anbringen eines Schildes durch einen in unserer Gemeinde lebenden Herren, an der Eingangstüre drei verschiedener Geschäfte, auf dem zu lesen war: „Juden werden hier nicht bedient“. Zur Aufrechterhaltung des neuen Credos war es höchst relevant, Einschüchterung in einem solchen Maße voranzutreiben, das andere davon abhielt, ein weiteres Mal vom Kurs abzuweichen. Aus diesem Grund benötigte der Verfassungsschutz offenbar einen Steigbügelhalter für den tätig gewordenen Herren. In Kürze konstruierte man eine Mittäterschaft. Die Presse tat ihren Job, solange es Not tat – über die Einstellung des Verfahrens wurde selbstredend nicht berichtet. Der wesentliche Effekt der Warnung und Stigmatisierung

79 Marcus Klöckner, Jens Wernicke, „Möge die gesamte Republik mit dem Finger auf sie zeigen“, Rubikon-Verlag, November 2022.

war also bereits eingetreten.

Diese letzte Anekdote einer Verwaltungsbeamtin, die ärztlich befreit von der „Maskenpflicht“ in einem Supermarkt einkaufte, verströmt stechend den Geruch des Faschismus: Ein Kunde ließ echauffiert den Supermarktleiter zur Klärung hinzu rufen, der das Attest nicht anerkannte; immerhin war das Getöse des Kunden lauter als die sachlichen Einwendungen der Dame. Um den Einkauf schließlich noch bezahlen zu können, holte sie eine „Notfall-Maske“ für solche Anlässe aus ihrem Auto. Beim Verladen der Einkäufe in ihren PKW notierte der Kunde ihr Kfz-Kennzeichen. Wenig später klingelte bereits die Polizei an ihrer Haustüre. Sie verlangte vor den bereits durch Hausdurchsuchungen traumatisierten Kindern nach dem Attest. Die Mutter konnte den Einzug des Dokuments gerade noch abwehren.

Halten wir fest: Diskriminierung derjenigen Menschen, die sich dem Credo des Gesundheitsschutzes entgegenstellten, durften beinahe uneingeschränkt erfolgen – dabei spielte die Verkehrung der Tatsachen, wie die Ignoranz gegenüber rechtswirksamen Dokumenten, eine zentrale Rolle.

In Kenntnis all dieser Illustrationen könnte man mutmaßen, der Faschismus würde von den Dächern gepfiffen und Parallelen zum letzten deutschen Faschismus könnten nicht mehr ausgeblendet werden. Und doch werden die Faschisten bei denen ausgemacht, die ihrerseits den Faschismus bekämpfen. Die bei uns im Hause eintönig lange anwesenden Polizisten waren sichtlich beschämt. Das sich ihnen bietende Bild ließ sich offenbar nur schwer mit dem Volksverhetzer-Bild in Übereinstimmung bringen. Da ihre Scham aber presseseits nicht thematisiert wurde, spielt es in unserer Demokratie des Anscheins keine Rolle. Männer und Frauen, junge und alte, die der Politik unter die Arme greifen und nach getaner Arbeit ungeniert einen monetären Ausgleich bar entgegennehmen, nennt die Presse Antifaschisten, die auf Nazis Eindruck schinden sollen. Diese „Nazis“ hingegen haben Nationalsozialismus gerade satt und bekämpfen von der ersten Stunde an eben dasjenige, was wir möglicherweise als Faschismus in

Neuauflage bezeichnen dürfen.

Was bleibt nach einer Hausdurchsuchung? Natürlich, auch ein Gefühl der Ohnmacht. Die letzte Schranke der Privatsphäre wird nicht gewahrt. Es könnte theoretisch jeden treffen, aber eben eher nicht die Braven. Jüngst erwiderte ein Polizist das Begehr einer älteren Dame daraufhin, einen kriminellen Betrüger, dessen Anstrengungen sie zum Opfer gefallen war, doch endlich dingfest zu machen: So einfach ginge das nicht in diesem Land. Hier könne man nicht einfach jemanden einsperren. Was war sie doch beruhigt über so viel staatliche Korrektheit – und wie gerne wäre ich es auch!

Der Begriff des „Bravseins" jedenfalls könnte extensiviert werden, bis es eben auch die Kooperation dazu erfasst, sich bei vermeintlicher Infektion in Viehwaggon-Abschnitte sperren zu lassen. Dies legen Berichte aus China nahe. Scheinbar wurde auch der Tod in Kauf genommen, wie er sich bei einer vierzehnjährigen Isolierten realisiert haben soll. Selbstverständlich bleibt die Möglichkeit der Illusion durch Medienzutun in Betracht zu ziehen,[80] der wir in eindrucksvoll zunehmender Geschwindigkeit nichts mehr entgegensetzen können, als unseren eigenen Kompass.

Denken wir dann an Repressalien, wiederholte, eindrucksvolle Haus- und Praxisdurchsuchungen, wie bei Ärzten und Juristen geschehen, die sich nicht beugen wollten. Denken wir an all die Kontosperrungen, Beendigungen beruflicher Tätigkeiten,[81] der Sperrung sozialer Kanäle, denken wir an die monatelange Inhaftierung in Untersuchungshaft, des bekanntesten Gesichts der Widerstandsbewegung, Michael Ballweg, wegen wenig profunder Vorwürfe.

Wie also ist es möglich geworden, dieses Klima an Ausgrenzung und Druck zu erzeugen? Ich möchte zur Beantwortung nicht ausführlich auf

80 Hier nicht die entsprechende Quelle, aber ersatzweise eine ähnliche: Veronika Silberg, „Mir kommen die Tränen": Bilder schockieren – Kleines Kind in China wegen Corona komplett allein isoliert", https://www.merkur.de/welt/china-corona-regeln-massnahmen-quarantaene-isolation-kinder-video-bilder-weibo-90991057.html, 07.05.24.

81 Walter van Rossum, The Great WeSet, „Alternativen in Medien und Recht", massel Verlag, 2023, S. 109 ff..

die unerlässliche Rolle von Propaganda und psychologischer Steuerung der Massen zu sprechen kommen, sondern das für das erlebte Muster Wesentliche aufzeigen:

Das, was ich Faschismus nenne, kann ein Abweichen des Einzelnen von der vorgegebenen Richtung nicht tolerieren. Sein Wesen ist *auch* totalitär. Nur das Totale, das absolute Befolgen seiner Maximen, erhält den Faschismus am Leben. Doch nicht nur das! Er macht es notwendig und erhebt folgende Bedingung zur Essenz: jedes Abweichen von vornherein im Keim zu ersticken.

Aus jedem Abweichen könnte möglicherweise eine Bewegung erwachsen, die schließlich das von den Urhebern ins Leben gebrachte Diktat in sich zusammenfallen lässt. Das weiß jeder, der sich anschickt, eine Masse zu bewegen. Und es wissen freilich auch die Urheber dieser Neuen Normalität.

Dieser Faschismus beginnt und endet im Kopf. Wenn es en vogue wird, nur mehr in einem Erzählstrang denken, sprechen und handeln zu dürfen, wie bei einem „fascio" eben, einsträngig, kann es im Außen, in der phänotypischen Ausgestaltung *immer* noch schlimmer kommen. Aber das Bett ist bereitet. Der Faschismus komplett. Er existiert.

Wenn asthmatische Kinder auf Wanderungen zu Masken über der Nase gezwungen werden[82] und der Blick hinter die Norm nicht mehr erlaubt wird, das menschliche Bedürfnis negiert, das Mitgefühl eliminiert, dann ist das die vollkommene Unterwerfung einer Gesinnung unter einen vorgegebenen menschenverachtenden Erzählstrang. Faschismus.

---

82 So wiederholt geschehen an ärztlich befreiten Kindern an einer Montessorischule in Bayern.

KAPITEL 2

Faschismus – eine semantische Klärung

Soweit meine These. Dankbarerweise lässt sich die Korrektheit jeder Zuordnung eines Begriffs auf dieser Welt klären, sei er auch noch so emotional aufgeladen. Alles, was es zu tun gilt, ist es, eine präzise Bestandsaufnahme der infrage stehenden Situation vorzunehmen und zu untersuchen, ob die Subsumtion des zuzuordnenden Begriffs unter die Definition des Oberbegriffs gelingt. Dies gilt auch für den Faschismus-Begriff.

Im folgenden Kapitel beschäftigen wir uns mit der Frage, ob die Neue Normalität der Definition des Faschismus-Begriffs genügt. Die Klärung schafft eine Basis zur Orientierung, von der aus wir die Situation umfassend ergründen können.

Die Wahl der Faschismus-Definition

Auch bei der Prüfung des Faschismus-Begriffs kommt der Wahl der Definition eine entscheidende Bedeutung zu. Sie bestimmt den Prüfungsmaßstab und damit die Richtung der Prüfung. Das Rechtswörterbuch ist für das Unterfangen ungeeignet. Es erkennt in seiner Faschismus-Definition einzig den italienischen Faschismus[83] und definiert den Faschismus-Begriff als eine „politische Bewegung in Italien, von Benito Mussolini, 1919 mit Stoßrichtung gegen alle sozialistischen, kommunistischen, liberalen und demokratischen Gesellschaftsordnungen", organisiert „unter dem Sinnbild des „fascio"". Die Subsumtion unserer Situation unter diese Definition scheitert an der Singularität dieses Faschismus und daran, dass er zeitlich beendet und damit abgelaufen ist. Der Begriff lässt per se keine Subsumtion historisch nachgeordnet stattfindender Ereignisse zu.

Schon der allgemeine Sprachgebrauch deutet darauf hin, dass diese

83 Creifelds, Rechtswörterbuch, „Faschismus", 13. Auflage, 1996, S. 429.

Definition dem Begriff nicht hinreichend gerecht wird. Immerhin wird auch im Zusammenhang mit dem Nationalsozialismus allgemein von Faschismus gesprochen. Deshalb war es angemessen, sich nach anderen Definitionen umzusehen.

Faschismus-Definition im Duden

Der Duden bietet neben dem historisch abgelaufenen, italienischen Herrschaftssystem eine weitere Begriffsbestimmung: Eine „nach dem Führerprinzip organisierte, nationalistische, antidemokratische, rechtsradikale Bewegung, beziehungsweise Ideologie“ oder „eine auf dem Faschismus basierende totalitäre Herrschaftsform“. Ich basierte meine Prüfung auf Alternative zwei und untersuchte folgende Frage: *Haben wir es mit einer „nach dem Führerprinzip organisierten, nationalistischen, antidemokratischen, rechtsradikalen Bewegung, Ideologie“ zu tun?*

Untersuchungsgegenstand

Es bleibt unbefriedigend, die Gruppe derer zu betrachten, die die Neue Normalität in Deutschland umgesetzt hat, weil sie nicht ihre eigentlichen Urheber sind. Da aber die genauen Umstände und Vernetzungen zwar in erstaunlich großen Teilen bekannt sind, ein Beweis für die Verantwortlichkeit hinter den politisch bekannten Gesichtern für mein Dafürhalten allerdings noch nicht erbracht ist, stand für die Untersuchung nur diese Gruppe zur Wahl.

Bewegung oder Ideologie?

Im Ergebnis darf von einer „Bewegung“ ausgegangen werden: Der Untersuchungsgegenstand, in Form der Regierungen und Parlamente, die die Gesetzgebung während der sogenannten „Pandemie“-Zeit umsetzten und die sogenannte „Neue Normalität“ etablierten, genügte einem gemeinsamen weltanschaulichen, politisch und historisch bedeutenden Bestreben einer großen Gruppe. Die Gruppe war auch groß genug, um dem Ansinnen der Begriffsdefinition gerecht zu werden. Denn zu den Regierungen und Parlamenten trat die große

Zahl der „Befürworter" der getroffenen Maßnahmen. Diese konnten Teil einer Bewegung sein, obwohl sie nicht aus dem Kreis der außerparlamentarischen Opposition kamen. Es handelte sich bei den Befürwortern der Politik aber nicht, wie gewöhnlich in einer intakten Demokratie, um das zufriedene Volk. Das Befürworten der Gesamtheit der Maßnahmen und Regeln, die aus der Gesetzgebung der „Pandemiejahre" hervorging, erfolgte ohne Bezugnahme auf belastbare Fakten und wurde damit berechtigterweise immer wieder, insbesondere vom jüngst verstorbenen Philosophen Gunnar Kaiser, als kultartig beschrieben. In der Befürwortung der evidenzfreien Maßnahmen konnte man die ritualisierte Durchführung der angeordneten und in ein solidarisches Licht gerückte Maßnahmen beobachten. Man denke an die scheinbar freiwillig und oft begeistert ausgeführten Gesten der Neuen Normalität. Ihre Aneignung war zwar erzwungen, doch das war den Menschen weitgehend nicht bewusst. Die Motive und Handlungen wurden erlebt, als gehörten sie zum eigenen Ich. Die darauf gründende scheinbare Freiwilligkeit gelang durch die vollständig introjizierte Übernahme der staatlichen Ziele und scheinbaren Motive. So kam es, dass die erforderte Distanzierung zwischen menschlichen Individuen das neuartige Begrüßungsritual des Ellbogen-Aneinander-Stoßens realisierte. Sie konnte das kulturell gewachsene Ritual des Händeschüttelns teilweise bis heute ersetzen, bzw. das Begrüßungsritual gänzlich aufheben. Man denke an das „Händewaschen" und Desinfizieren, das Aufsetzen der Masken und schließlich das Empfangen der Injektionen mit sogenannten Covid-„Impfstoffen", das an die den heiligen Akt der Darreichung der Kommunion in der katholischen Kirche erinnert. Diese ergebene Umsetzung aller Gesetze kann nicht nur als Kult bezeichnet werden, sie erinnert selbst in Ermangelung einer Personifizierung der Gesundheits- und Hygiene-Maxime an die „religiöse Verehrung einer Gottheit" durch die Gemeinschaft der Gläubigen.

Genau genommen ist sie als wahnartig zu bezeichnen. Der als freiwillig erlebte Gehorsam nämlich war das Ergebnis der erzeugten

Massenpsychose. Der physiologisch ablaufende, psychologische Mechanismus erlaubte den Menschen, sich vorzuspiegeln, weiterhin einigermaßen autonom existieren zu können, obwohl sie nicht nur psychologisch, sondern sogar tatsächlich in eine Art Geiselhaft genommen worden waren. Wie beim sogenannten Stockholm-Syndrom lag der Vorteil der psychologischen Anpassungsleistung darin, sich mit der Regierung, als Täter, ideell in Kongruenz zu bringen. Wie wir schon sahen, ist das Vereinigen der Menschen untereinander das erste Mittel zur Schaffung von Einheit. Sie versprach den geringsten Schaden: Gehorchte der Bürger, begründete er darin seine Hoffnung auf eine gnädige Behandlung.

Zu dieser Gruppe trat eine weitere Mehrzahl an Menschen: Sie agiert in globalen Netzwerken und war für den größten Teil der Menschen aufgrund der psychotischen Schutz-Reaktion nicht sichtbar. Der Teilnehmer-Kreis des Event 201 im Jahr 2019 ist mit dem Weltwirtschaftsforum (WEF), der WHO, sowie den Programmen des Young Global Leadership verflochten. Investigative Analysen über die Tätigkeiten dieser Netzwerke sind so lange spannend, bis der Verdacht ihrer fortwährenden Verstrickung an allen elementaren Schalthebeln der Entscheidungen für die NATO-Einflusssphären als erhärtet gewertet werden muss. Sie sind allerdings politisch höchst unerwünscht und ihre Darstellung sprengte den Rahmen dieses Buches. Vergegenwärtigen wir uns, was Hans Tietmeyer, damaliger Präsident der Deutschen Bundesbank, im Jahr 1996 beim WEF in Davos zusammenfasste: „Ich habe bisweilen den Eindruck, dass sich die meisten Politiker immer noch nicht darüber im Klaren sind, wie sehr sie bereits heute unter der Kontrolle der Finanzmärkte stehen und sogar von diesen beherrscht werden.“[84]

---

84 Holger Schmale, „Regierungen zeigen die Instrumente“, https://www.fr.de/wirtschaft/regierungen-zeigen-instrumente-11667665.html, 07.05.24.

Gemeinsames geistiges oder weltanschauliches Bestreben?

Dass für den Begriff der „Bewegung" notwendige „gemeinsame geistige oder weltanschauliche Bestreben" dieser großen Gruppe lag in verschiedenen Motiven: In der Überzeugung der Notwendigkeit allen Tuns, in der Angst vor dem Unterlassen der Vorschriften und folgenden Repressalien, in der Annahme, „solidarisch" sein zu müssen, in der Angst, in der Freude daran, auf der richtigen Seite zu stehen, in wirtschaftlichen Vorteilen und im fehlenden Interesse an alternativen Möglichkeiten. Kongruenz erfuhr es in der Unterstützung der Gesundheits- und Hygienemaxime: Für die Erhaltung der Gesundheit musste die etablierten Hygienemaßnahmen zur Maxime erhoben werden, der alle anderen Bedürfnisse unterzuordnen waren – dass diese Maßnahmen tatsächlich ungeeignet waren, Gesundheit zu erhalten, hinderte nicht.

Rechtsphilosophisch betrachtet, konnte dieses Bestreben der Begriffsdefinition von *geistig* nicht genügen. Es bezeugte vielmehr gerade die Abwesenheit eines „besonders scharfen Verstands", und „ausgeprägten Denkvermögens". Dennoch war es „weltanschaulich". Das „gedachte" Fundament stellte die *Vermeidung des Todes durch Covid-19 um jeden Preis* dar, die unter schulmedizinischen Axiomen, das Erbringen von Opfern in Bezug auf die Gesunderhaltung notwendig machte. Diese Anschauung war die Überzeugung einer Anhängerschaft an die sogenannte Wissenschaft, der alle anderen Belange unterzuordnen waren. Obwohl die Vermeidung des Todes freilich *nicht* gelingen konnte – er existierte fort, in gewohntem Umfang – konnte in den Anstrengungen der Gruppe zwar das formulierte Verlangen, aber noch nicht einmal das ehrliche Verlangen seiner Vermeidung erkannt werden. Wir erinnern uns: Sterbende wurden alleine gelassen, Kranke ohne Anerkennung offizieller Regeln nicht behandelt und vulnerable Gruppen gerade nicht geschützt. Nichtsdestotrotz war *Vermeidung des Todes durch Covid-19 um jeden Preis* die offizielle Basis aller Gesetzgebung und Anstrengungen und darf daher als weltanschauliches Bestreben betrachtet werden.

Politisch und historisch bedeutend

Dieses Bestreben, das in der Implementierung der Gesundheits- und Hygienemaxime auf Basis der Vermeidung des Todes an Covid-19 um jeden Preis lag, war politisch und historisch bedeutend. Die aufgrund der ausgerufenen Pandemie beinahe global umgesetzten „Maßnahmen" riefen ökonomische und damit faktische Verwerfungen hervor, die auf großen Erdteilen Hungersnöte und auf anderen den Ruin unzähliger Unternehmen nach sich zogen. In großen, selbstredend vornehmlich ökonomisch unterprivilegierten, Teilen der Welt, verhungerten die Menschen in ihren Wohnungen, die sie nicht verlassen durften. Begleitet wurde dieses Sterben von weitgehendem Desinteresse der weiterhin essenden und Lockdowns zelebrierenden westlichen Hemisphäre. In unseren Breiten mussten wir eine veränderte Sozialstruktur zur Kenntnis nehmen, die von der bereits erwähnten Distanzierung und Kontaktaufnahme bis hin zur Un-Kultur von Geburts- und Sterbebegleitung reichten oder religiöse Riten nicht mehr lebbar machte. Das ganze Ausmaß der Verwerfungen ist wohl noch nicht zu überblicken. Sie war deshalb klar sowohl politisch als auch historisch bedeutend.

Ideologie

Unsere Regierungen und Parlamente, die die Gesetzgebung während der sogenannten „Pandemie"-Zeit umsetzten, kurz: Der Untersuchungsgegenstand, war nicht nur eine Bewegung, er entsprach auch einer Ideologie. Wir hatten es sowohl mit einer „politischen Theorie, in der Ideen der Erreichung politischer und wirtschaftlicher Ziele dienen (besonders in totalitären Systemen)", als auch mit einer „weltfremden Theorie" im Sinne der Duden-Definition zu tun.

Kultur, nicht Kult?

Zwar konnte der Begriff der Kultur im Sinne einer „Gesamtheit der geistigen, künstlerischen, gestaltenden Leistungen einer Gemeinschaft als Ausdruck menschlicher Höherentwicklung" nicht als gegeben betrachtet werden: Menschliche Höherentwicklung nämlich erfordert wohl eine Verschiebung menschlicher Errungenschaften, Leistungen und Erkenntnisse in höhere Sphären. So sollte erwartet werden können, dass bisher erreichte Grenzen überschritten und neue, dem menschlichen Wohle und dem Wohle übergeordneter Werte dienende Errungenschaften erreicht werden.

Eine solche Neuorientierung hin zu erweiternden Fähigkeiten oder Einsichten kann nur äußerst schwer ausgemacht werden, soweit man sie in der Maxime der Verhinderung des Todes um jeden Preis ausmachen wollte. Alle Religionen ringen mit der Endlichkeit menschlicher Existenz und suchen nach Auswegen, die das Ende menschlicher Existenz als seine eigentliche Erweiterung betrachten – sei es durch das „ewige Leben" der Christen, die Annahmen der Juden oder Muslime oder in Form der Reinkarnationslehre des Buddhismus. Immer verläuft die Suche nach einem solchen Ausweg, nach der zentralen Sinnsuche in Richtung Transzendierung basaler menschlicher Existenz. In Anerkenntnis der Vergänglichkeit aber bemüht sich keine Religion um die Verneinung, Verblendung oder Ignoranz irdischer Tatsachen. Das Leben ist endlich und der Tod Teil des Lebens. Seine Verhinderung zeugt in dieser Zusammenschau gerade nicht von einer Höherentwicklung menschlichen Strebens, sondern von seinem Regredieren. Betrachtet man den Umstand, dass die gewählten Mittel das gekannte Niveau an Nächstenliebe und sozialen Errungenschaften deutlich unterschritten und zudem selbstredend untauglich waren, den Tod um jeden Preis zu verhindern, wird das Fehlen menschlicher Höherentwicklung unübersehbar.

Obwohl bei Inanspruchnahme eines teleologisch angemessenen Maßstabs eine Kultur in den menschlichen Anstrengungen der Pandemiejahre nicht zu erkennen ist, weil wir vielmehr das Regredieren, das Abwenden von allem „Feinen" und damit in einer Wortneuschöpfung, die „Vergröblichung" menschlicher Betätigung feststellen mussten, ist sie nach der Prüfung der Begriffsalternative zwei des Duden-Lexikons dennoch festzustellen. Dieses Ergebnis frappiert und lässt an der

Definitions-Schaffung zweifeln, ändert aber nichts am Ergebnis, dass beim ohnehin zweifelsfrei festzustellenden Vorliegen einer sozialen Gruppe, gebunden an ein System von Weltanschauungen, Grundeinstellungen und Wertungen, eine Ideologie begrifflich als gegeben bezeichnet werden kann.

Die der Theorie zugrundeliegende Maxime der Verhinderung des Todes durch Covid-19 um jeden Preis ist auch eine wirklichkeitsferne und damit weltfremde Theorie. Sie hätte lediglich fernab der Wirklichkeit Bestand, könnte sich aber im praktischen Leben oder in Theorien, die dann das praktische Leben beeinflussen sollen, nicht bewähren. Dieses Ergebnis liegt der Anerkennung der Möglichkeit, der Wahrscheinlichkeit und schließlich der Unabdingbarkeit des Todes zugrunde.

Organisation nach dem Führerprinzip

Die Frage nach der Organisation nach dem Führerprinzip führte erneut zur Verneinung. Selbst bei einem Einlassen auf das kritische Unterfangen – für das es mit dem Fortschreiten der Zeit immer bessere Gründe[85] gibt – sich auf die möglichen, bereits oben ins Blickfeld gerückten Urheber der global erlassenen Gesetzesänderungen zu beziehen,[86] deren Wirkzentren an restaurierte Feudalzirkel erinnern, die aus einem „machtkonzentrischen Korporatismus globalen Ausmaßes“[87] heraus Ideen und Maßnahmen in unsere Lebenswirklichkeit bringen, stößt man an Grenzen. In der Definition des Dudens zum Begriff des Faschismus liegt eine Art Ringschluss, der im nach dem Nationalsozialismus entstandenen Konsens begründet liegt, die Welt sei mit dem nationalsozialistischen Faschismus mit einem nie zuvor dagewesenen Phänomen konfrontiert worden. Gemäß

85 Siehe z.B. Sasha Latypova, „Covid-19-Countermeasures: Evidence of the intent to harm“, https://rumble.com/v28i9hh-sasha-latypova-covid-19-countermeasures-evidence-of-the-intent-to-harm.html; 07.05.24, Manovas Weltredaktion, „Das unrechtmäßige Gesetz“, https://www.manova.news/artikel/das-unrechtmassige-gesetz, 07.05.24.

86 Klaus Schwab, Thierry Malleret, „Covid-19: The Great Reset“, Forum Publishing, 2020.

87 Milosz Matuschek, „Stromaufwärts zur Quelle“, Verlag Milosz Matuschek, 2023, S. 143.

Duden-Definition des Faschismus-Begriffs muss Autorität „ausschließlich von einem Führer ausgeübt werden". Sofern wir uns also auf das oben dargestellte kritische Unterfangen einließen, uns bei der Frage der Führerschaft auf den Urheber eines Schriftwerks zu beziehen, ist höchst fraglich, ob dieser Autor und engagierte Gestalter der Wirklichkeit, dem Begriff genügte. Entscheidend für die Beantwortung dieser Frage erscheint, ob ein solcher Urheber in der öffentlichen Wahrnehmung als Führer erkannt wird. Denn dies wäre der sensibelste Anzeiger dafür, dass ein „Führer" existiert: Ohne öffentliche Wahrnehmung lässt sich seine Existenz im Definitionssinn mit Sicherheit ausschließen, selbst, wenn die Beeinflussung des Kollektivs auch ohne eine bewusste, öffentliche Wahrnehmung offensichtlich erfolgreich ist.

Gerade dies ist allerdings nicht der Fall. Bis heute weiß der Großteil der Bevölkerung nichts von den Bemühungen und Erfolgen dieser Personen in Bezug auf die Neue Normalität. Er widerspricht der These der Einflussnahme unisono mit Faktencheckern und Tagesschau.

Nationalistische Bewegung und Ideologie

Die Prüfung der Frage, ob die Bewegung, bzw. Ideologie nationalistisch ist, zeigte wenig überraschend, dass sie keine „den Nationalismus betreffenden" Referenzpunkt aufweist und klar nicht nationalistisch ist. Ebenso konnte kein „übersteigertes Nationalbewusstsein" oder ein „erwachendes Selbstbewusstsein einer Nation mit dem Bestreben, einen eigenen Staat zu bilden" ausgemacht werden.

Der Blick auf die offensichtliche Ungeeignetheit und fehlende Erforderlichkeit der Maßnahmen ließ vielmehr die Frage aufkommen, inwiefern das Tätigwerden des Gesetzgebers mit dem Ziel des Schutzes der Bevölkerung vor Schaden, also dem Schutz der Nation oder nur den Interessen der Nation grundsätzlich vereinbar gewesen sein konnte. Aus einer kritischen Warte konnte festgestellt werden, dass die erfolgte „Interessenvertretung" in Form der Gesetzgebung dem semantischen Anspruch gerade nicht genügt. Die erlassenen Maßnahmen waren geeignet, nicht nur dem Individualschutz, sondern auch dem Schutz der „Nation“ als solche entgegenzuwirken. Sie waren nämlich nicht nur untauglich, sondern auch gefährlich: „Soziale Distanzierung“, das Tragen von Mund-Nasen-Bedeckungen sowie die sogenannte Covid-Impfung waren nicht geeignet, Eigen- oder Fremdschutz gegenüber dem Virus Covid-19 zu gewähren – einem Virus, der, wie bereits dargestellt, sowohl klinisch, als auch durch untaugliche PCR-Tests, differenzialdiagnostisch nicht von anderen Atemwegsinfekten abzugrenzen war. Stattdessen konnten untaugliche „Therapie“-Maßnahmen mitunter tödliche Schäden evozieren, wie vielfach unter künstlicher Beatmung[88] geschehen. Diese Ultima Ratio unter den Maßnahmen zur Rettung akut gefährdeter Dyspnoe-Patienten wurde missbraucht, um die Gefährlichkeit der Pandemie weiter emporzustilisieren. Die plötzlich nur mehr eingeschränkte Empfehlung der Atemspende war ein so verheerendes, wie beschämendes Signal.[89] Mit einem Mal war es wichtiger, sich selbst zu schützen, als tatsächlich gefährdetes Leben – so jung es auch gewesen sein mag.

Die finanzielle Schädigung der Gesellschaft war gigantisch. Der Mittelstand erlitt enormen Schaden und konnte sich in vielen Branchen nicht über die „Pandemie“-Jahre retten. Die massenhafte Anordnung der Durchführung untauglicher Test und zahlreiche sogenannte

88 Business Insider, „In New York sterben 80 Prozent der Covid-19-Patienten, die an ein Beatmungsgerät angeschlossen werden — einige Mediziner versuchen, diese nicht mehr zu verwenden“, https://www.businessinsider.de/wissenschaft/gesundheit/80-prozent-der-kuenstlich-beatmeten-corona-patienten-in-newyork-sterben-2020-4/, 2.11.23; Timo Rieg, „Covid: Schwere Vorwürfe wegen massenhafter künstlicher Beatmung“, https://www.telepolis.de/features/Covid-Schwere-Vorwuerfe-wegen-massenhafter-kuenstlicher-Beatmung-9048800.html, 07.05.24.

89 Eine Quelle ist mittlerweile nicht mehr zu finden. Unser Verein AlzG finanzierte im August und September 2020 eine anwaltliche Beratung hinsichtlich der Möglichkeit der Aussetzung der Präsenzpflicht an Schulen wegen der ausgesetzten Empfehlung der Atemspende beim Umgang mit Schülern an Schulen durch Lehrer, die wir angesichts der äußerst hohen Relevanz für das kindliche Überleben im Notfall für rechtswidrig hielten (https://ausliebezumgrundgesetz.de/unterstuetzte-rechtsverfahren/). Die noch auffindbaren Quellen sprechen nur noch von einer individuellen Abschätzung der Frage der Zumutbarkeit einer Atemspende, z.B.: PTA heute, „Erste Hilfe auch in COVID-19-Zeiten“, https://www.ptaheute.de/corona-pandemie/corona-schutzmassnahmen/erste-hilfe-auch-in-covid-19-zeiten, 07.05.24.

Maskendeals[90][91] trugen ihren Teil dazu bei. Nicht anders erging es großen Teilen der Kunst- und Kulturszene, deren unverzichtbarer Anteil an einer dauerhaft stabilen und friedlichen Gesellschaft scheinbar noch immer verkannt geblieben ist. Die tiefe Spaltung unserer Gemeinschaft vergiftete den Grund, auf dem jede künftige Entwicklung wurzelt. Sie beeinträchtigt auf Jahre hin die gemeinsame Identität, erhöht das Risiko zerstörerischer Konflikte und macht unsere Gesellschaft für Angriffe aus jeder Richtung vulnerabel.

Die Lobbyarbeit finanzstarker Unternehmen zeigt also besonders eindrucksvoll, dass nicht die Verfolgung nationalistischer Ziele, sondern geradezu gegenteilige Bestrebungen verfolgt werden. Die Neue Normalität zeigt unverblümt den Versuch, auf dem Weg massiv befeuerter Digitalisierung und der weithin gelungenen globalen Installation gleichartiger Vorschriften, die Grenzen der einzelnen Nationen aufzulösen.

Die marginalen Unterschiede in grundrechtsbeschränkenden Maßnahmen auf Länder- und Landkreisebene begründen nicht die Annahme, wir hatten es mit einer Stärkung lokaler Strukturen und damit des Nationalismus zu tun. Sie können vielmehr als Mittel enttarnt werden, das die Causa als besonders komplex dargestellte und eine besonders aufwendige und flexible Strategie auf lokale Begebenheiten erforderte. Sinnhaft war das Taktieren mit Inzidenzwerten selbstredend nicht.

Diese Tendenz knüpft an das zeitgenössische Credo, Grenzen in jedem Sujet fließend zu gestalten und ein „übersteigertes" Nationalbewusstsein aufzuweichen. Wo fließende Grenzen zu mehr Sensibilität für Bedürfnisse Dritter und Frieden unter den Menschen führt,

---

90 Sogar Wikipedia berichtet: „Maskenaffäre", https://de.wikipedia.org/wiki/Maskenaff%C3%A4re, 07.05.24.

91 Auch in meiner Gemeinde Grafing schoss im Herbst 2020 plötzlich die „Deutsche Maskenfabrik – Masken für ein sicheres Leben" aus dem Boden, die selbstlos Masken für zu schützende Schüler spendierte: Florian Kappelsberger, „Marke Maske", https://www.sueddeutsche.de/muenchen/ebersberg/im-rathaus-grafing-marke-maske-1.5058976, 07.05.24, nachdem der Bürgermeister Christian Bauer (CSU) sich für den Standort Grafing eingesetzt hatte.

sind sie zu unterstützen. Wird der Prozess für gegenteilige Entwicklungen genutzt, birgt er große Gefahren. Die Verbannung *jedes* Gruppen-Bewusstseins, wie auch dem für die eigene Nation, ruft in ihrer Ausschließlichkeit natürlicherweise das Gegenteil hervor. Wird geschichtliches Wissen getilgt und auf die Abschaffung von Traditionen hingewirkt, erfolgt Entwurzelung. Dass eine immer stärker globalisierte Legislative den Menschen von seinen Wurzeln, seiner Religion, Kultur, Geschichte und Bräuchen seiner Vorfahren abschneidet, erscheint offensichtlich.[92] Die supranationale Gesetzgebung der letzten Jahre stellt nun eine Art Brandbeschleunigung in großem Ausmaß dar.

Hinter den objektiv nach außen hin in Erscheinung getretenen Handlungen der Regierungen ist jedenfalls kein übersteigertes Nationalbewusstsein zu vermuten.

Antidemokratische Bewegung, bzw. Ideologie

Die Frage, danach, wie es die Bewegung und Ideologie mit der Demokratie hält, zeigte im Ergebnis ein klares Bild: Sie ist antidemokratisch. Die Prüfung erfolgte bereits in Anbetracht der Schwere des Vorwurfs sehr ausführlich in meinem Buch „Der Rechts-Befund".[93]

Wir hatten bereits gesehen: Bei Anlegung eines strengen Prüfungsmaßstabs musste die Verwirklichung der Demokratie, wie vom Grundgesetz gefordert, als nicht umfänglich gelungen konstatiert werden. Wir sprachen von unübersehbaren Mängeln in unserem Staatswesen und einem Demokratie-Problem. Obwohl „Bewegung" und „Ideologie" mit den Regierungen, Parlament und damit den gesetzgebenden Organen kongruent sind, konnte deren Verantwortung für grobe Mängel in der Demokratie nicht genügen, um ihre Anstrengungen als „gegen die Demokratie gerichtet" zu erachten. Während eine Ablehnung sich in einer passiven Haltung erschöpfen kann, erfordert die Definition ein Mehr an gegen die Demokratie und damit zielgerichteter Energie;

92 So auch Robert Kardinal Sarah, in Sarah, Diat, „Herr, bleibe bei uns, denn es will Abend werden", Librairie Arthème Fayard, 2019, S. 299.

93 Lisa Marie Binder, „Der Rechts-Befund", massel Verlag 2024.

bloßes passives Verantworten genügt nicht.

Wie viel Aufwand muss eine Bewegung, bzw. Ideologie, die totalitäre Tendenzen aufweist, dem Diktatur-Begriff genügt, aber Restbestände der Demokratie aufweist, „gegen Demokratie“ betreiben, damit sie antidemokratisch ist? Bedarf es noch eines argumentativen Nachweises an antidemokratischem Agieren? Oder liegt es bereits im diktatorischen und, teilweise gegebenen, totalitären Element geborgen?

Die Bewegung und Ideologie nahm Bezug auf demokratische Strukturen, förderte sie allerdings nicht und verhielt sich zu ihnen auch nicht neutral: Der Erlass nicht notwendiger Normen bei gleichzeitiger massiver verfassungswidriger Beschneidung von Grund- und Menschenrechten, markiert den Übergang zu totalitären Tendenzen. Wo der Rahmen demokratischer Strukturen wenigstens in seinen Randbereichen verlassen und der Korridor zu autoritärem, totalitärem Handeln beschritten wird, beginnen demokratieschädliche Anstrengungen. Damit richteten Bewegung und Ideologie sich objektiv gegen den Bestand demokratischer Strukturen.

Um herauszufinden, ob sie die Demokratie ablehnte, musste die innere Willensrichtung der Bewegung erforscht werden. Analog zur Strafrechtslehre sollten sowohl der objektive, wie der subjektive Tatbestand erfüllt sein und durften weder Rechtfertigungs-, noch Entschuldigungsgründe vorliegen. Um diese Umstände zu ergründen, mussten Äußerungen und Handlungen der Bewegung und Ideologie darauf hin untersucht werden, ob die zugrundeliegende innere Haltung auf die Ablehnung der Demokratie schließen ließ.

Guter Glaube und Verbotsirrtum

Die Fragen nach dem „guten Glauben“ oder eines etwaigen „Verbotsirrtums“ zielte auf die Frage der Strafbarkeit der Beteiligten und ist daher in Hinblick auf noch zu führende Strafverfahren interessant. Gutgläubigkeit könnte den Verantwortlichen zugutegehalten werden, wenn ihnen trotz objektiver „Unberechtigtheit“ das Unrechtsbewusstsein fehlte.

Maßgeblich zur Beantwortung der Frage, ob die Demokratie abgelehnt wurde, waren die Umstände des Zustandekommens der „pandemiebedingt“ erlassenen Normen, die Erzeugung des gesellschaftlichen Klimas, die Verlautbarungen gegenüber der Presse und schließlich das „maßlose“ Beherrschen,[94] das sich beim Erlass besagter Normen zeigte. Spätestens der letzte Punkt zeigte deutlich, dass der Randbereich des demokratischen in Richtung totalitären Handelns verlassen wurde. Geschah es bewusst? Andererseits: Könnte „maßloses Beherrschen“, das eine massive Beschneidung von Grund- und Menschenrechten nach sich zieht, überhaupt fahrlässig begangen werden? Theoretisch: Ja. Im Kontext legislativer Erwägungen und in rechtstheoretischer Sicht[95] erscheint es jedoch abwegig.

Fraglich war daher: Hat der Gesetzgeber nur die erforderliche Sorgfalt bei seiner Aufgabenerfüllung außer Acht gelassen? Oder hat er bereits mit bedingtem Vorsatz gehandelt? Immerhin handelte es sich nicht um das singuläre Ereignis *eines* maßlosen Gesetzerlasses, sondern um wiederholtes Vorgehen vieler einzelner Verantwortlicher. Die Tat erfolgte damit geplant, wenn auch nicht sauber und transparent evaluiert, immerhin nachbetrachtet – und wiederholt. Spätestens in einer ersten Retrospektive hätte auffallen müssen, welche Folgen die Handlung für das zu schützende Rechtsgut nach sich zog. Die unzähligen Bürgerproteste ungekannten Ausmaßes seit Bestehen der Bundesrepublik waren ein unübersehbarer Appell zur Auseinandersetzung. Statt maßlos erlassene Gesetze aufzuheben, „Reparaturen“ vorzunehmen oder auf den Erlass weitere Normen der gleichen Qualität zu verzichten, stellten wir gegenteiliges Verhalten fest. Ein Ringen mit alternativen Argumenten wurde nicht nur nicht gefördert, sondern völlig unterbunden. Die Gesamtheit außerparlamentarischer Opposition wurde diskreditiert – und die Gesetzgebung fortgeführt. Diese gewaltvoll unterdrückte außerparlamentarische Oppositionsarbeit war ein

94 Siehe S. 72.

95 Siehe Lisa Marie Binder, „Der Rechts-Befund“, massel Verlag 2024, S. 246 ff..

geeigneter Anzeiger dafür, dass demokratische Strukturen in Gefahr waren. Wo eine oppositionelle Meinung kein Gehör findet und nicht einmal mehr geäußert werden darf, ist der Totalitarismus nahe. Das zeitgenössisch stark bemühte Argument, der anderen Seite dürfe kein Forum geboten werden, weil sie „rechts" sei, verfängt in einer Demokratie grundsätzlich nicht; zudem war es unzutreffend: Der Staatsschutz besaß Kenntnis von der Breite der geistigen und politischen Herkunft der Oppositionsbewegung, die aus allen gesellschaftlichen Milieus stammte.

Seit dem Frühjahr 2021 liegt überdies der Vorabkaufvertrag zwischen BionTech-Pfizer und der EU vor. Er erlaubt uns, die tatsächliche Kenntnis des Gesetzgebers explizit hinsichtlich der Impfpflicht im Gesundheitswesen näher zu beleuchten. Anders, als von der derzeit amtierenden Kommissionspräsidentin der EU, Ursula von der Leyen dargestellt, waren die beiden wichtigsten Parameter zur Beurteilung der Angemessenheit der Impfstoffanwendung, nämlich Wirksamkeit und Nutzen-Risiko-Profil, zum Zeitpunkt des Abschlusses des Vorabkaufvertrags nicht bekannt.[96] Von der Leyen gab den Sachinhalt im Zuge ihrer Verkündung des getätigten Bestellvorgangs bei BioNTech-Pfizer am 21. Dezember 2020 so wieder: *„Die europäische Arzneimittel-Agentur hat diesen Impfstoff sorgfältig geprüft und sie ist zu dem Schluss gekommen, dass dieser Impfstoff sicher und wirksam vor Covid-19 schützt."*[97] Damit ist belegt, dass von der Leyen, deren Kenntnis vom Inhalt des Vorabkaufvertrags vorauszusetzen ist, die Unwahrheit gesagt und auf dieser Grundlage für die Menschen in Deutschland wirksame Entscheidungen getroffen hat. Dies wiederum belegt (wenigstens) Bewusstsein hinsichtlich der Möglichkeit des Erfolgseintritts der Tat.

---

96 European Commission, Directorate-General for Health and Food Safety, APA BionTech-Pfizer, "Advanced purchase agreement (APA) for the development, production, priority-purchasing options and supply of a successful covid-19 vaccine for EU member States", S. 48 f., https://ia802304.us.archive.org/25/items/contract_03/Contract%203.pdf, 07.05.24.

97 EU Debates, "European Commission approves Pfizer's Covid-19 vaccine after EMA agency gives safety OK", https://www.youtube.com/watch?v=te6H0-XoBNQ, 07.05.24.

Es konnte auch nicht angenommen werden, der Gesetzgeber habe pflichtwidrig auf den Nichteintritt des Erfolgs vertraut. Wo Warnungen der außerparlamentarischen Opposition nicht nur nicht gehört, sondern aktiv unterdrückt wurden, kann davon ausgegangen werden, dass der Erfolgseintritt jedenfalls billigend in Kauf genommen wurde. Damit handelte der Gesetzgeber mit bedingtem Vorsatz. Es ist festzuhalten: Die Bewegung und Ideologie lehnten die Demokratie ab.

Gutgläubiger Gesetzerlass?

Für die Frage der Strafbarkeit der Täter ist es von Bedeutung, ob der Regel-Erlass mit gutem Glauben möglich war. Zusammengefasst kann gesagt werden: Da der bedingte Vorsatz des Gesetzgebers nachgewiesen wurde, kann er sich auf fehlendes Unrechtsbewusstsein nicht mehr erfolgreich beziehen. Seine Unkenntnis war auch nicht entschuldbar, weil der Irrtum zu vermeiden war. Das bedingt vorsätzliche Erlassen von Gesetzen, das eine massive rechtswidrige Beschneidung von Grund- und Menschenrechten nach sich zieht, ist unter rechtsphilosophischer Sicht in einer Demokratie unzulässig. Es steht schon dem Rechtsstaatsprinzip aus Art. 20 und 28 GG entgegen. Die Verletzung des Demokratie- und Rechtsstaatsprinzips verletzt zugleich die tragenden Säulen unserer Gesellschaftsform, was zur Erosion des gesellschaftlichen Zusammenhalts beiträgt. Sie muss an den Umbau der parlamentarischen, demokratischen Weimarer Republik in den totalitären und schließlich nationalsozialistischen Staat erinnern. Die Art und Weise des Vorgehens markiert den Übergang zu totalitärem Handeln. Die Schädigung der Demokratie erfolgte mit bedingtem Vorsatz. Diese Tatsachen wären in einem Strafprozess geeignet, eine Strafbarkeit der Täter zu begründen.

Rechtsradikale Bewegung

Die Erörterung der Frage der Rechtsradikalität in der Prüfung[98]

---

98 Lisa Marie Binder „Der Rechts-Befund", massel Verlag 2024, S. 254 ff.

erfolgte nicht frei von Kontroversen. Dennoch erschien es in einer Gesamtschau abwegig, die Bewegung und Ideologie als eine „Ideologie der äußersten Rechten" zu bewerten und damit unter den Begriff des Rechtsextremismus zu subsumieren.

Der Duden definiert den Begriff „rechtsradikal" als „radikal im Sinne der politischen Richtung bzw., als Ideologie der äußersten Rechten". Die Definition des Begriffs „radikal" war weitgehend erfüllt: Man denke an das Event 201, die sogenannten Panik-Papiere des Innenministeriums,[99] den sozialen Druck auf Ärzte, die Strafverfolgung inklusive Hausdurchsuchungen bei Kritikern, Unterrichtsmaterialien und entsprechender Benotung bei geistiger Kooperation und an die Maxime, die ihr als Fundament zugrunde lag. Man denke an die teilweise umfassende Verhinderung des Kontakts zu Angehörigen. Soweit man überzeugt ist, jeder Angehörige besitze angesichts von Krankheit, nahem Tod oder bevorstehender Geburt ein unbestreitbares Recht auf Zusammensein mit seinen Nächsten, kann festgehalten werden, dass auf Individualschicksale und Härtefälle keine Rücksicht genommen wurde. Dieses Vorgehen ist bei Zugrundelegung eines bis 2020 zeitgenössischen Maßstabs in Aspekten der Fürsorge und Sozialität anstandslos als rücksichtslos und hart zu bewerten.

Die Maxime der Verhinderung des Todes durch Covid-19 um jeden Preis war nicht nur unerfüllbar, sie blickte zudem von einem Standpunkt am äußersten Ende aller Möglichkeiten heraus in die Wirklichkeit.[100] In der (vorgeblich) irrigen Annahme der Erfüllbarkeit verwirklichten sich bei ihrer Verfolgung derart viele materiellen und immateriellen Opfer, dass diese Betrachtung nur als extrem zu bezeichnen ist.

Diese neue (diktatorische) Ordnung stand im Widerspruch zur freiheitlich demokratischen Grundordnung des Grundgesetzes. Obwohl der Erlass der maßgeblichen Verordnungen und Gesetze

99 Anette Dowideit und Alexander Nabert, „Wenn der Staatssekretär Wissenschaftler zu „maximaler Kollaboration" aufruft", https://www.welt.de/politik/deutschland/plus225868061/Corona-Politik-Wie-das-Innenministerium-Wissenschaftler-einspannte.html, 08.05.24.

100 Siehe Wortherkunft: lateinisch extremus = der äußerste.

ohne wesentlichen Widerspruch erfolgte und der „Gegner“ lediglich in der Gegenöffentlichkeit und nicht etwas in einem ethnischen oder religiösen Gegenüber bestand, befand sich die Bewegung wenigstens subjektiv in einem Kampf gegen die Gegenöffentlichkeit.

Schließlich waren all die Anstrengungen der Bewegung und Ideologie auch radikal im Wortsinn: Sie betrafen „die Wurzel“ aller Anstrengungen, die Maxime der Verhinderung des Todes durch Covid-19 um jeden Preis.

Ideologie der äußersten Rechten?

Das Duden definiert die „Rechten“ als die „Gesamtheit der Parteien, politischen Gruppierungen, Strömungen [stark] konservativer Prägung, die dem Kommunismus und Sozialismus ablehnend gegenüberstehen“. Das Ergebnis der Prüfung scheint zunächst vorhersehbar. Die Gesetzestexte und Annexe lassen nicht darauf schließen, die Bewegung sei besonders konservativ oder lehne Kommunismus und Sozialismus ab. Sie entstanden in der Konzentration auf die Subsumtion der (mitunter) für gegeben gehaltenen Lebenswirklichkeit unter die Maxime. Insbesondere die historisch als „links“ eingeordneten GRÜNEN unterstützten die Politik maßgeblich; die LINKE machte sich nicht für eine Gegenposition stark.

Mit angemessener Zurückhaltung lohnt es sich, die Definition von Wikipedia für den Begriff der „politischen Rechte“ zu betrachten. Sie definiert sie als „Teil des politischen Spektrums, der von einer Ungleichheit der Menschen ausgeht und daher eine gesellschaftliche Hierarchie befürwortet oder akzeptiert“. Ungleichheit im Sinne einer rechten Ideologie werde als „unausweichlich, natürlich, normal und wünschenswert betrachtet“. Anhand des Kriteriums der Freiheit differenzierte der 2004 verstorbene italienische Rechtsphilosoph Roberto Bobbio zwischen „rechter Mitte“ und „extremer Rechte“. Die Definition der Landeszentrale für politische Bildung in Baden-Württemberg[101]

101 Landeszentrale für politische Bildung, Baden-Württemberg, „Rechtsextremismus“, https://www.demokratie-bw.de/rechtsextremismus, 08.05.24.

zum Begriff des Rechtsextremismus stellt zudem auf „eine Affinität zu diktatorischen Regierungsformen“ ab und „eine Haltung, nach der die Gemeinschaft vor dem und der Einzelnen steht und Bürger*innen sich der Staatsräson unterordnen sollen.“ „Rechtsextreme“ wollten „insbesondere die politische Freiheit einschränken“, „sodass jede*r nur ihre Ideologie anerkennt.“ Weiter: „Eine politische Streitkultur, in der verschiedene Meinungen geachtet und anerkannt werden, ist nicht in ihrem Sinn.“

Die theoretische Betrachtung des Individuums war nicht Thema der Tages-Politik. Die Idee der gesellschaftlichen Hierarchie aufgrund einer angenommenen Ungleichheit allerdings, lässt aufmerken: Die Regierungen installierten absichtsvoll eine neue Hierarchie unter den Menschen, die zu ihrer Ungleichheit führte, je nachdem, ob sie die Mittel der Neuen Normalität in Anspruch nahmen oder lieber auf sie verzichteten. Die erzielte Ungleichheit wurde tatsächlich als „unausweichlich, natürlich, normal und wünschenswert betrachtet“; diese Forderung war seinerzeit in aller Munde. Wer sich nicht unterordnete, sollte keine Rechte mehr besitzen – das war das extreme Credo, das öffentlich dargestellt werden durfte.

Dabei gewann das Element der Freiheit an überragender Bedeutung: Frei sollten nur mehr diejenigen sein, die Teil der Neuen Normalität sein wollten. Es handelte sich hier um keine Ungleichheit, die dem Menschen natürlicherweise zu eigen ist, sondern um eine planvoll erzeugte Ungleichheit.

Zudem hatten die Bewegung und Ideologie nicht nur eine Affinität zu diktatorischen Regierungsformen, sondern stellten eine manifeste Diktatur im Sinne der Definition dar. Partikular- und Individualinteressen wurde selbst in Härtefällen kein Tribut gezollt. Die Verfolgung der Maxime hatte Priorität vor *allen* anderen Belangen. Das Kollektiv stand damit „vor dem Einzelnen“ und die Unterordnung unter die Staatsräson hatte absolute Priorität. Eine politische Streitkultur war hinfällig geworden.

Zwar scheinen die Kriterien der oben genannten Definitionen

erfüllt zu sein, doch, anders als die Duden-Definition, genügen sie wohl den Prüfungsanforderungen nicht. Sie sind stark mit Kriterien des Totalitarismus verwoben und damit untauglich, den Begriff der politischen Rechten abschließend zu definieren. Es erscheint daher unangemessen, die Bewegung als rechtsradikal zu bezeichnen. Die näherungsweise Kongruenz zwischen Sachverhalt und Definitionen dürften bereits geeignet sein, tiefergehende Denkprozesse beim interessierten Nutzer der Plattform anzuregen.

Fazit: Die Faschismus-Definition des Dudens ist nicht erfüllt

Im Ergebnis ist der Untersuchungsgegenstand sowohl eine Bewegung, als auch eine Ideologie, die nicht nationalistisch, allerdings antidemokratisch, nicht rechtsradikal und ebenso wenig nach dem Führerprinzip organisiert ist. Damit genügt der Untersuchungsgegenstand der Definition des Faschismus-Begriffs des Dudens nicht.

KAPITEL 3

Das Wirken der Philanthropen

Wer sich tiefergehender mit einer potenziellen und nicht öffentlich thematisierten Motivation der Bewegung auseinandergesetzt hat, mag einwenden, dass diese sehr wohl, und entgegen dem obigen Ergebnis, „rechtsradikal“ sein könnte. Selbst, wenn die Erfüllung dieses Tatbestandsmerkmals alleine die Faschismus-Definition des Dudens nicht erfüllt, sollten wir uns mit den Motivationen der Urheber der Neuen Normalität auseinandersetzen. Eine Begründung ihrer Rechtsradikalität auf Basis lediglich für potenziell gehaltener Motive ist zum heutigen Zeitpunkt äußerst heikel, angreifbar und damit in der Sache nicht zielführend. Wenn Arbeitshypothesen jedoch beginnen, sich dem forschenden Autor aufzudrängen, rufen sie nach einer vernünftigen Auseinandersetzung.

Die Nähe der Corona-Verordnungen und -Gesetzen zu den Planspielen des Events 201,[102] im Oktober 2019 in New York, für Übungen im Falle von Pandemien, ist kaum von der Hand zu weisen.[103] Die bereits erwähnte Veranstaltung war den Planungen und finanziellen Aufwendungen des Johns Hopkins Center für Gesundheitssicherung in Zusammenarbeit mit dem Weltwirtschaftsforum und der Bill und Melinda Gates Stiftung am 18. Oktober 2019, in New York zu verdanken.

Der Begriff der sogenannten „Neuen Normalität“ entspringt nicht dem Geiste Abtrünniger, sondern des Microsoft-Gründers Bill Gates. In einem Interview mit der Süddeutschen Zeitung mahnte er Vorbereitungen der Welt auf weitere Pandemien an, müsse, weil Pandemien „in der gleichen Weise, wie die Erde bebt, Tornados kommen

---

102 Johns Hopkins Bloomberg School of Public Health, "Event 201 Pandemic Tabletop Exercise", https://web.archive.org/web/20230430132733/https://centerforhealthsecurity.org/our-work/tabletop-exercises/event-201-pandemic-tabletop-exercise.

103 siehe Lisa Marie Binder, „Der Viruspabst", https://www.manova.news/Art.ikel/der-viruspapst, 08.05.24.

oder sich das Klima wandelt" zur *neuen Normalität* gehörten.[104] Als Mitausrichtende des Event 201 und Partner des Johns Hopkins Center für Gesundheitssicherung sind die Personen Bill Gates und Klaus Schwab näher zu betrachten.

Der Philanthrop der Stunde

Die Betrachtung des US-amerikanischen Unternehmers und Mäzens Bill Gates' führt seit den vergangenen drei Jahren zum gesellschaftlichen Tod. Wer das konkludente Betrachtungs-Verbot ignoriert, diskreditiert sich nach allgemeiner Auffassung selbst – zu viel Verschwörungs-„Mythos", schlussfolgert das „Faktenchecker"-Selbstverständnis. Auf diese Fallstricke kann in einer sorgfältigen Auseinandersetzung freilich nicht Rücksicht genommen werden.

Nicht nur der familiäre Hintergrund, vornehmlich im „Wirken" des Vaters, sondern auch die Tätigkeiten Bill Gates selbst, lassen auf Motive schließen, die sich in Kontinuität zur eugenischen Bewegung der letzten Jahrzehnte befindet. Diese heikle Schlussfolgerung bildet das Ergebnis einer umsichtigen Betrachtung.

Bill Gates Vater, William Henry Gates, starb im epochal bedeutenden Jahr 2020. Er war nicht nur Rechtsanwalt, sondern auch „Bürgerrechtler" und „Philanthrop", wie in diesen Kreisen schicklich. Sein berufliches Engagement umfasste Tätigkeiten im Vorstand der „Planned Parenthood Federation of America" (PPFA),[105] die 1942 aus der „American Birth Control League" hervorging, gegründet von der amerikanischen Krankenschwester und Frauenrechtlerin Margaret Sanger im Jahr 1921.[106] Sanger wurde im Jahr 1956 Mitglied der „American

104 ntv, „Wie Erdbeben und Tornados, Gates sieht in Pandemien neue Normalität", https://www.n-tv.de/panorama/Gates-sieht-in-Pandemien-neue-Normalitaet-Art.icle22320631.html, 08.05.24.

105 Stuart Glascock, "Mighty is the Man Who Wears the Purple and the Gold, The immense impact of Bill Gates Sr.", https://web.archive.org/web/20190109204813/https://www.washington.edu/alumni/columns-magazine/june-2013/features/gates/.

106 Theodora R. Moses, „American Birth Control League", https://www.britannica.com/topic/American-Birth-Control-League, 08.05.24.

Eugenics Society" (AES),[107] heute „Society for Biodemography and Social Biology".[108] Die Gesellschaft habe sich von der AES distanziert.[109]

Sanger war eine Verfechterin der Eugenik, die im Jahr 1921 das dringendste Problem in der „übermäßigen Fruchtbarkeit der geistig und körperlich Behinderten" sah, die es zu begrenzen und zu verhindern galt.[110] Ziel der 1926 gegründeten AES war es, eugenische „Aufklärungsprogramme" für die amerikanische Öffentlichkeit zu fördern.[111] In einer Sensibilität für zeitgenössische Strömungen, dabei aber interessiert am Fortleben des eugenischen Gedankens, stellte der damalige Präsident Frederick Osborn zur ersten Namensänderung fest, dass sich das Etikett der Eugenik als wenig förderlich herausgestellt habe.[112]

Die AES selbst definierte die Eugenik als eine Studie „über die Verbesserung der genetischen Zusammensetzung des Menschen durch kontrollierte Reproduktion verschiedener Rassen und Klassen von Menschen". Ihr gelang es, in den vergangenen dreißiger und Vierzigerjahren in zwei Fällen Einfluss auf die eugenische Politik des Obersten Gerichtshofs der USA nehmen.[113]

Der jüdische AES-Präsident Harry Shapiro tat sich in den 1960er-Jahren mit der Ansicht hervor,[114] eine verstärkte Anwendung von

---

107 Ab 1972: "Society for the Study of Social Biology".

108 Ein letzter Aufruf des englischen Wikipedia-Eintrags zur AES behauptet nun ihre Auflösung bereits im Jahr 2019, Wikipedia.org, „American Eugenics Society", https://en.wikipedia.org/wiki/American_Eugenics_Society, 08.05.24.

109 Rachel Gur-Arie, „American Eugenics Society (1926-1972)", https://embryo.asu.edu/pages/american-eugenics-society-1926-1972, 08.05.24.

110 Jennifer Latson, "What Margaret Sanger Really Said About Eugenics and race", https://time.com/4081760/margaret-sanger-history-eugenics/, 08.05.24.

111 Eugenics Archive, Erna Kurbegovic and Colette Leung, „American Eugenics Society", https://www.eugenicsarchive.ca/connections?id=5233e53d5c2ec500000000e2, 08.05.24.

112 Wikipedia.org, "Frederick Osborn", https://en.wikipedia.org/wiki/Frederick_Osborn, 08.05.24.

113 Rachel Gur-Arie, "American Eugenics Society (1926-1972)", 10.05.24. Embryo Project Encyclopedia (2014-11-22). ISSN: 1940-5030; Arizona State University, "American Eugenics Society", https://hdl.handle.net/10776/8241, 08.05.24.

Rachel Gur-Arie, ebda..

114 Wikipedia.org, "Harry L. Shapiro", https://en.wikipedia.org/wiki/Harry_L._Shapiro, 08.05.24.

Geburtenkontrolle könne die Qualität der US-Bevölkerung verbessern.[115] Die Botschaften der AES auf eugenischen Ausstellungen entnahmen die Besucher den anschaulichen Installationen: „Einige Menschen sind nur geboren, um für den Rest der Gesellschaft eine Last zu sein." Alle sieben Sekunden blinkte ein kleines Lämpchen, um die Geburt eines Babys in den USA anzuzeigen. Ein flackerndes Lämpchen zeigte die Geburt eines sogenannten „defective" Babys an. Das war ein Kind, das mit Einschränkungen zur Welt gekommen war.[116] Francis Galton, der Cousin von Charles Darwin, war der Meinung: „Es gibt ein größtenteils recht unvernünftiges Gefühl *gegen* die allmähliche Auslöschung einer minderwertigen Rasse".[117] Die Anstrengungen der engagierten Eugeniker trugen Früchte: Es war Adolf Hitler, der sich bei Madison Grant, Mitgründer der AES, für sein Werk über den „Untergang der Großen Rasse" bedankte. Es sei ihm zu seiner „Bibel" geworden.[118]

Aktuelle Bestrebungen der AES unter neuem Namen

Die „Gesellschaft für Biodemography and Social Biology", die AES im neuen Gewand, unternimmt heute weiterhin Anstrengungen, die alten Ziele zu verwirklichen. Obwohl sie auf eine Außendarstellung verzichtet, publiziert sie ihre Erkenntnisse in der Fachzeitschrift mit dem einstigen Titel „A journal of Race Betterment, seit 2008 „Biodemography and Social Biology"[119]. Unter dem weiten Themenspektrum im Jahr 2021[120] [121] schlussfolgern die Autoren einer Analyse der sozio-

115 Rachel Gur-Arie, ebda..

116 Hermann Ploppa, „Hitlers amerikanische Lehrer", Liepsen Verlag, 2016, S. 148.

117 Israel W. Charny, "Encyclopedia of Genocide: A-H", Verlag Bloomsbury Academic, 2000, S. 218.

118 Hermann Ploppa, S. 183.

119 Von 1969 bis 2008 lautete ihr Titel: „Social Biology".

120 Zur Untersuchung der „Mortalität und Morbidität von Kindern unter 5 Jahren bei aufgeschobener Fruchtbarkeit in der Türkei: Ayse Abbasoglu Özgören, Banu Ergöcmen, „Under-5 mortality and morbidity outcomes of fertility postponement in Turkey: explanations by observed and unobserved characteristics", https://www.tandfonline.com/doi/full/10.1080/19485565.2020.1821596, 28.06.21.

121 Zu „Weiblichen und männlichen Körperbildidealen bei arabischen Einwanderern und

ethno-genomischen Gefälle in Chile:[122] *„Je größer die europäische Vermischung, desto höher das sozioökonomische Niveau."* Die Daten halten die Autoren für einen „wertvollen Beitrag zur Formulierung der öffentlichen Gesundheitspolitik". Die Begriffe „Ethnizität, sozioökonomische Schichten und Klasse" sollten ihrer Ansicht nach bei der Entwicklung politischer Maßnahmen stets berücksichtigt werden.

Mit den veränderten Fertilitätseinstellungen der chinesischen Bevölkerung nach Beendigung der Ein-Kind-Politik beschäftigte sich eine 2023 veröffentlichte Studie.[123] Das Fazit: Die Regierung sollte „Maßnahmen ergreifen, um die Belastung durch Geburten zu verringern und das richtige Konzept von Heirat und Geburt zu vermitteln, um die Fertilitätseinstellungen der Menschen zu verbessern."

Das Engagement der ehemaligen AES zielt auf das Thema menschlicher Reproduktion. Die versuchte Einflussnahme auf Fertilitätseinstellungen tilgt nicht die Vermutung, die aktuellen Anstrengungen zur freien Wahl des Geschlechts und der ambitioniert geführten Genderdebatte seien nicht vom Himmel gefallen. Fertilität allerdings ist ein Lebensprinzip. Es unterliegt grundsätzlich lebensgesetzlichen Prinzipien, wenn auch Medikamentenwirkungen, Impfungen und eine wenig „artgerechte" Lebensweise zunehmend negativen Einfluss auf die Fruchtbarkeit ausüben. Darüber hinaus ist „die Fertilitätseinstellung" eine höchstpersönliche Angelegenheit. Einmischungen erweisen sich auf Basis demokratischer, Menschenrecht achtender Grundlagen, als schlichtweg intolerabel. Die Studie lässt große Zweifel daran zu, inwiefern das Menschenbild der Autoren sich mit diesen Grundlagen vereinbaren lässt. Es verstärkt vielmehr die Gründe zur Annahme, der

Deutschen in Deutschland", Lucas B. Mazur et. Al., "Female and male body image ideals among Arab immigrants and Germans in Germany", https://www.tandfonline.com/doi/full/10.1080/19485565.2021.1983759, 28.09.21.

122 E. Barozet et. Al., "The Chilean socio-ethno-genomic cline", https://www.tandfonline.com/doi/full/10.1080/19485565.2021.1879626, 28.06.21.

123 Tinggui Chen et. al., "Changes of people's fertility attitudes based on analysis of online public opinion on three-child policy in China", https://www.tandfonline.com/doi/full/10.1080/19485565.2023.2271831?src=exp-la, 08.05.24.

eugenische Blick auf die Menschen persistiere.

Die Tatsachen des Weiterlebens der Gedanken der AES sowie der beruflichen Aktivitäten von Bill Gates Vater, der sich jahrzehntelang intensiv mit dem Thema „Familienplanung“ auseinandergesetzt hat[124] und in politische Aktivitäten mit Affinität zu eugenischem Gedankengut verstrickt war, sind für sich genommen untauglich, Bill Gates subjektives Wollen zu erhellen. Die entscheidende Frage lautet, ob die Mitausrichtenden der Planspiele Event 201 und zu vermutenden Mit-Urhebern des Konzepts der „Neuen Normalität“, Klaus Schwab und Bill Gates, eine Affinität zu dem Gedanken besitzen, die „Qualität“ der Bevölkerung könne durch gezielte Eingriffe in das Erbgut „verbessert“ werden. Könnten sie diesen alten Gedanken etwas abgewinnen, stünden auch sie in einer gewissen Kontinuität zu den Anstrengungen der Eugenik-Bewegung. Diese wiederum könnten eher dem rechten, von einer Unterschiedlichkeit des Menschen ausgehenden Betrachtung, als einer linken zugeordnet und damit die Frage der Rechtsradikalität dieser Urheber näher begutachtet werden.

Lebendiges Interesse an Qualitätsverbesserung der Bevölkerung?

In einer Betrachtung des „Philanthropen“ Bill Gates, erscheint ein gezieltes Vorgehen ratsam, das nicht das bekannt gewordene und vielfach „faktengeprüfte“ Zitat Bill Gates zu strapaziert, in dem er einen Bezug zwischen der Verabreichung von Impfungen und der Kontrolle der Bevölkerungsentwicklung herstellt.[125] Zwar erscheint die Unterstellung, Gates wolle die Bevölkerungsentwicklung mittels der Verabreichung von Impfungen in direkt-kausaler Weise kontrollieren, plausibel,[126] der Beweis dieser Intention ist aber nur schwer zu erbringen. Schließlich müsste auch eine Auslegung des Zitats

124 So berichtete Laurie S. Zabin, Professorin an der Johns Hopkins School of Public Health. Sie benutzt den Begriff der „Bevölkerungskontrolle“ synonym. Zabin war gemeinsam mit William Henry Gates Mitglied des nationalen Vorstands von Planned Parenthood.

125 Bill Gates, https://rumble.com/embed/vhz9dj/?pub=m6fb1, 08.05.24.

126 Zum Narrativ der Impfungen, Lisa Marie Binder, „Die Enttarnung Teil 1/2“, https://www.manova.news/Art.ikel/die-enttarnung, 08.05.24.

dahingehend erfolgen, nach der Impfungen einen fundamentalen Beitrag zur Weltgesundheit darstellen und auf diesem Wege Leben gerettet werden könnten. Immerhin darf man davon ausgehen, dass Bill Gates seine Formulierungen mit Aufmerksamkeit wählt.

Ähnlich verhält es sich bei einem Auftritt der derzeitigen Vizepräsidentin der Vereinigten Staaten von Amerika, Karmela Harris, am 15. Juli 2023, als sie unter Jubel der Audienz verlautbarte: „Wenn wir die Bevölkerung reduzieren, können unsere Kinder mehr saubere Luft atmen und frisches Wasser trinken“.[127] Die Richtigstellung schriftlicher Art folgte prompt. Die offizielle Niederschrift der Rede vonseiten des Weißen Hauses räumt ihren „Versprecher“ ein und korrigiert: Natürlich meinte sie nicht die Reduktion der Bevölkerung, sondern die Reduktion der Umweltverschmutzung.[128] Ein weiterer „Versprecher“, aus der nicht auf subjektives Wissen und Wollen geschlossen werden kann. Wir gelangen allerdings auf schlichterem Weg zu einer Einsicht. Die Veröffentlichungen der WHO lassen den Schluss zu, dass sie selbst seit langer Zeit das Ziel verfolgt, in „instabilen, unterentwickelten Ländern“ das Bevölkerungswachstum zu reduzieren.[129]

Interessen der WHO

Bereits im Jahr 1976 unterstützte die WHO die Forschung an Impfstoffen zur „Geburtenkontrolle“. Dabei wurde Tetanustoxoid mit menschlichem Choriongonadotropin (hCG) konjugiert, sodass die vom weiblichen Körper produzierten Schwangerschaftshormone vom

---

127 "When we reduce population, more of our children can breathe clean air and and drink clean water.", Forbes Breaking, "VIRAL GAFFE: VP Kamala Harris Calls To 'Reduce Population'—She Means 'Pollution'", https://www.youtube.com/watch?v=-Is1Ou24sLk, 08.05.24.

128 Victor Nava, "Kamala Harris says US must 'reduce population' to fight climate change in latest gaffe", https://nypost.com/2023/07/15/kamala-harris-says-us-must-reduce-population-to-fight-climate-change-in-latest-gaffe/, 08.05.24.

129 Kripa N. Nand et. al., "Priming with DNA Enhances Considerably the Immunogenicity of hCG β-LTB Vaccine", https://onlinelibrary.wiley.com/doi/abs/10.1111/aji.12388, 08.05.24; zur vermeintlichen Notwendigkeit, „bei sexuell aktiven Frauen, die zur Schwangerschaftsverhütung geimpft werden, eine Antikörperreaktion oberhalb des schützenden Schwellentiters hervorzurufen."

Immunsystem angegriffen werden. Das Ergebnis sind Fehlgeburten bei Frauen, die bereits schwanger sind, bzw. Unfruchtbarkeit bei noch nicht erfolgreich befruchteten Empfängerinnen. Im April 1989 wurde am National Institute of Immunology, New Delhi, Indien, eine Übersicht erstellt, in der die Entwicklungen bei Impfstoffen gegen die Fruchtbarkeit bei Männern und Frauen erörtert werden.[130] Vier Jahre später, im Jahr 1993, kündigte die WHO einen „Impfstoff zur Geburtenkontrolle" für die „Familienplanung" an.[131]

„Tetanus"-Impfaktion in Kenia 2013 bis 2015

Im November des gleichen Jahrs erschienen Veröffentlichungen der katholischen Kirche, in denen über den Einsatz eines abtreibenden Impfstoffs als Tetanusprophylaxe berichtet wurde. Im November 2014, gut zwanzig Jahre später, behauptete die katholische Kirche erneut, dass ein solches Programm in Kenia im Gange sei.[132] Diese Vorgänge in Kenia beziehen sich auf eine offiziell als Impfaktion ausgewiesene Initiative der WHO und United Nations Children's Fund (Unicef) gegen Tetanus an Millionen Frauen und Mädchen zwischen 2013 und 2015. Eine Ärztevereinigung deckte in Zusammenarbeit mit der Kirche in Kenia die Hintergründe auf und brachte die Impfaktion zum Stillstand.[133] Wieder

130 G.P. Talwar, Raj Raghupathy, "Anti-fertility vaccines", https://www.sciencedirect.com/science/Art.icle/abs/pii/0264410X89900431?via=ihub, 08.05.24.

131 Oller et. al., "HCG Found in WHO Tetanus Vaccine in Kenya Raises Concern in the Developing World", https://www.researchgate.net/publication/320641479_HCG_Found_in_WHO_Tetanus_Vaccine_in_Kenya_Raises_Concern_in_the_Developing_World, 08.05.24.

132 Sie stütze sich dabei auf die Ergebnisse dreier unabhängiger, in Nairobi akkreditierter biochemischer Labors. „In Anbetracht der Tatsache, dass hCG in mindestens der Hälfte der WHO-Impfstoffproben gefunden wurde, von denen die an der Verabreichung der Impfstoffe beteiligten Ärzte wissen, dass sie in Kenia verwendet wurden, sind wir der Meinung, dass die kenianische „Anti-Tetanus"-Kampagne von der Kenya Catholic Doctors Association zu Recht als Fassade für die Reduzierung des Bevölkerungswachstums in Frage gestellt wurde.", Oller et. al., "HCG Found in WHO Tetanus Vaccine in Kenya Raises Concern in the Developing World", S. 2.

133 Der Inhalt ist nur mehr über web.archive.org abrufbar: Kenya Conference of Catholic Bishops, "STATEMENT BY THE KENYA CONFERENCE OF CATHOLIC BISHOPS ON MASS TETANUS VACCINATION CAMPAIGN CARRIED OUT IN KENYA IN MARCH AND OCTOBER 2014", https://web.archive.org/web/20200426144832/https://www.kccb.or.ke/home/news-2/pressstatement-tetanus/.

enthielten die Impfstoffe das Schwangerschaftshormon Beta-HCG und erinnern an die bereits 1993 von der WHO bekannt gemachte Impfung zur Geburtenkontrolle zum Zwecke der Familienplanung.

Drei Jahre vor der ausgerufenen Pandemie, im Jahr 2017, forschte die WHO an wirksameren Impfstoffen zur Reduktion der Fruchtbarkeit unter Verwendung rekombinanter DNA. Ihre Veröffentlichungen belegen, dass sie langfristig das Ziel verfolgt, das Bevölkerungswachstum in instabilen „weniger entwickelten Ländern" zu verringern.

WHO und die Gates-Foundation

Lässt sich vom Vorgehen der WHO und UNICEF auf ein Interesse Bill Gates an der Qualitätsverbesserung der Bevölkerung schließen? Die Betrachtung der finanziellen Verflechtungen erhellt die Angelegenheit. Nicht nur die UNICEF erhält beträchtliche Zuwendungen aus dem Fonds der BMGF. Im August 2023 beliefen sie sich auf 2,4 Mio. Dollar.134 Maßgeblich ist jedoch die Rolle der BMGF für die WHO. Im August 2023 flossen rund 4,7 Mio. Dollar[135] an die WHO. Im vierten Quartal 2019 erfolgte ihre Finanzierung zu 10,8 Prozent von der BMGF. Damit nahm die Stiftung unter den Geldgebern der WHO den zweiten Rang nach den USA ein.[136] Ein entscheidender Einfluss der Bill and Melinda Gates Stiftung auf die Ziele und Projekte der WHO kann damit kaum in Abrede gestellt werden – eine Tatsache, der sich auch der „wissenschaftliche" Diskurs nicht mehr entziehen kann.[137]

Von dieser massiven finanziellen Einflussnahme der BMGF auf die WHO bleibt die Causa Bill Gates nicht unberührt. Die Hypothese, Bill Gates billige, unterstütze oder fördere die Ziele der WHO und UNICEF,

---

134 Bill and Melinda Gates Foundation, "United States Fund for UNICEF", https://www.gatesfoundation.org/about/committed-grants/2023/08/inv-049953, 08.05.24.

135 Bill and Melinda Gates Foundation, "World Health Organization", https://www.gatesfoundation.org/about/committed-grants/2023/08/inv-055664, 08.05.24.

136 World Health Organization, "Contributors", https://open.who.int/2018-19/contributors/contributor, 06.09.23.

137 Kirstin RW Matthews, Vivian Ho, "The grand impact of the Gates Foundation. Sixty billion dollars and one famous person can affect the spending and research focus of public agencies", https://www.ncbi.nlm.nih.gov/pmc/articles/PMC2373372/, 08.05.24.

die die Kontrolle des Bevölkerungswachstums einschließt, erhält hierin ein solides Fundament. Damit kann angenommen werden, dass sich die finanziellen und politischen Anstrengungen Bill Gates in Kontinuität zu den Unternehmungen der Eugenik-Bewegung befindet, die politisch eher rechts, denn links zu verorten ist.

Interessen des Klaus Schwab

Wie steht es um den zweiten möglichen Urheber der Neuen Normalität: Klaus Schwab, den Gründer und geschäftsführenden Vorsitzenden des WEF?[138] Die Zusammenarbeit zwischen BMGF und dem Weltwirtschaftsforum dokumentiert die Verflechtung der beiden Personen, Schwab und Gates. Schwab vertrat die Meinung, der sogenannten „Corona-Krise" und „den Problemen in dieser Welt" müsse mit Impfungen begegnet werden[139] .[140] Seine ausgeprägte Affinität zum Transhumanismus veranschaulicht er in seinem 2017 publizierten Buch: „*Wir sind mit der neuen Frage konfrontiert, was es bedeutet, Mensch zu sein, welche Daten und Informationen über unseren Körper und unsere Gesundheit mit anderen geteilt werden können und sollen und welche Rechte und Verantwortlichkeiten wir haben, wenn es um nichts Geringeres geht, als die genetische Kodierung künftiger Generationen zu verändern.*" (Übersetzung d. V.)[141]

Was aber hat Transhumanismus mit der möglichen Fortführung des eugenischen Gedankens zu tun? Besitzt der Transhumanismus eine politische Bedeutung?

---

138 World Economic Forum, "Leadership and Governance", https://www.weforum.org/about/leadership-and-governance/, 08.05.24.

139 GAVI, The Vaccine Alliance, "COVAX", https://www.gavi.org/covax-facility, 08.05.24.

140 Isabelle Kumar, Sabine Sans, „Klaus Schwab: „Wir können nicht zur alten Normalität zurückkehren", https://de.euronews.com/2020/11/17/klaus-schwab-wir-konnen-nicht-zur-alten-normalitat-zuruckkehren, 08.05.24.

141 The University of Melbourne, "The Fourth Industrial Revolution, Klaus Schwab",http://law.unimelb.edu.au/__data/assets/pdf_file/0005/3385454/Schwab-The_Fourth_Industrial_Revolution_Klaus_S.pdf, S. 26, 08.05.24.

Transhumanismus

Das Duden-Lexikon definiert den Begriff des Transhumanismus als „philosophische Strömung, deren Anhänger und Anhängerinnen die menschlichen Fähigkeiten durch den Einsatz neuer Technologien zu erweitern suchen". Die etymologische Deutung des Begriffs verortet den Transhumanismus *jenseits* (lateinisch: trans) des Humanismus, also jenseits des Menschlichen. Stellen die höchst konkretisierten Visionen, deren technischen Umsetzung mit Aufwand vorangetrieben wird, lediglich eine Erweiterung dar? Oder entziehen sie dem spezifisch Menschlichen vielleicht bereits das Wesentliche?

Endovaskuläre Gehirn-Computer-Schnittstelle

Erste Versuche am Menschen mit einer endovaskuläre Gehirn-Computer-Schnittstelle[142] wurden bereits gestartet. Sie ermöglicht gelähmten Menschen mittels eines Hirnimplantats die Interaktion mit Computern und Smartphones. Jeder Winkel des Gehirns könne über seine natürlichen Verkehrswege, die Blutgefäße, erreicht werden. „Unsere bahnbrechende Plattform eröffnet neue Möglichkeiten für die Behandlung von neurologischen Erkrankungen: Neurointerventionelle Elektrophysiologie." Die Ambitionen sind nicht zu gering: „Unsere Technologie wird drei medizinische Bereiche verändern: Neuroprothetik, Neuromodulation und Neurodiagnostik."

Augmented-Reality-Technologie

Auch das WEF ist angetan. Die Augmented-Reality-Technologie besäße das Potenzial, die Gesellschaft und das Leben des Einzelnen zu verändern, vor allem in den Bereichen Gesundheitsversorgung und Mobilität. Implantattechnologie könnte in Zukunft zur Norm werden, wie Seh- und Hörhilfen.[143] Kinder mit Aufmerksamkeitsdefiziten, die

142 Synchron, „Neurotechnology to address the limitations of the human body", https://synchron.com/, 08.05.24.

143 World Economic Forum, "Augmented tech can change the way we live, but only with the right support and vision", https://www.weforum.org/agenda/2022/08/ethics-not-technological-limits-will-be-the-guiding-factor-for-an-augmented-age/, 08.05.24.

unter Schwierigkeiten in der Schule litten, würden „im besten Fall" mit sonderpädagogischer Unterstützung im Klassenzimmer untergebracht. Zusätzliche visuelle und akustische Hilfsmittel könnten „überschüssige Reize abblocken", sodass ein „sonst behindertes Kind in einer normalen Schulumgebung" zurechtkommen könnte. „Und wenn der Unterricht vorbei ist und die Spielzeit beginnt, können sie die Hilfsmittel einfach abnehmen." So schnell wird ADHS zur Behinderung – aber seien wir unbesorgt: Das WEF greift menschenliebend unter die Arme.

Umsichtig, wie es ist, hat es sich mit möglichen Sorgen und Vorbehalten der künftigen Kundschaft auseinandergesetzt: „So beängstigend Chip-Implantate auch klingen mögen, sie sind Teil einer natürlichen Entwicklung, die Wearables einst durchliefen." Hörgeräte oder Brillen seien nicht mehr mit einem Stigma behaftet, sondern zu Accessoires geworden. Mit seiner Prognose dürfte das WEF richtig liegen. Es dauert nur wenige Momente, nutzlose und Gegenstände ohne jeden ästhetischen Anspruch in unwiderstehliche Begehrlichkeiten zu transformieren, wie im Jahr 2020 mit Masken gegen den Tod geschehen.

Hochmut und Überschnappen kommen vor dem Fall: In beinahe sich selbst übertreffender Begeisterung wirbt das WEF mit den Vorteilen von „Hundenasen". Man trüge sie „wie ein Mobiltelefon an einem Halsband" und könnte COVID-19 oder Lebensmittelallergene aufspüren. Beginnen Sie doch mit dem Tragen eines Mobiltelefons um den Hals, falls Sie damit noch im Rückstand sind. Dieses Vorgehen mag das schrittweise Eintauchen in den Transhumanismus und die Einsicht in die „Unentbehrlichkeit" des „Wearable" sicher erleichtern, das später unter die Haut oder in den Bauch implantiert werden könnte.

Philanthropisch durch und durch erörtert das WEF Argumente im Anwendungsbereich der Legasthenie: „Vielleicht möchten wir legasthenen Kindern durch Implantate, die in Echtzeit übersetzen, neue Möglichkeiten eröffnen. Andererseits ist Legasthenie eine persönliche Eigenschaft. Wollen wir das ändern? Als Gesellschaft müssen wir eine Entscheidung treffen: Wollen wir die mit dem Lernen oder dem Altern verbundenen menschlichen Einschränkungen akzeptieren? Die letzten Anwendungsbereiche, Spiele und sogar Intelligenzsteigerung, mögen weit hergeholt erscheinen, aber das kann nur die Zukunft zeigen." – Diese Zukunft wird gemacht, daran besteht wenig Zweifel.

„Erweiterung" menschlicher Fähigkeiten

Sind diese Beispiele nun lediglich „Erweiterungen" menschlicher Fähigkeiten? Die Konsequenzen werden mit Beginn der Marktreife tiefgreifend sein. Wie darf ich persönliche kognitive Defizite betrachten und wie mit ihnen umgehen? Gibt es ein Recht auf kognitive Schwäche? Muss sie restlos getilgt werden? Darf sie bestehen bleiben, wird aber besteuert? Wie gehen wir mit anderen Schwächen um? Wie entgehe ich den Anreizen, meinem Kind bei der einen oder anderen „Schwäche" technisch nachzuhelfen? Und wenn mein Kind im sozialen Vergleich nicht nachstehen möchte? Wie begegne ich Sanktionen oder der Androhung des Entzugs meines elterlichen Sorgerechts, wenn ich auf „Erweiterungen" für das Leben meines Kindes verzichten möchte? Wie gehe ich mit rechtlichen, finanziellen und tatsächlichen Nachteilen um, die mein Wunsch nach „menschlicher" Lebensweise bei Behörden, Arbeitgebern und Gesellschaft nach sich zieht? Die letzten drei Jahre haben die Kritiker der herrschenden Meinung sehr acht- und aufmerksam für diese Fragen gemacht. Wenig spricht dafür, dass diese Entwicklung die Verfeinerung menschlicher Ethik und Kultur fördern wird.

Transhumanismus – eine philanthropische Angelegenheit?

Besteht man auf der Duden-Definition des Transhumanismus-Begriffs, ist der Transhumanismus lediglich eine ausgesprochen philanthropische Philosophie. Führt man sich die Ausführungen des WEF zu Gemüte, eröffnet sich eine Sicht, die in transhumanistischen Projekten „Realitätserweiterungen" sieht, die unter der Haut oder tieferliegend im menschlichen Körper mit diesem verbunden werden. Eine dritte Betrachtung erkennt die transhumanistische Idee als nicht zuträglich für das Leben. Sie sprengt ethische Grenzfragen auf eine Weise, die eine irreversible Abkehr von der Menschlichkeit in all seinem „Menschsein" bedeuten könnte. Der Transhumanismus widerspricht der Vielfältigkeit des lebendigen Ausdrucks. Seine Bestrebungen machen die Frage virulent, wer „Erweiterungen" benötigen könnte und schließlich brauchen muss. In dieser dann gesellschaftlich notwendigen Frage liegt die Frage der Entscheidung über werteres oder weniger wertes Leben geborgen. Sie aber bedeutet eine unerträgliche Anmaßung und erinnert an die Anstrengungen der AES und Folgegesellschaften, die es sich zum Ziel gemacht haben, die Qualität der Bevölkerung zu verbessern. Es war die Definition von „Rechtsradikalität", die als erstes Merkmal die Ungleichheit der Menschen kannte.

Wenn der Transhumanismus darauf abzielt, diese Ungleichheit zu nivellieren, indem er mannigfach Anwendungsmöglichkeiten visioniert und technisch umzusetzen sucht, muss er zunächst die Ungleichheit des Menschen und in ihr ein Manko erkannt haben. Selbst, wenn der Transhumanismus diese Ungleichheiten aus bloßer Philanthropie, im Wortsinn, beseitigen möchte – und die Schwelle längst überschritten ist – leitet ihn das Ziel, die Fähigkeiten des Menschen auf eine höhere Stufe zu heben. Dies aber soll nur auf nichtmenschliche Weise, nämlich technisch, bewerkstelligt werden und macht schließlich diese Ungleichheit als einen Mangel des Menschseins fest. Diese höhere Stufe nämlich verlässt den Rahmen, der das Menschliche einhegt und zielt damit direkt auf eine Auseinandersetzung mit einer übermenschlichen Instanz: Gott, oder was Sie dafür halten – die Wurzel aller Hybris.

Damit steht Klaus Schwab, als Gründer des WEF, notwendigerweise in der Tradition der Gedanken der Eugeniker. Es kann für diese Frage nicht darauf ankommen, wie philanthropisch seine Motive sind, die Menschheit mit transhumanistischen „Erweiterungen" zu bedenken. Es ist immerhin nicht auszuschließen, dass Verantwortliche der Eugenischen Bewegung in der Vergangenheit mitunter aufgrund philanthropischer Motive gehandelt haben.

Hier steht sie, die Frage danach, ob die transhumanistische

Bewegung nicht nur eine politische Dimension besitzt, sondern zudem mit rechtsradikalen Werten konform geht. Sie erinnert in gewissen Zügen an den Kaiser ohne Kleider. Das Eisen ist heiß. Verbrennen wir uns die Finger ausschließlich in Angelegenheiten, die uns aussichtsreich erscheinen. Die Machtverhältnisse auf diesem Planeten können sich theoretisch jeden Moment drehen.

KAPITEL 4

Eine neue Definition tut Not

Dieses Ergebnis erfasst nicht die ganze Wirklichkeit desjenigen, was seit 2020 geschehen ist. Ein Ergebnis, das den untersuchten Staat, als verordnungs- und gesetzgebenden Akteur, zwar als antidemokratisch und diktatorisch diagnostiziert, der jedoch nicht dem Faschismus-Begriff genügt, weil es ihm an der Erfüllung der Merkmale Nationalismus, Rechtsradikalität und Führerprinzip ermangelt, deutet rastermäßig an, was wir erlebt haben, macht aber die von einem beträchtlichen Teil der Menschen in Deutschland erfahrene Wirklichkeit nicht greifbar. Es ist, als fehlte es dieser Skizze, die zum Bild werden soll, an Farbe; als erlaube der Blick auf dieses bloße Raster keinen Blick in die Tiefe menschlicher Abgründe, die das eigentlich Entsetzende der vergangenen Jahre darstellen. Wie bereits in der Vorrede zur Überprüfung des Totalitarismus-Begriff dargestellt, ist das hier vorgenommene Unterfangen nicht frei von Risiken. Gerade deshalb dürfen wir uns die Worte von Professor Rudolph Bauer zu Herzen nehmen: „Die Erkenntnis, dass der Faschismus auch eine andere Form als die historisch überlieferte annehmen kann, ist mental und intellektuell nicht leicht nachvollziehbar. Sie erfordert intellektuellen Mut und Redlichkeit.“[144]

Um erkennen zu können, ob der Faschismus, entgegen dem formalen Ergebnis der Subsumtion unter die Definition, nun die Form der Neuen Normalität angenommen hat, gilt es, das Wesen der Neuen Normalität zu fassen. Je weiter wir in die Tiefe blicken, so sehen wir: Es gibt da etwas, das sich im Erleben spezifisch vom Totalitarismus abheben könnte. Obwohl bereits dieser den Menschen in seinen überpositiv verbrieften Rechten so massiv beschneidet, dass nicht einmal mehr die Menschenwürde unbeeinträchtigt zur Entfaltung gebracht

144 Rudolph Bauer, „Die Schlange wechselt ihre Haut / und bleibet Schlange nach wie vor. Oder: Beiderseits der „Brandmauer“: Kartellparteien und AfD“.

werden kann, liegen der Neuen Normalität und zugleich dem Faschismus scheinbar etwas zugrunde, dass sie von der bloßen Rohheit einer Diktatur und eines totalitären Systems abhebt und ihnen eine besondere Qualität verleiht. Wieso scheinbar? Und welcher Natur ist sie?

„Scheinbar" deshalb, weil die Frage, an welcher Stelle der Übergang vom Totalitarismus zum Faschismus sich exakt befindet, nicht ohne Weiteres zu erkennen ist. Wir sahen, der Faschismus-Begriff wird teilweise für „generisch" gehalten und die Einordnung des Nationalsozialismus als „Radikalfaschismus" diskutiert. Auf diese Weise könne die „politisch fragwürdigen Fallstricke" einer „kausalen Nexus"-These umgangen werden.[145] Diese Diskurse verdeutlichen das ganze Ausmaß an Unklarheit um den Faschismus-Begriff. Aus ihrer Perspektive könnte ein Übergang vom Totalitarismus zum Faschismus kaum beantwortet werden. Doch betrachten wir noch einmal konkrete Beispiele, um uns die Relevanz einer Differenzierung vor Augen zu führen. Gereicht sie zum Erfolg, besitzen wir Klarheit – die erste notwendige Voraussetzung zur Überwindung unhaltbarer ethischer Zustände.

Denken wir beispielsweise an die aufwendige Strafverfolgung von Delikten, die mittels Kunst oder Meinungsäußerung auf das erlebte Unrecht der Neuen Normalität aufmerksam gemacht haben. Die Täter wurden im Nu zu Beschuldigten im Ermittlungsverfahren der Volksverhetzung, einer Straftat mit erheblichem Strafmaß. Die neuerliche Einordnung der „Tat"-Handlungen in strafrechtliche Tatbestände, musste in Hinblick auf den bislang weiten Spielraum des Art. 5 GG überraschen. Weder wurde sie von den Urhebern der Kunst oder Meinungsäußerung „bei Begehung" in Betracht gezogen, noch ist das Unterlassen vorzuwerfen. Diese Vorgänge decken vielmehr eine Intoleranz gegenüber demokratischen Werten auf, die für einen totalitären Staat typisch sein könnte. Sie könnte aber auch in die Domäne des Faschismus fallen. Oder stellt sie eine dritte Art dar, die nach einer

145 Andreas Wirsching, „Vom Weltkrieg zum Bürgerkrieg? Politischer Extremismus in Deutschland und Frankreich 1918-1933/39. Berlin und Paris im Vergleich", München 1999, S. 518-525.

neuen Kategorie verlangt? Wie differenzieren wir hier?

Wie steht es um ein Klima, in dem Denunziation gebilligt, erwünscht und bewusst erzeugt wird? In der Neuen Normalität riefen Politiker öffentlich zur Anzeige von Mitmenschen auf, die sich nicht an die „Regeln" hielten[146] – ein Dammbruch nach Jahren weitestgehend demokratischer Gepflogenheiten. Die Entwicklung hat mittlerweile im bereits erwähnten „Digital Services Act" ihre Perpetuierung gefunden – typisch totalitär?

Wie steht es um die durch gebilligten, erwünschten und erzeugten gesellschaftlichen Druck geschaffenen Möglichkeit staatlicher versuchter und vollendeter Nötigung[147] zu einem bestimmten Verhalten? Zu denken ist an die Absonderung von (Grund-)Schulkindern in Glaskästen, weil sie keine Masken trugen, obwohl ein gesetzlich normierter Ausnahmetatbestand erfüllt war – typisch totalitär? Schon faschistisch? Oder etwas völlig Neuartiges?

Wie ist die Androhung eines Ausschlusses von der Einschulung in die erste Klasse zu bewerten, die wegen Nichteinhaltung der sogenannten „Regeln" erfolgte, die sich aus der Befolgung der neuen staatlichen Losung ergaben? Welcher Einordnung unterliegen all die grotesken Verhinderungsstrategien seitens der Polizei und Politik, die von der Durchführung öffentlicher Versammlungen abhalten sollten und damit das Grundrecht aus Art. 8 GG regelmäßig radikal konterkarierten – in kleinerem Stil auf den Versammlungen mit wenigen Dutzend Teilnehmern, in größerem Stil auf Demonstrationen mit mehreren hunderttausend Menschen – typisch totalitär, schon faschistisch oder nichts von beidem?

146 „Essen ruft seine Bewohner dazu auf, Corona-Verstöße per Online-Formular zu melden. Der FDP-Politiker Wolfgang Kubicki spricht von ‚Denunziation'.", Niklas Zimmermann, „Ruft die Stadt Essen zur Denunziation von Bürgern auf?", https://www.faz.net/aktuell/politik/inland/corona-in-essen-ruft-die-stadt-zur-denunziation-von-buergern-auf-17001551.html, 08.05.24.

147 Einer Nötigung im Sinne des Strafgesetzbuchs wird regelmäßig das Tatbestandsmerkmal der Rechtwidrigkeit fehlen, da die nötigende Tathandlung staatlicherseits durch entsprechende Gesetze legitimiert war; ein nicht nur rechtsphilosophisch interessantes Problem, das bereits nach dem Fall der Mauer der DDR virulent wurde und auch nun nach Lösungen verlangt.

Wo ordnen wir die versuchten und vollendeten „Nötigungen" im Wortsinne, zur sogenannten „Impfung" mit einer Covid-Injektion ein, die wohl die tragischsten Wendungen in Biografien nach sich zogen? Wie ordnen wir all die weiteren Vorkommnisse ein, die, jede für sich genommen, entsetzlich war, im Lichte der Menschenwürde, der Demokratie und christlicher Ethik?

Diese Liste an Beispielen könnte lange fortgeführt werden. Im Kern dient sie der Verdeutlichung der Frage, ob die Schaffung der Möglichkeit zum Terror, der sich nicht in bloßer körperlicher Gewaltanwendung erschöpfte, sondern subtil und tiefergehender daherkam, noch totalitärer, schon faschistischer oder ganz eigener Natur war. Die Meinung, es gäbe gerade keine messerscharfen Trennlinien, weil jedenfalls Totalitarismus und Faschismus verwoben seien und weder das eine ohne das andere existierte, ist sehr legitim. Sie deutet das Risiko an, das in dem Unterfangen geborgen liegt, komplexe Gegebenheiten in Definitionen fassen zu wollen. Es ist riskant, weil es die objektive Wahrheit verfehlen könnte. Ebenso legitim ist die These nach der diachronischen Wandlung des Faschismus. Der amerikanische Historiker Robert Paxton hielt es für angemessen, Prozessen gegenüber Essenzen den Vorzug zu geben. So könne die Schwachstelle des statischen Moments nivelliert werden. Er hält den Faschismus für einen dynamischen Prozess, der durch verschiedene Entwicklungsstadien verläuft.[148] Diese These halte ich inhaltlich für richtig. Ihr widerspricht nicht meine Sicht, nach der es darauf ankommt, das wesentliche Moment des zu untersuchenden Sachverhalts zu analysieren, damit eine definitorische Festlegung gelingen kann. Als Juristin im Geiste nämlich, komme ich nicht umhin, Definitionen für wesentlich und wichtig zu halten – und mich in meinem Wagnis diesem Risiko auszusetzen. Geht es gut, haben wir Werkzeuge an der Hand, um weitaus präzisere Einschätzungen vorzunehmen, als bloße Aufzählungen und Aufsätze es möglich machen.

148 The national WW II Museum, "Confronting the Histories of Vichy and European Fascism: An Interview with Robert O. Paxton", https://www.nationalww2museum.org/war/articles/robert-paxton-vichy-france, 08.05.24.

Fragen wir uns zunächst: Wo also verlaufen die Grenzen zwischen Totalitarismus und Faschismus? Eine Antwort auf diese Frage finden wir in der anschließenden Frage: Welcher Natur ist die spezifische Qualität des Faschismus?

Essenz des Faschismus

Die Essenz des Faschismus muss aus dem italienischen Faschismus unter Benito Mussolini destilliert werden. Es war die Partei „Partito Nazionale Fascista", die 1921 aus den im März 1919 von Mussolini gegründeten „Fasci italiani di combattimento" hervorgegangen ist und seit des Marsches auf Rom von 1922 einen Teil der Regierung mit Mussolini als Ministerpräsident in Italien bildete. Sie trug das „fascio", im Namen, das Rutenbündel, das dem Begriff des Faschismus den Weg ebnete. Dieser Mussolini-Faschismus kann als Ursprungsfaschismus bezeichnet werden. Mussolini reichte in seiner „Dottrina del fascismo", gemeinsam mit dem Philosophen und Minister im Kabinett, Giovanni Gentile, 1932 das theoretische Fundament zu seiner Politik nach.

Der Ursprungs-Faschismus

Nach Benito Mussolini ist der Faschismus ein ethisches Lebens-Konzept: „Keine Handlung ist von der moralischen Beurteilung ausgenommen; nichts in der Welt kann des Wertes beraubt werden, der allem innewohnt, um moralische Ziele zu erreichen."[149] Der Blick des Faschisten auf das Leben war geprägt von ausgesprochener Ernsthaftigkeit und Religiosität. Dem „bequemen" Leben erteilte er eine Absage, mit Bedeutung aufgeladen wurden hingegen „die moralischen und verantwortungsvollen Kräfte des Geistes".

Wer den Faschismus als eine von bloßen Zweckmäßigkeitserwägungen motivierte Konzeption betrachtet, dürfte verkennen, dass der Ursprungs-Faschismus nicht nur ein Regierungssystem, sondern

149 Benito Mussolini e Giovanni Gentile, „La dottrina del fascismo", e I documenti ufficiali dal 1919 al 1945", Passaggio al bosco, 2019, S. 57.

auch und vor allem ein Denksystem war.[150]

Der Ur-Faschismus verstand sich selbst als „religiöse Konzeption". Dennoch nahm er nicht nur gegenüber Religion im Allgemeinen, sondern auch gegenüber dem italienischen Katholizismus im Besonderen, eine protektive Rolle ein.

Doch welche Rolle spielen moralische Motive im Faschismus? Sein Denksystem ist klar antiindividualistisch:[151] Die wahre Realität des Individuums ist der Staat. Den klassischen Liberalismus hält Mussolini für ausgedient und seinen wirtschaftlichen Agnostizismus und politischen sowie moralischen Indifferentismus für ruinös. Er leugne den Staat im Interesse des einzelnen Individuums: „Und wenn die Freiheit das Attribut des wirklichen Menschen und nicht jener abstrakten Marionette sein soll, an die der individualistische Liberalismus dachte, dann ist der Faschismus *für* die Freiheit. Er ist für die einzige Freiheit, die ernsthaft sein kann: die Freiheit des Staates und des Individuums im Staat. Für den Faschisten ist alles im Staat, und nichts Menschliches oder Geistiges existiert, geschweige denn hat außerhalb des Staates einen Wert." Diese Erklärung macht den Faschismus totalitär – und Mussolini würde nicht einmal widersprechen.[152] Der faschistische Staat nämlich interpretiert, entwickelt und ermächtigt das gesamte Leben des Volkes. Damit erlangen auch moralische Fragen ihre Bedeutung einzig und alleine in ihrem Bezug auf den Staat.

Mussolini glaubte weder an die Möglichkeit noch an den *Nutzen* eines immerwährenden Friedens. Kurz: Er lehnte den Pazifismus entschieden ab. Krieg wurde als eine herausragende Gelegenheit menschlicher Höherentwicklung betrachtet – seine Ablehnung als schlichte Feigheit.

Der Ursprungs-Faschismus positionierte sich gegen das Konzept allgemeiner Wohlfahrt. Es verwandle den Menschen in ein gefräßiges Tier und reduziere ihn auf ein rein vegetatives Leben. Neben dem

---

150 Ebda., S. 58.
151 Ebda, S. 59 f..
152 Ebda, S. 60.

Sozialismus lehnt der Ur-Faschismus den gesamten Komplex der „demokratischen Ideologien" ab. Er sei nicht möglich, eine Gesellschaft lediglich aufgrund gewählter Herrschaftsverhältnisse zu lenken. Die „unabänderliche, fruchtbare und nützliche" Ungleichheit der Menschen, die nicht „durch eine mechanische und äußere Tatsache wie das allgemeine Wahlrecht" ausgeglichen werden könne, stünde der demokratischen Theorie entgegen. Demokratische „Regime" wögen das Volk in der Illusion seiner Souveränität, während die tatsächliche Souveränität in anderen Händen läge. Nicht nur am Wahlrecht stößt sich der Ursprungs-Faschismus, sondern auch an der „Gewohnheit" kollektiver Verantwortungslosigkeit und dem Mythos unendlichen Fortschritts. Dennoch liebäugelt Mussolini mit der Demokratie – bestünde sie nur im faschistischen Gewand! Dafür müsste der Faschismus als organisierte, zentralisierte, autoritäre Demokratie definiert werden. Im Gegensatz zur Demokratie organisiere der urfaschistische Staat zwar die Nation, „lasse den Individuen allerdings ausreichend große Ränder". In einer Gesamtschau seiner Doktrin erscheint es wahrscheinlich, dass Mussolini weniger die Entfaltung des Individuums und stattdessen ein mehr oder minder ausgeprägtes Existenzrecht im Sinn hatte, das sich an den Rändern entfalten könne. Der Ursprungs-Faschismus nämlich habe die *unnützen oder schädlichen Freiheiten* beschränkt und die essenzielle Freiheit bewahrt. Die Befugnis, das eine vom anderen zu trennen, stehe alleine dem Staat zu.[153] [154]

Führerprinzip im Ursprungs-Faschismus

Wie weit der totalitäre Anspruch des Ursprungs-Faschismus auf das

153 Ebda., S. 84.

154 Soweit Übereinstimmung zur hier ausgeführten Kritik bestehen, nämlich im (Verhältnis-) Wahlrecht (unserer repräsentativen Demokratie), in der kollektiven Verantwortungslosigkeit und dem (transhumanistischen) Mythos des unendlichen Fortschritts, könnte sich die Antwort auf diese Kritik kaum stärker von der faschistischen Logik differenzieren: Unter Bezugnahme auf eine Ethik, die dem Menschen und unserer Verfassung gerecht wird, kann sie nicht im Faschismus liegen. Sie läge weithin bereits darin, Verantwortung für sich selbst zu übernehmen, unser Grundgesetz gegen jeden Angriff zu schützen und Maß zu halten – in persönlichen, wie in gesellschaftlichen Angelegenheiten.

Individuum reicht, zeigen Mussolinis philosophische Ausführungen. Der faschistische Staat fasse alle Formen des moralischen und intellektuellen Lebens des Menschen zusammen: „*Die geistige Kraft des faschistischen Staats sei die innere Form und Norm und die Disziplin des ganzen Menschen; sie durchdringe den Willen ebenso wie die Intelligenz. Ihr Prinzip, die zentrale Inspiration der in der bürgerlichen Gemeinschaft lebenden menschlichen Persönlichkeit, steige in die Tiefe hinab und niste sich im Herzen des Handelnden wie des Denkers, des Künstlers wie des Wissenschaftlers ein: die Seele, die Seele des Menschen.*“ [155]

Wir sehen also: Der faschistische Staat ist nicht bloß Gesetzgeber, der die Grundfeste menschlichen Lebens umgestaltet. Sein Anspruch dringt vielmehr bis in den Geist und in die Seele des menschlichen Individuums, dessen er sich bemächtigen möchte, bis schließlich auch sein Glaube besetzt ist. Damit dies gelingen konnte, musste sich der Faschismus zwangläufig einer Autorität bedienen.[156] Im Ur-Faschismus hat Mussolinis Partei den Alleinvertretungsanspruch für das italienische Volk erhoben. „Gerade jetzt dürsten die Völker nach Autorität, Anweisungen und Anordnungen wie nie zuvor. Wenn jedes Jahrhundert seine eigene Doktrin besitzt, erscheint es nun aufgrund tausender Indizien so, dass es in diesem aktuellen Jahrhundert der Faschismus ist.“[157]

Korporatismus

Sowohl in der historischen, als auch in der politikwissenschaftlichen Debatte wird Mussolini mit einem System autoritären Korporatismus, der Kolonisierung des politischen Entscheidungsprozesses durch Gruppeninteressen,[158] in Verbindung gebracht.

---

155 Ebda., S. 62 f..

156 Mario Mancini, „La dottrina del fascismo", https://marioxmancini.medium.com/la-dottrina-del-fascismo-a492747a69c9, 08.05.24.

157 Mussolini e Gentile, S. 85.

158 Massimo Legnani, "Sistema di potere fascista, blocco dominante, alleanze sociali", in: Angelo Del Boca/Massimo Legnani/Mario G. Rossi, "Il regime fascista. Storia e storiografia", Roma-Bari 1995, S. 441.

Mussolini wird das bekannte Zitat zugeschrieben: „Faschismus sollte eigentlich Korporatismus heißen, denn er ist die perfekte Verschmelzung von staatlicher und unternehmerischer Macht." Ob diese Zuordnung legitim ist, erscheint nach der Auseinandersetzung mit Mussolinis Schriften fraglich. Auch den Recherchen des Investigativ-Journalisten Chip Berlet zufolge, kann es weder den Ausführungen Gentiles und Mussolinis, noch sonstigen Originaltexten der beiden Autoren zugeordnet werden. Berlet hält es für höchst unwahrscheinlich, dass Mussolini sich in der zitierten Weise zum Korporatismus geäußert haben soll. Diese Aussage stünde im Widerspruch zu den meisten anderen Schriften, die Mussolini zum Thema Korporatismus und Konzerne verfasst habe. In seinen Ausführungen über Korporatismus bezog sich Mussolini auf eine Form des vertikalen syndikalistischen Korporatismus, der auf den frühen Zünften basierte[159] und es erscheint unwahrscheinlich, dass er moderne, kommerzielle Unternehmen im Blick hatte. Die Vermutung ist zulässig, dass die Idee des Korporatismus nicht in Mussolinis Kopf geboren wurde. Gleichwohl wurde sie im faschistischen Italien umgesetzt. Es war der habilitierte Jurist Alfredo Rocco, der diese Idee maßgeblich prägte. Mussolini ließ die italienische Wirtschaft um 1927 auf Basis Roccos Konzeption in zweiundzwanzig Korporationen aufteilen. Genügt dieser Umstand, Korporatismus als einen integralen Bestandteil des Ursprungs-Faschismus zu betrachten? Die Urheber hielten ihn offensichtlich für nicht wesentlich genug, um ihn breit zu thematisieren. Dass sie ihn aus taktischen Motiven übergangen haben, erscheint in Anbetracht der übrigen, offensichtlich authentischen und weitschweifigen Ausführungen nicht überzeugend. Dennoch ist Korporatismus in einem totalitären und faschistischen System als Bedingung und gleichzeitig als nötige Konsequenz zu bezeichnen. Anders als nationalistische oder rechtsradikale Motive, beziehungsweise die technisch-operative Umsetzung

159 Chip Berlet, "Mussolini on the Corporate State", https://politicalresearch.org/2005/01/12/mussolini-corporate-state, 08.05.24.

mittels Führerprinzips, erscheint der Korporatismus für das spezifische Moment des Ur-Faschismus prävalent zu sein.

Die beinahe lückenlose Kooperation des Unternehmertums mit dem Staat, bei der beide an einem Strang ziehen, lässt das Individuum nur „auskommen", wenn es weitgehend unabhängig wirtschaften kann – und damit in der überwiegend seltenen Anzahl aller Fälle. Unternehmertum, das vom faschistischen Geist erfasst ist, übt hier eine beinahe zwingende Macht aus, sich der Maxime zu beugen.

Nationalismus im Ursprungs-Faschismus

Der Mussolini-Faschismus war nationalistisch. Dass Gentile sich von den damaligen Nationalisten abgrenzte, schadet dieser Feststellung nicht. In seinem Aufsatz „Origini e dottrina del fascismo" von 1927 entwickelte Gentile seine antiliberale Polemik sowie die Abgrenzung von den Nationalisten. Sein Gegenentwurf betraf das spezifische Verhältnis zwischen Staat und Nation. Eine Nation existiere nicht per se, sondern – wenig überraschend in der faschistischen Doktrin – eben erst durch den Staat. Es war der Jurist, Alfredo Rocco, der sich für einen stärkeren nationalistischen Kurs der damaligen Politik einsetzte und in Padua einen Ableger der 1910 gegründeten Associazione Nationalista Italiana gegründet hat.

Mussolinis Begeisterung für die Idee, mit dem Faschismus und in römischer Tradition ein Imperium zu erschaffen, für das er es zunächst unnötig hielt, „nur ein Quadratkilometer Boden" zu erobern, führten schließlich in den Krieg. „Für den Faschismus ist die Tendenz zur Herausbildung eins Imperiums, der Expansion der Nationen, ein Ausdruck von Vitalität und Gesundheit."

Rechtsradikalität im Ursprungsfaschismus

Der Mussolini-Faschismus war auch rechtsradikal.

Das totalitäre Fundament des Mussolini-Faschismus lag in seiner Doktrin, der Staat sei „alles" für den Faschisten und nichts Menschliches oder Geistiges existiere oder habe außerhalb des Staates einen

Wert an sich. Dies schloss politische Gruppierungen, Parteien, Vereine, Gewerkschaften und selbstverständlich auch das menschliche Individuum ein. Der Faschismus richtete sich gegen den Sozialismus, der diese staatliche Einheit ignoriere. Dennoch maß der Faschist Gentile den ursprünglichen Zielen der sozialistischen Bewegung einen hohen Wert zu und versuchte, sie zu verwirklichen – allerdings ausschließlich über den Weg des Faschismus, der dem Individuum totalitär jede Existenzberechtigung außerhalb des Kollektivs absprach. In Gentiles Gegenentwurf zum Sozialismus zeigt sich die antisozialistische und damit politisch „rechte" Haltung des Ursprungsfaschismus.

Diese Haltung genügte auch der Position einer „äußersten" Rechten. Obwohl Mussolini genuin den Rassismus und Antisemitismus der Nationalsozialisten ablehnte, weil er in ihnen ein Wiederaufflammen des Germanismus[160] erkannt und sich ihm bis dato entgegengestellt haben soll,[161] änderte sich Mussolinis Position Mitte der 1930er-Jahre im Zuge der politischen Koalition mit dem Deutschen Reich. Schließlich hat auch die Regierung Mussolinis Rassegesetze erlassen. Obwohl sie sich nicht auf die Vernichtung der europäischen Juden als erklärtes Ziel erstreckten, sondern ihre Enteignung und Entrechtung normierten, Juden aber ebenfalls in Konzentrationslager deportiert und interniert wurden, genügen sie dem Begriff der äußersten Rechtsradikalität.

Die Inanspruchnahme der extrem gewalttätig agierenden Miliz durch die faschistische Partei Mussolinis, die als „Schwarzhemden"[162] operierte sowie der Einsatz der Geheimpolizei, „Organisation zur Überwachung und Unterdrückung des Antifaschismus",[163] fungierten als Instrumente der Machtsicherung. In der Überwachung und Unterdrückung subversiver Organisationen, die sich gegen den Staat ver-

160 Germanismus: das im 19. Jahrhundert gewachsene Bestreben, alle ethnisch Deutschen in einem Staatenbund zu vereinigen.

161 Hugo Valentin, „Antisemitenspiegel. Der Antisemitismus: Geschichte, Kritik, Soziologie.", Wien 1937, S. 72; Ernst Nolte, „Der Faschismus in seiner Epoche", Piper Verlag, München, 1984, S. 288 f..

162 Original: „Camicie nere"

163 Teilweise auch übersetzt mit „Organisation zur Überwachung von Straftaten gegen den Staat", bzw. „Freiwilligenorganisation zur Unterdrückung antifaschistischer Tendenzen".

schworen haben sollen,[164] konterkarierte die reale Politik des faschistischen Italiens Mussolinis Ausführungen, nach der das faschistische autoritäre Konzept „nichts mit dem Polizeistaat zu tun“[165] habe. Obwohl diese Systembestandteile nicht in der Doktrin ausgestaltet wurden, fungierten sie als elementare Bestandteile zur Sicherung des umfassenden Zugriffs auf das Individuum und mit ihm auf das Kollektiv und können damit als integral erachtet werden.

Integrale Bestandteile des Ursprungs-Faschismus

Halten wir fest: Der Ur-Faschismus operierte als Korporatismus und stellt ein antipazifistisches – kriegerisch-expansives, antidemokratisches, nationalistisches, rechtsradikales, autoritäres, totalitäres Denksystem und zugleich eine religiöse, in höchstem Maße antiindividualistische Konzeption dar, die unter Anwendung geheimdienstlicher Gewaltanwendung ihr höchstes Ziel absicherte, den Menschen umfassend bis in seine Seele hinein zu besetzen.

In der Essenz besitzt der Ur-Faschismus explizit fanatisch-totalitäre Bestrebungen. Er will die Philosophie, die Kunst und Wissenschaft, den menschlichen Willen, seine Intelligenz, Herz und Seele besetzen. Er zielt auf die umfassende Bemächtigung des Menschen, den er außerhalb des staatlichen Kontexts für inexistent hält. Mussolini bediente also ein allzu menschliches Muster aus dem Primat des Machtanspruchs. In der angestrengten und erfolgreichen Extensivierung aber geht der Ursprungs-Faschismus über totalitäre Bestrebungen hinaus. Mussolini und Gentile wollten nicht die bloße Unterwerfung. Nicht die reine Unterdrückung und Reglementierung waren im Fokus, sondern das „Einnisten“ in Herzen und Seelen. Dieses Einnisten führt zur Integration faschistischen Gedankenguts. Sie wird Teil des persönlichen Denkens und von dort aus mitunter transgenerational weitergereicht und tradiert.

164 Flanker, "OVRA", https://biblio.toscana.it/argomento/OVRA, 08.05.24.
165 Mussolini e Gentile, S. 78.

Aus historischer Distanz heraus ist es ein herausforderndes Unterfangen, die subtilen Mechanismen und Nuancen zu erfühlen, die aus dem umfassenden urfaschistischen Ermächtigungsanspruch erwachsen. Ausgehend von ihm gehen wir den Schritt in unsere Zeit und betrachten die jüngsten Verhältnisse: die Neue Normalität. Soweit wir dort den Anspruch des Ursprungs-Faschismus erkennen, können wir in einem nächsten Schritt von Nahem analysieren, was den Faschismus vom Totalitarismus abhebt.

Essenz der Neuen Normalität

Die Essenz der Neuen Normalität gründet auf dem skizzierten „Entsetzenden der vergangenen Jahre". Wie greifen wir seine spezifische Natur? Wir näherten uns dem Gerüst dieser Essenz bereits in der Vorrede zur Faschismusprüfung. Betrachten wir die genannten Punkte noch einmal und beziehen in diese Betrachtung die Frage mit ein, ob dieser Essenz die Merkmale Nationalismus, Rechtsradikalität und Führerprinzip natürlicherweise und quasi begriffsimmanent zu eigen sind. Ich stellte fest: ***„Faschismus kann ein Abweichen des Einzelnen von der vorgegebenen Richtung nicht tolerieren. Sein Wesen ist totalitär. Nur das Totale, das absolute Befolgen seiner Maximen erhält den Faschismus am Leben. Doch nicht nur das! Er macht es notwendig und erhebt folgende Bedingung zur Essenz: jedes Abweichen von vornherein im Keim zu ersticken."*** Der Faschismus enthält also ein totales Moment; er könnte jedoch ein „Mehr" im Verhältnis zum Totalitarismus sein.

Wie aber erstickt er jedes Abweichen im Keim? ***„Wir haben gesehen, dass dem Faschismus offensichtlich ein Zug zu eigen ist, der sich von reiner, wenn auch noch so grausamer Gewaltanwendung abhebt, weil er ihr etwas hinzufügt, das das Wesen reiner Gewaltanwendung übersteigt."***

Fanatisches Moment

Wir sehen, dass das Wesen des „absolut Totalitären" ein Moment besonderer Tiefe besitzt. Es belässt es nicht dabei, Unwilligen mit Gewalt nachzuhelfen. Es geht bis an die Wurzel, wo es jedem Keim zum Widerstehen das Wasser abgräbt, auf dass er a priori keine Bedingungen findet, um sich im Leben zu entfalten. Dieses Wesen besitzt ein fanatisches Moment.

Entsinnen wir uns der nationalsozialistischen Gräuel: Menschen, die für die Gestapo ihren Dienst taten und unter dem übergeordneten Ziel der Vernichtung jüdischen Lebens in Wohnungen nach Juden suchten, beendeten ihre Suche nicht, wenn ihnen mitgeteilt wurde, dass keine Juden anwesend seien. Sie suchten so ausführlich und gründlich, bis sie auch das letzte lebendige Wesen jüdischer Herkunft ausmachen konnten, um es zu ermorden. So die offizielle Lesart. Sie schienen vom staatlichen, bisweilen kollektiven Wahn erfasst worden zu sein, jüdisches Leben nachhaltig auslöschen zu müssen. Die theoretische Möglichkeit, bloß den Dient zu tun, erstarkte in ihnen zu keiner realistischen Möglichkeit. Unter diesem Wahn stehend, mussten sie den Dienst auf fanatische Weise ausführen.

Dieses Moment knüpft an eine klar erkennbare Maxime, die gemäß Duden-Definition, die Basis einer Ideologie begründet. Das faschistische Moment macht es notwendig, nicht nur die Zustimmung zur Maxime zu erzwingen, sondern bis in die Köpfe vorzudringen, sodass selbst das richtige Denken und die „richtige Haltung“ einzufordern ist. Es erfordert auf Basis der Maxime, die mittels Ideologie in die Wirklichkeit überführt wurde, eine Art „Gedankenpolizei“. So zeigte sich der Ursprungsfaschismus – und ebenso die Neue Normalität.

Um diese theoretischen Überlegungen mit historisch neuen Entwicklungen zu illustrieren, erinnere ich an ein Spektakel auf einer Versammlung in Dachau im Frühjahr 2021, auf der ich als Rednerin geladen war. Nach langen Diskussionen, die sich immerhin literarisch verwerten ließen,[166] durfte ich die Versammlung endlich ohne Maske, dafür mit gesetzlich normiertem Ausnahmetatbestand, betreten. Die Auflagen, die Verhandlungen über deren konkrete Umsetzung und

166 Lisa Marie Binder, „Rohe Vorweihnachtszeit“, https://www.manova.news/Art.ikel/rohe-vorweihnachtszeit, 08.05.24.

das Ergebnis, durch das freundliche Einlenken des verantwortlichen Polizisten vor Ort, zeugten von nichts anderem, als dem grotesken Befolgen der Maxime und der versuchten Erzwingung der „richtigen“ Gesinnung. Die Auseinandersetzung beschäftigte sich nicht mit gesetzlichen Voraussetzungen, sondern über lange Zeit damit, die Unterredung mit dem Vorgesetzten zu verhindern. Sie zeugte davon, dass der Inhalt der Verordnung selbst, der vorgeblich auf den Gesundheitsschutz abzielte, weder für die Umsetzenden von Relevanz war, noch ernst genommen wurde – wie auch, sie war geeignet, den Anwender grober psychischer Labilität zu entlarven. Die Auseinandersetzung zielte ausschließlich darauf, das Erfordernis zum Gehorchen ohne Ausnahme zu verdeutlichen, welches ich nur durch äußerte Beharrlichkeit aufweichen konnte.

Weshalb sitzen noch immer Ärzte im Gefängnis in Untersuchungshaft? Sie sind seit vielen Monaten aufgrund von Tatvorwürfen inhaftiert, die sich auf die Ausstellung unrichtiger Gesundheitszeugnisse beziehen.[167] Wie könnte die Verhältnismäßigkeit zwischen Tatvorwurf und Grundrechtseingriffen auf Basis demokratischer Argumentation gerechtfertigt werden? **Diese Ärzte und Oppositionelle sitzen in Untersuchungshaft, weil sie die Maxime gefährden.**

Während der Totalitarismus, der eine Maxime, qua Duden-Definition nicht kennt, mit Gewalt und Schikane regiert und es aushalten kann, wenn Oppositionelle eine kontroverse Meinung kundtun, ist der Faschismus fanatisch. Er wirkt schleichend, wie ein Gift, das seine Opfer erstarren lässt. **Kurz gesagt: Es wirkt der Pragmatismus totalitärer Staaten gegenüber dem Fanatismus der „Faschismusformen“.**

Dies ist der Grund, weshalb die Anstrengungen auf Seiten der Missbrauchten im Faschismus so immens hoch ausfallen müssen, um nun Brücken zu all den Mitmenschen zu bauen, die diesen Faschismus mit ihren Beiträgen ermöglicht haben. Das gesamte Terrain ist verseucht.

167 Rechtsanwalt Dirk Sattelmaier, MANOVA im Gespräch: „Ungebetene Gäste in Uniform“ (R. Bauer, L. M. Binder-Raupenstrauch und D. Sattelmaier), ab Minute 39:00, https://www.youtube.com/watch?v=fWja64tRhlk, 08.05.24.

Es bedarf, wie immer nach der Beendigung epochaler Missstände, intensiver Umwälzarbeiten, damit neuer Humus gebildet werden kann, auf dem ein Leben in gegenseitigem Respekt, gründend auf humanistischen Werten, aufgehen kann.

Wir sehen: Ein wichtiger Unterschied zwischen Diktatur, reinem Totalitarismus und Faschismus liegt, wie in der Definition des Dudens abgebildet, im notwendigen Merkmal der Ideologie. Hier widersprechen umgehend Politikwissenschaftler, die auch im totalitären Staat eine Ideologie für begriffsnotwendig erachten. Dies ist auch nachvollziehbar. Denn auch die Bereitschaft, mit physischer und psychischer Gewalt zu operieren, selbst als Unterlassungshandlung, wie aus totalitären Systemen bekannt, benötigt zwingend einen geeigneten Nährboden. Diesen bildet am einfachsten eine Ideologie. Denken wir an die Epoche des Ersten Weltkriegs in Deutschland zurück: die gesellschaftlich entwickelte Kriegssehnsucht, die Jugendliche in die Wirklichkeit der Schützengräben übersetzen mussten, hatte zwangsläufig auf einem, menschlicher Ethik entrückten, und durch Propaganda gebildeten, Glauben zu gründen, der in eine Ideologie gedeutet werden kann. Doch worin mag die Losung bestanden haben? Selbst, wenn man dem Volk Expansionslust als drängendes Motiv unterstellen mag, fehlt es an einer prägnanten Maxime, in der die Ideologie kulminiert, wie wir sie in späteren Epochen finden können. Der Unterschied zwischen den zu untersuchenden Gesellschaftsformen scheint also weiterzureichen.

Tatbestände zum Schutz von Staat und Staatsorganen

Ein junges Beispiel aus der Presse könnte einen weiteren wichtigen Unterschied zwischen Totalitarismus und Faschismus kennzeichnen: Nach der mäßig bemühten Recherchearbeit der Polizei erging im September 2023 gegen den Informatik-Studenten Bernhard. D. Strafbefehl gem. § 90a I Nr.1 StGB, wegen Verunglimpfung des Staates und seiner Symbole über 1.500 € aufgrund der Verbreitung der Meinung des Verurteilten, Deutschland während seiner „Pandemie“-Politik sei ein „Dreckstaat“ gewesen. Die Anzeige gegen den Verurteilten stuften die Düsseldorfer Beamten zudem unter dem Merkmalsinhalt „Staatsschutz/Terrorismus“ ein.

Der in Bayern wohnende Mann wollte mit seiner Großmutter deren neunzigsten Geburtstag feiern, nachdem eine Feier bei den letzten beiden Geburtstagen bereits wegen der Corona-Verordnungen und sogenannten Lockdowns nicht erlaubt war. Offensichtlich musste sich der junge Mann Luft verschaffen und veröffentlichte am 2. März 2022 auf Twitter den Kommentar: „Ich kriege das absolute Kotzen bei diesem Drecksstaat und jeder einzelnen Person, die dieses menschenverachtende System unterstützt.“[168] Es stellt sich die Frage, inwiefern diese Reaktion nicht bereits offensichtlich unverhältnismäßig zum Tatvorwurf ist. Schmähungen und Beleidigungen lösten in der jungen Geschichte der Bundesrepublik bis vor 2020 grundsätzlich eher Schulterzucken bei den Strafverfolgungsbehörden aus. So im Fall der bis 2021 amtierenden Bundestagsvizepräsidentin, Claudia Roth, die im November 2015 in Hannover eine Demonstration besucht hatte, die sich gegen den dort geplanten AfD-Bundesparteitag wandte. Nach Berichten der Tagesschau[169] beteiligten sich zahlreiche Autonome und skandierten „Deutschland verrecke!“ und „Nie wieder Deutschland“. Aus einem Lautsprecher tönte: „Deutschland, Du mieses Stück Scheiße“. Damals wurde Kritik seitens der eigenen Partei Die GRÜNEN laut; die Bayerischen GRÜNEN stellten Strafanzeige gegen Roth.[170] Von Strafbefehlen gegen Claudia Roth und die übrigen Demonstrationsteilnehmer ist nichts bekannt. Es stellt sich nicht nur die Frage, aus welchem Grund sich hier ein Wandel vollzogen hat, sondern auch die

---

168 Judith Sevinc Basad, „Student muss 1500 Euro Strafe zahlen, weil er Corona-Deutschland „Drecksstaat“ nannte“, https://www.nius.de/Gesellschaft/student-muss-1500-euro-strafe-zahlen-weil-er-corona-deutschland-drecksstaat-nannte/9f794d5d-1693-4aeb-88d0-e9cedb29bad3, 08.05.24.

169 Patrick Gensing, „Wenn umdrehen zur Nazi-Methode wird“, https://www.tagesschau.de/faktenfinder/kampagnen-roth-101.html, 08.05.24.

170 Uli Bachmeier, „Hetze gegen Claudia Roth auf Facebookseite der CSU“, https://www.augsburger-allgemeine.de/bayern/Claudia-Roth-Hetze-gegen-Claudia-Roth-auf-Facebookseite-der-CSU-id36293467.html, 08.05.24.

grundsätzliche Frage, welchen Zweck die Normierung der §§ 90 ff. StGB besitzt, wie sie in Übereinstimmung mit den Anforderungen aus den Artikeln 20, 28 GG zu bringen sind und mit welcher Not diese Straftatbestände der Verunglimpfung der genannten Organe unter beträchtliche Strafe zu stellen sind.

„Verfassungsschutzrelevante Delegitimierung des Staates"

Die neu geschaffene Grundlage zur Überwachung von Personen seitens der Verfassungsschutzbehörde wegen sogenannter „Delegitimierung des Staates" könnte in Widerspruch zu den im Grundgesetz normierten Bedingungen eines demokratischen Rechtsstaats stehen. Diesen Phänomenbereich richtete Ende April 2021 das Bundesamt für Verfassungsschutz ein. Seine Schaffung sei eine Reaktion auf eine „beobachtete Einflussnahme und Instrumentalisierung der Proteste und Demonstrationen gegen die staatlichen Corona-Maßnahmen".[171] Das Bundesamt für Verfassungsschutz fasst die Motive seiner Aktivität in den folgenden Sätzen zusammen: „Verschiedene Akteure instrumentalisierten das Protestgeschehen gegen Corona-Schutzmaßnahmen, um losgelöst von jeder sachbezogenen Kritik eine tatsächlich verfassungsfeindliche Agenda zu verfolgen. Dies äußert sich unter anderem in einer aggressiven Agitation gegen Repräsentanten und Institutionen des Staates, um dessen Legitimität systematisch zu untergraben. Auch nach der Aufhebung der staatlichen Maßnahmen zur Eindämmung der Pandemie im Frühjahr 2022 beteiligten sich Gruppierungen und Einzelpersonen aus dem Phänomenbereich der „Verfassungsschutzrelevante Delegitimierung des Staates" am Protestgeschehen, das sich im Zuge des russischen Angriffskriegs auf die Ukraine und der Diskussion um Inflation und Energiesicherheit ab etwa Herbst 2022 ausbildete. Allerdings entfalteten diese Aktivitäten

171 Konrad Adenauer Stiftung, „Verfassungsschutzrelevante Delegitimierung des Staates", https://www.kas.de/de/web/extremismus/verfassungsschutzrelevante-delegitimierung-des-staates, 08.05.24.

keine nennenswerte Resonanz."[172]

Hier scheint ein Missverständnis vorzuliegen: Wer die Regierenden infrage stellt, stellt in einer eindimensionalen juristischen Betrachtung zwingend zugleich die staatlichen Institutionen infrage. Das Prinzip der Gewaltenteilung erfordert es, zwischen Amt und Person zu trennen. Es deckt das Misstrauen des Bürgers in die Regierenden, indem es in seiner Erkenntnis des Bedürfnisses nach wechselseitiger staatlicher Kontrolle das Bedürfnis nach grundsätzlicher Wachsamkeit gegenüber den Regierenden widerspiegelt. Unter demokratischen Ansprüchen haben sich Regierende einer kritischen Auseinandersetzung zu stellen. Dies lässt sich bereits aus der Limitation ihrer Amtszeit ableiten.

Der öffentliche Friede

Auf der Suche nach dem Zweck der Verunglimpfungs-Strafgesetze in den §§ 90 ff. StGB landet man unweigerlich erneut beim Bedürfnis des Erhalts des öffentlichen Friedens – er ist wohl das letzte Argument, das neben dem Bedürfnis des Schutzes von Staat und Verfassungsorganen, eine Strafbewährung des formulierten Inhalts zulässig machen könnte. Noch einmal: Die Gewährung öffentlichen Friedens setzt voraus, dass die Individuen einer Gesellschaft weitgehend in innerem Frieden mit sich sind, damit Unmut und Unzufriedenheit sich nicht nach außen kehren und dadurch der öffentliche Frieden in Gefahr gerät. Es scheint vielmehr so, dass das Verbot einer Meinungsäußerung mit Inhalt der in § 130 oder nun der §§ 90 ff. StGB bezeichneten Art den öffentlichen Frieden geradezu gefährden. **Eine Demokratie, welche die Beschränkung der Inhalte zulässiger Meinungsäußerungen denk-grundsätzlich nicht kennt, lebt mit und vom Diskurs. Jede Denkweise ist in ihr zulässig und einer Auseinandersetzung zugänglich. Sofern Argumente gegen eine Meinung bestehen, können sie vorgebracht werden und einer**

172 Bundesamt für Verfassungsschutz, „Verfassungsschutzrelevante Delegitimierung des Staats", https://www.verfassungsschutz.de/DE/themen/verfassungsschutzrelevante-delegitimierung-des-staates/verfassungsschutzrelevante-delegitimierung-des-staates_node.html, 15.09.23.

Gegenargumentation grundsätzlich standhalten. Am Ende einer Auseinandersetzung muss die Möglichkeit zur Wahrung der einzelnen Meinungen bestehen.[173] Wer vermutet, ohne Strafandrohung stünde der öffentliche Frieden in Gefahr, weil getätigte Meinungsäußerungen zu Hass und Gewalt aufstacheln könnten, dem sei entgegnet: Ein Klima des Wohlwollens, in dem alle Individuen gesehen und in ihren Bedürfnissen wahrgenommen werden, wo ihnen der Raum gewährt wird, sich auszudrücken und ihre Meinung nicht unterminiert, erstickt Hass im Keim und damit auch die Gefährdung des öffentlichen Friedens.

Unter dem Anschein des Bedürfnisses der Wahrung des öffentlichen Friedens finden die genannten Strafgesetze ihren scheinbar legitimen und demokratischen Ausdruck. Die infrage stehende Tauglichkeit des Straftatbestands, den öffentlichen Frieden zu wahren, lässt daher Zweifel an der Verfassungsmäßigkeit der Normen zu. Obwohl die Frage, ob die Normierung und pflichtgemäße Verfolgung des Tatverdachts solcher Delikte bereits ausschließlich totalitären oder bereits faschistischen Voraussetzungen genügt, zunächst vermessen scheint, ist es dennoch denkwürdig, dass die deutsche Regierung im März 1933 eine „Verordnung zur Abwehr heimtückischer Diskreditierung der nationalen Regierung“ erlassen hat. Ihr § 3 Abs. 1 normierte:

> *„Wer vorsätzlich eine unwahre oder gröblich entstellte Behauptung tatsächlicher Art aufstellt oder verbreitet, die geeignet ist, das Wohl des Reichs oder eines Landes oder das Ansehen der Reichsregierung oder einer Landesregierung oder der hinter diesen Regierungen stehenden Parteien oder Verbänden schwer zu schädigen, wird, soweit nicht in anderen Vorschriften eine schwere Strafe angedroht ist, mit Gefängnis bis zu zwei Jahren und, wenn er die Behauptung öffentlich aufstellt oder verbreitet, mit Gefängnis nicht unter drei Monaten bestraft.“*

Alternativen in den USA

Dass die Strafverfolgung von Beleidigungsdelikten unter

173 Noch einmal: Dies gilt in den Grenzen des Art. 5 Abs. 2 Alt. 2, 3 GG.

demokratischen Axiomen nicht zwingend ist, zeigt das Beispiel der USA. Das First Amendment, der erste Verfassungszusatz der amerikanischen Verfassung, mit seinem Recht der freien Rede, gewährt der Meinungsäußerung bekanntlich einen weiten Spielraum. Der Kongress darf kein Gesetz erlassen, welches die Freiheit der Rede einschränkt. So sind keine spezifischen Schranken in der verfassungsrechtlichen Garantie normiert. Zwar hat der US Supreme Court in verschiedenen Entscheidungen die Grenzen der Meinungsäußerung ausgelegt, doch erreicht er nicht die einschränkende Qualität der Schranken des deutschen Rechts. Die Verbreitung „radikaler" Meinungsäußerung ist erlaubt. Die Grenze zwischen der gestatteten Verbreitung radikaler Ideen und dem illegalen konkreten Aufruf zum Umsturz der Regierung hat der US Supreme Court in der „Brandenburg-Entscheidung" näher dargelegt: „Ein Staat darf keine Äußerungen verbieten, die die Anwendung von Gewalt oder ein rechtswidriges Verhalten befürworten, es sei denn, diese Befürwortung zielt darauf ab, zu einer unmittelbar bevorstehenden rechtswidrigen Handlung anzustiften oder diese herbeizuführen, und ist geeignet, eine solche Handlung anzustiften oder herbeizuführen".[174] Dass die Praxis sich von der Theorie emanzipiert, illustriert die gegenwärtige Zensurpraxis von Big Tech, die natürlich auch vor den USA nicht Halt macht.[175]

Pflichtgemäßes Amtshandeln

Zurück zur Frage der Einordnung der pflichtgemäßen Verfolgung des Tatverdachts der Delikte nach §§ 90 ff. StGB. Ein Leser kommentierte den Artikel, der über den verurteilten Studenten berichtet: „Es gab in Frankreich zu keiner Zeit so wenig Polizei auf der Straße wie während der Corona-Zeit. Motto: Was ich nicht sehe, kann ich nicht bestrafen. Die französische Polizei hat sich halt daran erinnert, dass

---

174 US Supreme Court, Brandenburg v. Ohio, 395 U.S. 444 (1969), https://supreme.justia.com/cases/federal/us/395/444/, 08.05.24.

175 Lucien Scherrer, „Donald Trump wird gesperrt, Ayatollah Khamenei darf weiter twittern – beim Kurznachrichtendienst herrscht politische Willkür", https://www.nzz.ch/feuilleton/twitter-files-elon-musk-matt-taibbi-ld.1717034, 10.05.24.

auch sie Eltern, Kinder und Geschwister haben." Diese knappe Schilderung verdeutlicht die unterschiedlichen Möglichkeiten der Verwaltung in der Umsetzung der Gesetze. Es besteht eine Wahl! Die unterschiedliche Handhabe in den beiden Ländern ermöglicht eine Kontrastierung zwischen Totalitarismus und Faschismus. Wenn die dem Staat durch Verbeamtung verpflichteter Polizisten in sich spüren, dass die Umsetzung der Pflicht in massivem Widerspruch zur Ethik und eigenem Gefühl steht, entgehen sie der offensichtlichen Pflichtverletzung durch (maskierte) Untätigkeit. Wer vom Geist des Faschismus ermächtigt ist, schaut nicht „weg", er dient dem faschistischen System bis zur Selbstaufgabe. In den vergangenen Jahren haben wir Momente von Nahem erlebt,[176] in denen Verantwortliche mit sich selbst gerungen haben. Dass dieses Ringen überhaupt notwendig geworden war, ist ein Gradmesser für die Diskrepanz zwischen Pflicht und eigener Ethik. Je stärker gerungen werden muss, desto eher ist – die individuelle Reife des Handelnden einkalkuliert – von einer stattlichen Kluft auszugehen.

Staatsähnliches Gebilde

Zurück zum fanatischen Moment. Dieses fanatische Moment, das sich im Befolgen der Maxime in totalitärer Absolutheit und dem Ersticken jedes Abweichens im Keim zeigt, kann sich nur unter bestimmten Umständen entfalten. Zwingend erfordert es ein *System*. Andernfalls wird das Schließen jeder noch so geringen Lücke misslingen, die die Unterdrückten nutzen würden, um der erzwungenen, absoluten Befolgung der Maxime zu entgehen. Ein Staat oder staatsähnliches Gebilde mit einem generalpräventiv und strafverfolgend operierenden Verwaltungs- und Polizeiapparat, ist für das Gelingen der Entfaltung des fanatischen Moments elementar.

So wird auch transparent, warum ritualisierte Gewaltanwendung an Kindern nicht dem Faschismus-Begriff zugeordnet werden kann.

---

176 Auf Großdemonstrationen in Berlin, als einsatzleitende Polizisten entscheiden mussten, ob sie die Versammlungen auflösen sollen.

Selbst, wenn sie offenbar systematisch erfolgt, auf einer (vermutlich satanischen) Ideologie basiert und das fanatisch-totalitäre Moment in seiner pervertiertesten Form unübersehbar ist – nämlich in brutalster Gewaltanwendung und dem Bedürfnis, durch die totale Machtausübung, eigene, unerträgliche Unzulänglichkeitsgefühle zu regulieren -[177] genügt dieses Phänomen nicht dem Faschismus-Begriff. Es fehlt bereits das staatliche System.

Dieses Bedürfnis eines staatlichen Systems für die Entfaltung des fanatischen Moments ist beiden Systemen gemein: dem Faschismus, wie dem Totalitarismus. Sie alle operieren optimal in Kooperation mit den drei staatlichen Gewalten, die im Unterschied zum demokratischen Modell, jedoch an einem Strang ziehen. Der Faschismus, im Unterschied zum totalitären Staat, webt das Netz so engmaschig, dass es beinahe undurchdringbar wird.

Subtile Methoden ermöglichen Absolutheit der Maximen-Befolgung

Der Faschismus erschöpft sich also nicht in den „Symptomen" einer Diktatur oder des Totalitarismus, die ihrerseits selbst Gewalt ausüben. Er nutzt zur Erreichung seines urfaschistischen, fanatischen Ziels, der Eliminierung jeglicher Opposition selbst im Geiste, subtile Methoden, die das Wesen reiner Gewaltanwendung übersteigt.[178] Subtilität meint etymologisch „fein gewebt" (lateinisch: „subtilis"), also die feine Strukturiertheit, die es schwer macht, einen Vorgang zu durchschauen. Nicht alle Methoden, denen sich der Faschismus bedient, sind schwer durchschaubar und damit subtil. Was wir im Folgenden anhand einiger Beispiele betrachten, stellt mitunter banale Gewaltanwendung dar und könnte per definitionem nicht als subtil bezeichnet werden.

177 Diese, den Kern der eigenen Existenz bedrohende Unzulänglichkeitsgefühle resultieren höchstwahrscheinlich aus eigenen unerträglichen Gewalterfahrungen. Sie bedrohen den Kern der eigenen Existenz. Um eine Trennung des Ich's von der eigenen Seele zu gewährleisten, schützt sich das Individuum durch die unbewusste Abspaltung dieser Erfahrungen.

178 Die politikwissenschaftliche Literatur nimmt die staatliche Beanspruchung des Denkens der Einzelnen auch für den Totalitarismus an.

So beispielsweise die sogenannte Covid-„Impfung". Politik, Medien und staatliche Institutionen machten klar und eindeutig erkennbar, dass die Teilhabe am öffentlichen Leben ohne „Impfung" verwehrt war. Bei der sogenannten Maskenpflicht hingegen dominierte das subtile Moment. Der Druck, der auf die Umsetzung der Pflicht drängte, entstand nicht nur durch die erschwerte, teilweise verunmöglichte Teilhabe am öffentlichen Leben, die Aggressionen und den Terror, der bei Nichteinhaltung drohte, sondern in erster Linie in der Gefahr des sozialen Ausschlusses. Wer keine Maske trug, war in der Neuen Normalität so schnell als Abweichler von der Maxime zu erkennen, wie ein Verfolgter der Spanischen Inquisition in seinem Büßergewand. Unter Verkehrung der Auflagen wurde das gleiche Ziel erreicht, wie unter dem katholischen Terror des vergangenen Jahrtausends: Sichtbarkeit, die den systemisch notwendigen Gruppendruck in Gang setzt.

Subtil war die Gewalt zudem in ihrer psychologisch- manipulativen Form. Doch die Subtilität der Methoden erstarkte darüber hinaus auf dem Grund eines geformten Bewusstseins, dessen Genese unerkannt, also maskiert erfolgte. Das kollektive Bewusstsein für die staatliche oder eigene Ausübung der Gewalt wurde getilgt. Ein theoretisch unbeteiligter Dritter hätte im ersten Anschein meinen können, es läge keine Gewalt vor, da die sozialadäquate Reaktion der Menschen ausblieb. Diese Blindheit für die Gewalt konnte nur durch systematische Anstrengungen erzielt werden, von dessen Existenz das öffentliche Bewusstsein nicht erreicht wurde. Denn dort existiert en gros nur dasjenige, das medial in den Mittelpunkt der Aufmerksamkeit gerückt wurde. Diese systematische Vorarbeit erwirkte die Subtilität der zunächst banal-brutalen Handlung: Ihre Legitimation erwuchs im Verborgenen. Sie wurde verkannt. Ihr unbemerktes Entwickeln machte es möglich, dass ethische Übereinkünfte, die kürzlich noch unantastbar waren, nur scheinbar plötzlich, nämlich über Nacht, mit Leichtigkeit überschritten wurden.

Zur bereits erwähnten Einschulung unserer Tochter kontrollierten Schulleiterin und Geschäftsführerin der privaten Montessori-Schule am Schultor die eintretenden Schüler und ihre Angehörigen auf die Einhaltung der damals festgesetzten Bedingungen, explizit des Zugangs unter Nutzung einer Mund-Nasen-Bedeckung. Unsere der Schule vorab zugestellten Befreiungen in Form ärztlicher Atteste wurden ignoriert. Die Verantwortlichen untersagten uns den Zugang. Meine Frage, ob die Verantwortlichen die Einschulung unserer Tochter, ein bekanntermaßen nicht nachholbares Ereignis im Leben eines Menschen, also verwehren würden, wurden mit einem klaren „Ja" beantwortet. Die Verantwortlichen maßen rechtlich bindenden Dokumenten keine Relevanz zu. Dass sie damit rechtsstaatliche Grundsätze missachtet haben könnten, die durch allgemeine Gesetze auch gegenüber Privat-Schulen wirksam sind – die Hausordnung der Schule stand nicht entgegen – steht auf dem juristischen Blatt. Soziologisch relevant allerdings ist der Grund, weshalb die Verantwortlichen rechtlich bindenden Dokumenten keine Relevanz zumaßen. Er lag in ihrem Willen, die Maxime der „Verhinderung des Todes durch Covid-19 um jeden Preis", absolut, also ohne jegliche, nicht einmal gesetzlich normierte Ausnahme, und damit in fanatischer Weise, zu verfolgen. Es ist eben diese Maxime, auf der die untersuchte Ideologie gründet.

Das gewählte Mittel zur Erreichung des Ziels lag nicht in der Anwendung direkter körperlicher Gewalt. Vielmehr lag er im indirekten Zwang, der durch das Inaussichtstellen des irreversiblen Ausschlusses von der Einschulung erzeugt wurde. Wir selbst hatten an uns und unserer Tochter eine körperliche und psychische Misshandlung[179] vorzunehmen. Die Methode war subtil auf einer psychologisch-manipulativen Ebene, denn sie ließ uns Eltern theoretisch eine Wahl, nämlich die gegen die Einschulung. Damit wurde die Entscheidung für die Misshandlung unserer Tochter zu einer scheinbar freiwilligen Angelegenheit. Diese Subtilität übersteigt eine bloße Gewaltanwendung qualita-

179 Vgl. § 223 StGB Körperverletzung – in Form einer üblen, unangemessenen (ärztlich kontraindizierten) Behandlung, die das körperliche Wohlbefinden oder die körperliche Unversehrtheit (dazu gehört zusätzlich bei Vorliegen bestimmter körperlicher Auswirkungen auch das psychische Wohlergehen) nicht nur unerheblich beeinträchtigten.

tiv. Das Vorgehen entspricht einem erpresserischen Vorgang, der nur im besonderen Kontext des gesellschaftlichen Klimas funktionieren konnte, dessen Vorarbeit im Verborgenen erfolgte: Weil die Befolgung der Maxime zu dieser Zeit gesamtgesellschaftlich als würdig und wichtig betrachtet wurde, konnten es sich die Verantwortlichen leisten, strafrechtlich bewehrte Tatbestände zu verwirklichen und privatrechtliche – im gesellschaftlichen Kontext damals aber unwahrscheinliche – Konsequenzen in Kauf zu nehmen. Das gleiche Verhalten hätte zu einem beliebigen Zeitpunkt vor der Installation der „Pandemie"-Maßnahmen nicht nur allgemeines Entsetzen hervorgerufen, sondern strafrechtliche Sanktionen. Der entscheidende Unterschied lag in der allgemein für wahr gehaltenen Annahme, man befände sich in einem Ausnahmezustand. Dieser rechtfertige derlei Maßnahmen, bis hin zur Misshandlung. Er lag damit in der kollektiven Verkennung der tatsächlichen Umstände oder anders formuliert: in einem kollektiven Wahn, der an der unkorrigierbaren Falschbeurteilung der Wirklichkeit mit absoluter subjektiver Gewissheit festhielt.

Wiederholung der Maxime in Gleichschaltung

Dieses Klima, das geprägt war von einem Geist, der das Infragestellen und erst recht das Widersetzen gegen die Maxime, grundsätzlich ausschloss, konnte erreicht werden durch die anhaltende Wiederholung der Maxime in allen öffentlich-rechtlichen und den allermeisten privatrechtlichen Medien. Die Angst vor strafrechtlicher Verfolgung und behördlicher Schikane wuchs genau wie die vor beruflichen Nachteilen, finanziellen Repressalien und gesellschaftlicher Stigmatisierung, Ausgrenzung und Rufmord.

Es existiert ein Phänomen, das eindrucksvoll die Wirksamkeit der Maximen-Wiederholung in Gleichschaltung bezeugt: Es liegt in der intrapersonal erfolgenden Suggestion, die Maxime intrinsisch motiviert unterstützen zu wollen. Die Mehrheit der Menschen nahm von sich selbst an, mit all den „Maßnahmen" einverstanden zu sein, welche ethischen Übereinkünfte sie auch überschritten. Diese Haltung lässt sich als instinktiver, psychischer Schutzmechanismus verstehen, der ein Auseinanderklaffen von Intuition, Emotion und Ratio verhindern konnte. Explosive Spannungen im und aus dem Menschen wurden so vermieden.

Die Maxime wurde konstant und anhaltend wiederholt – in den Medien, auf Plakaten in der Öffentlichkeit, als Credo in Einrichtungen, Kindergärten, als Unterrichtsstoff in Schulen, kurz: überall. Sie folgte bis in die Schlaf- und Kinderzimmer, hinein in das Private, bis es schließlich des facto unmöglich war, sich ihr zu entziehen. Auf diese Weise wurde der Kontakt mit der Maxime erzwungen. Jeder musste jederzeit damit rechnen, dass das Gegenüber persönlich an seiner Kontrolle interessiert war. Diese Technik der permanenten Wiederholung der Maxime, ihrer Penetration und Infiltration in jeden Bereich des Lebens, kann als Gleichschaltung bezeichnet werden. Die Maxime diffundierte vom Staat zu den Nachrichtenagenturen und Medien, in die Privatwirtschaft, Schulen und Kindergärten und schließlich in die Köpfe. Wir hatten es also mitunter mit staatlicherseits finanzierter und systematischer Verbreitung politischer und weltanschaulicher Ideen zu tun, die das allgemeine Bewusstsein dahingehend beeinflussen sollte, sich der Maxime zu unterwerfen. Dies nennt man Propaganda. Trägt die Propaganda Früchte, entsteht möglicherweise eine Massenbewegung.

Anknüpfung an die Schwachstelle des Menschen

Die subtilen Methoden begrenzten sich nicht ausschließlich auf die durch Nichtahndung möglich gewordene, halb-legalisierte Erpressung. Die Subtilität der Methoden speist sich aus einer weiteren Quelle. Der gemeinsame Nenner dieser subtilen Methoden lässt sich an seiner Anknüpfung an die Schwachstelle des Menschen erkennen. Sie nutzen die Prädilektionsstelle des Menschen, die das Menschlichste am Menschen ausmachen. Um dies verstehen zu können, fokussieren wir uns für einen Moment auf die psychisch-seelisch-geistige Beschaffenheit des Menschen. Diese Methoden nutzen seine Urangst. Sie liegt in der Angst vor dem Herausfallen aus der Gruppe, die jedenfalls evolutionär unerlässlich war. Diese Gruppe verspricht Sicherheit. Sicherheit ist eines der basalen Grundbedürfnisse des Menschen. Wer sich nicht sicher fühlen kann, weil er in den sensibelsten Momenten seines Lebens, zum Beginn nämlich, von ihr nicht erreicht werden konnte, baut selten ausreichend Vertrauen auf, das sich aus sich selbst speist. Man nennt es: „Urvertrauen". Er wird abhängig und aus unbewussten Überlebenstrieben dazu genötigt, den Schutz der Gruppe zu beanspruchen. Er fühlt, dass er es sich nicht leisten kann, aus der Gruppe ausgeschlossen zu werden.

Wie basal das Grundbedürfnis nach Sicherheit ist, lässt sich besonders eindringlich in einem Blick auf die homöopathische Krankheitslehre nach Samuel Hahnemann nachvollziehen. Die beschriebene Urangst spiegelt sich in einer spezifischen, mineralischen Mittelgruppe in der Homöopathie wider, der Calciumgruppe. Sie steht einerseits relativ zu Beginn des Periodensystems, das spiegelbildlich für die Entwicklung des Menschen aus mineralisch-homöopathischer Sicht betrachtet werden kann[180] und von den grundsätzlichen menschlichen Themen nach unten und hinten hin stets differenzierter wird. Daraus lässt sich in dieser systematischen Betrachtung erkennen, wie basal das Thema des Schutzes für das menschliche Leben ist. Wenn wir den Fokus auf die Substanz des Elements legen, erkennen wir, dass das Element Calcium einen deutlichen Bezug zur Mineralisation des Knochens und der Zähne besitzt. Sie spielen zunächst eine große Rolle in der Kindheit und dann wieder im hohen Alter, wenn osteoporotischen Prozesse in den Vordergrund treten und der Mensch erneut in besonderem Maße schutzbedürftig wird. Unsere Knochen garantieren Stabilität, ohne die man im Leben nicht (für sich) stehen kann. Relevant ist auch der Bezug des Elements Calcium zum Thema Milch und damit zur Mutter: wiederum Themen des Beginns menschlichen Lebens. Archetypisch ist die Mutter mit ihrer Milch die conditio sine qua non menschlichen

180 Vgl. die Ausführungen von Jan Scholten, „Homöopathie und die Elemente", Narayana Verlag 1997.

Überlebens. Sie hilft dem Menschenkind im Idealfall dabei, über sich hinauszuwachsen. Sie nährt es so lange, bis die Knochen und Zähne an der Festigkeit gewonnen haben und das Kind eben für sich stehen kann. Diese Analyse spiegelt das in der Calcium-Gruppe geborgene Thema des „Schutzes". Genau dieses ist das Thema, das den Menschen veranlasst, faschistisch zu handeln.

Wer erkennt, dass sein Abweichen von der herrschenden Meinung seine innere und äußere Sicherheit bedrohen würde und nicht zu dem Schluss kommt, für sich stehen zu wollen und können, egal, was im Außen geschieht, wird durch sein „Mitmachen", Wegducken und Schweigen, wo Sprechen Not täte, den Faschismus durch seinen Beitrag ermöglichen. Er nämlich speist sich aus all denjenigen Beiträgen, die sich ihm nicht in den Weg stellen. So wird dieser Mensch, geplagt von seiner tiefen Angst, selbst zum Faschisten.

Diese subtilen Methoden des Faschismus also fassen den Menschen an seiner Schwachstelle, seiner Natur als zóon politikon. Als soziales Wesen besitzt sein Interesse an der Gruppe ausnahmslos und in jedem Fall Bedeutung, auch bei erfolgreich ausgebildetem Vertrauen in sich selbst. Der Mensch steht in einem Zusammenhang zur Welt und zunächst natürlich zu Seinesgleichen. Der Faschismus also stellt die schmerzhafte Frage: Gehorchst Du oder setzt Dich dem Fraß aus?

Der Mechanismus der Verselbstständigung

Damit diese subtile Methode greifen kann, müssen Mechanismen der Verselbstständigung bedient werden. Das Element Angst eignet sich als Triebfeder hervorragend; sie ist ansteckend. Vielleicht weitaus ansteckender, als wir vielen biologischen Erregern zugutehalten. Sie ermöglichte einen psychischen Terror, der total war: Ein Entkommen vor der Maxime war nicht möglich. Wie in einer Echokammer der Schall von allen Seiten in den Raum reflektiert wird, sich überlagert und potenziert, wurde die Angst von allen Seiten auf den Einzelnen zurückgeworfen. Entkommen konnte er oft nur theoretisch, durch eine Flucht in menschenleere Gebiete. Es war die Angst, die der Gleichschaltung immensen Vorschub leistete.

Die Angst ist im Faschismus in vielerlei Hinsicht ein geeigneter Zündfunken, um das perpetuum mobile in Gang zu setzen, dass die fanatische Verfolgung der Maxime am Leben erhält. Der konkrete Sachinhalt der Angst ist von sekundärer Bedeutung und die Covid-Angst kann und wird (bereits heute) durch beliebig andere Inhalte ersetzt werden. Die Dynamik erfasst auch diejenigen, die mit der konkret erzeugten Angst nicht in Resonanz gehen: Sie bildet einen Strudel kollektiver Ängste, der die Bereitschaft fördert, mit der persönlichen psychischen Schwachstelle in Kontakt zu gehen. Weil niemand völlig angstfrei ist, genügt dieser Mechanismus, damit sich das Individuum mit seiner ganz individuellen Angst auseinandersetzen muss. Der größte gemeinsame Nenner liegt auf der Ebene der Angst vor dem Herausfallen aus der schutzspendenden Gruppe. Wer am deutlichsten „das Richtige“ tat, musste besonders wenig Gefahr fürchten – jedenfalls was den Schutz der Gruppe betraf.

Eine Feststellung, die der Sozialpsychologe Kurt Lewin in seinen gruppendynamischen Menschenversuchen belegte. Sie zeigten, dass eine Veränderung an Menschen besser „durch Gruppendruck, als durch Imperative einer Autorität“ gesteuert werden kann. Da einem Veränderungsbefehl innerer Widerstand entgegengesetzt werden kann, der es dem Individuum ermöglicht, sich der Sache zu entziehen, nutzt die Gruppensteuerung das menschliche Bedürfnis nach sozialer Zugehörigkeit. Auf diese Weise nimmt das Individuum die vom verdeckt Steuernden erwünschte Veränderung aus eigener Kraft und scheinbar auch aus eigenem Willen vor, um soziale Anerkennung zu erreichen oder die Sanktion durch Gruppenausschluss zu vermeiden.[181] Immun gegen diese Taktik war also nur derjenige, der sozialer Zugehörigkeit weniger Relevanz zumaß, als den eigenen ethischen Motiven; dafür musste er sich als weitgehend unabhängig von anderen wahrnehmen.

181 Kurt Lewin in Matthias Burchardt, „Wer sich nicht verändert, wird verändert; Governance, Schulentwicklung und Change als Bausteine totaler Steuerung“, S. 18.

Noch einmal:

Faschismus beginnt und endet im Kopf. Wenn es en vogue wird, nur mehr in einem Erzählstrang denken, sprechen und handeln zu dürfen, wie bei einem „fascio“ eben, einsträngig, kann es im Außen, in der phänotypischen Ausgestaltung, immer noch schlimmer kommen. Aber das Bett ist bereitet. Der Faschismus komplett. Er existiert.

Wenn asthmatische Kinder auf Wanderungen zu Masken über der Nase gezwungen werden und der Blick hinter die Norm nicht mehr erlaubt wird, das menschliche Bedürfnis negiert, das Mitgefühl eliminiert, dann ist das die vollkommene Unterwerfung einer Gesinnung unter einen vorgegebenen menschenverachtenden Erzählstrang. Faschismus.

Wer im ungebrochenen Glauben an die Menschheit für den Frieden wirken möchte und in diesem Zuge zuvörderst an einer Aufarbeitung auf der Sachebene interessiert ist, verkennt das wesentliche Ziel. Es liegt vielmehr darin, dem Faschismus den Nährboden zu entziehen, ihn also für die Zukunft unmöglich zu machen. Der wirkliche Grund für das Handeln des Einzelnen – sein Ausgrenzen, Schmähen, körperliches und psychisches Misshandeln – das den Faschismus möglich gemacht hat, war nicht sein mangelnder Kenntnisstand. Selbst, wenn er tatsächlich mangelhaft gewesen ist, war nicht *er* der Grund für das „Mitmachen“. Der Einzelne machte mit, weil er sich *gegen* ein Handeln auf Basis seiner Ethik, seines ihm innewohnenden Gefühls und fundamentaler Prinzipien der Nächstenliebe entschieden hat.

Wir müssen anerkennen, dass wir es auch unter unseren massiven Anstrengungen innerhalb der vergangenen Jahre nicht geschafft haben, einen Prozess zu erwirken, in dem beide Parteien inhaltlich in ein Gespräch gekommen wäre. Argumente wurden nicht gehört – wie wäre das auch möglich gewesen? Unser Gegenüber ist mit mächtigen Mitteln ausgestattet – wenn wir auch unsere Ethik, unseren Willen und im besten Fall unseren Glauben auf der Habenseite aufweisen. Ich hege keinen Zweifel daran, dass im Falle der nächsten ausgerufenen Katastrophe, ob Pandemie oder sonstiges angebliches Übel, der etwa gleiche Anteil der Menschen in das Muster des Faschismus zurückfällt, das er ab 2020 bediente.

En gros wird der Menschen tragischerweise zum Faschisten – eben eher selten aus böser Absicht, sondern aus Schwäche, wo Stärke Not tut. Es geschieht entlang der Maxime, zu gehorchen, um dem Fraß zu entgehen. Da die größte Sorge des Menschen eben diejenige vor dem Herausfallen aus der Gruppe ist, die Schutz bietet, benötigen die Menschen keine Aufklärung. Sie brauchen Bindung. Weil diese nicht mit Geld zu erwerben ist, führt zur Verhinderung eines nächsten Faschismus kein Weg am Wunsch einer tiefgehenden Heilung des ganzen Menschen vorbei. Indem ein Vorhaben für erfolgreich gehalten wird, das sich auf Aufklärung bezieht und beschränkt, untersteht es der Annahme, die Wiederholungsgefahr läge in der Wiederkehr des exakt gleichen historischen Ereignisses, das uns bedrohte. Eine Annahme, die sich auch in politikwissenschaftlicher Auseinandersetzung und im (scheinbaren) staatlichen Ansinnen spiegelt. Doch dies ist nicht richtig. Weder tauchte der Faschismus ein zweites Mal mit Oberlippenbart auf, noch ist davon auszugehen, dass es noch einmal mit Genspritze und Corona-Virus-Maxime geschieht.

Wer einer holistischen, gegenüber einer bloß fragmentierten, Betrachtung den Vorzug geben möchte, erkennt, was dem Faschismus im Wesentlichen zuträglich ist: Es sind nicht nur historische und zeitgenössisch erhalten gebliebene Anstrengungen der Eugenik, denkbarerweise sogar „der Anspruch auf Eugenik, der wie der auf Kinder oder eine Geschlechtsumwandlung auf einer divergenten Weltanschauung mit einer eigenen Definition des Humanen“[182] beruhen muss. Es ist auch eine Politik, die die „professionelle“ Betreuung bereits kleinster Kinder fördert und nicht alle denkbaren Anstrengungen unternimmt, „Flüchtlingsursachen zu bekämpfen“, was hauptsächlich bedeutet, Angriffskriege und die Ausbeutung wirtschaftlich

182 Robert Kardinal Sarah, in Sarah, Diat, „Herr, bleibe bei uns, denn es will Abend werden“, Librairie Arthème Fayard, 2019, S. S. 313.

schwächerer Regionen ab sofort zu unterlassen. Je weiter die Gemeinschaft, die Familie und damit der Einzelne geschwächt wird, desto eher findet der Samen des Faschismus geeignete Bedingungen im Grund, auf denen er aufgehen kann.

Einem vermeintlichen Widerspruch zu dieser Auffassung kann begegnet werden. Er speist sich aus der Erinnerung, dass frühere Formen des Faschismus sich von diesem Muster deutlich absetzten, nämlich gegenteilig nicht mit der Schwächung des Einzelnen, sondern mit der Stärkung familiärer und sekundärer Bindungen operierten. Obwohl die individuelle Intelligenz der Menschen sich im Laufe der Geschichte scheinbar wenig weiterentwickelt, gilt offenbar das Gegenteil für das kollektive Bewusstsein. Er erscheint wenig wahrscheinlich, dass das politische Vorgehen Benito Mussolinis oder Adolf Hitlers heute verfangen würde. Selbst die medial inszenierte Kriegslust unserer Politiker gegenüber Russland ändert daran nicht viel. Während die Männer während der letzten beiden Weltkriege en gros aufrichtig kriegsbegeistert an die Front zogen, gilt das heute nicht mehr. Wer das Konzept morphogenetischer Felder[183] in Betracht zieht, versteht dies unmittelbar. Ein Faschismus, der in unserer Zeit erstarken sollte, musste einer Evolution unterzogen werden. Der Rückgriff auf das historisch wohl unbekannte Werkzeug der Vereinzelung des Menschen erlaubt eine perfide und höchst differenzierte Vorgehensweise: Vereinzelt besitzt kein Mensch Zugang zu seiner ihm innewohnenden Kraft. Ohne Zugang zu seiner Kraft ergibt sich der Mensch dem Faschismus.

Wer dies verstanden hat, erkennt die Anfälligkeit der These, die Merkmale des Nationalismus, der Rechtsradikalität und des Führerprinzips seien einer essenziellen Faschismusdefinition immanent. Wie so viele Bemühungen, das Wesen des Faschismus zu fassen, zu einer

183 Auch: „Morphisches Feld", ein Begriff des Biologen Rupert Sheldrake. Er entwickelte die Hypothese, nach der morphogenetische Felder die Entwicklung von Strukturen beeinflussen sollen. Trotz der weitgehenden Nichtbeachtung seiner Hypothesen, auch zu wissenschaftlich ungeklärten Phänomenen der Telepathie, leitete er bis 2010 ein Forschungsprojekt, das aus einer von der Universität Cambridge verwalteten Stiftung finanziert wurde.

Aufzählung geraten, ergeht es auch Umberto Ecco in seiner Betrachtung des „Ur-Faschismus"[184] in vierzehn Punkten. Ich möchte einer Fassung des Begriffs als *Essenz* Priorisierung einräumen, weil sie ein größeres Maß an Exaktheit birgt. Wir halten fest: Für den Faschismus wesentlich und unverzichtbar sind die Intoleranz eines Abweichens des Einzelnen von der vorgegebenen Richtung. Sein Wesen ist totalitär im Sinne der Forderung absoluter, ausnahmsloser Befolgung seiner Maximen, die es notwendig macht, jedes Abweichen a priori im Keim zu ersticken. Zur Erreichung seines Ziels wendet er subtile Mechanismen an, die sich des Menschen durch den Rückgriff auf seine empfindlichste Stelle bemächtigt. Diese Kombination verleiht ihm ein fanatisches Moment.

Besinnen wir uns noch einmal auf unsere Erfahrungen seit Beginn der „Neuen Normalität": Die gesetzlich verlangten Verhaltensweisen überschreiten sogar diese oben genannte Merkmale. Sie reichen noch tiefer. Eingefordert wurde das grundsätzlich ausnahmslose unbegleitete Versterbenlassen seiner Nächsten. Wir ließen sie alleine, in Isolation, begleitet von der gedanklichen Einordnung, dies sei Solidarität. Diese Geschehnisse waren in jedem Moment unfassbar – und sind es immer noch. Lassen Sie mich deshalb konkretisieren: Gleich, ob die eigene Mutter, der Vater, die Großmutter, der Großvater, Bruder oder Schwester oder am Unerträglichsten: das eigene Kind – wer sich im Sterbeprozess in einem Krankenhaus, Pflegeheim, einer Behinderteneinrichtung oder einem Altersheim befand, wurde alleine gelassen und dies auf staatliche Anordnung hin.

Wer ein als infiziert geltendes Kind in seinem Haushalt vorzuweisen hatte, musste dieses, unbenommen des Umstands, ob es krank war oder gesund, staatlicherseits angeordnet, isolieren. Das Kind musste sich also, bar jeden Beistands von Mutter oder Vater, in körperlicher oder seelischer Begleitung, über Tage alleine in seinem Zimmer aufhalten. Man spricht in strafrechtlichem Kontext von Aussetzung. Das Essen hatte vor die Türe abgestellt zu werden. Die Ideologie forderte

---

184 Umberto Eco, Roberto Saviano, „Der ewige Faschismus", Hanser Verlag, 2020, S. 30 ff..

von den Eltern, dieses Vorgehen Solidarität zu nennen. Klar ist, dass diese Erfahrungen des Allein-Gelassen-Werdens mit allen Bedürfnissen, Sorgen, Ängsten, die gerade bewusst erzeugt wurden, von einem kleinen Kind, aufgrund seiner psychischen Reife ohne liebevolle und behutsame Begleitung vermutlich selten integriert werden konnten. Die daraus resultierenden katastrophalen Auswirkungen beginnen sich abzuzeichnen und werden unsere Gesellschaft, wie beabsichtigt, auf längere Zeit prägen. Beleuchten wir nun den Mechanismus, der dieses Verhalten ertrotzt hat.

Er nötigte die Menschen nicht nur mit empfindlichen Strafen zu einem jeder Ethik zuwiderlaufenden Verhalten. Indem der Staat dem Menschen die internalisierte Wertung seines gesetzlich verlangten, pervertierten Verhaltens, als Solidarität, abnötigte, ergriff er Besitz vom Geist des Menschen. Er zielte, unter dem Deckmantel, lediglich ethisch korrektes Verhalten zu verlangen, darauf ab, sich der Seele des Menschen zu ermächtigen. Doch selbst hierüber ging die neue Spielart des Faschismus, die Neue Normalität, hinaus. Sie zielte auf das Grundsätzlichste, das höchste Gut des Menschen selbst: auf seine Bindung nämlich. Indem sie ihm durch die ad infinitum wiederholte Maxime, das Glaubensbekenntnis der neuen Solidarität und dem Menschen sein ureigenstes Gefühl der Bindung abrang, das ihm hätte verbieten müssen, seine Nächsten in entscheidenden, manchmal *den* entscheidenden Momenten des Lebens alleine zulassen,[185] wirkte sie bis auf den Kern des Menschseins. Er liegt in den Bindungen, die der Mensch, als soziales Säugetier-Wesen zu seiner Art unterhält und in seiner Verbindung zu sich selbst. Sie durchschlug, darüber hinausgehend, das Band zu seiner eigenen Seele.

Eine neue Definition des Faschismus-Begriffs muss sich daher mit diesen Punkten auseinandersetzen: der Pervertierung gewachsener und verbriefter ethischer Standards und der abgenötigten Aneignung

185 Was im Falle der eigenen schutzbefohlenen Kinder vor Pandemieausrufung vermutlich dem Straftatbestand der Aussetzung im Sinne des § 221 StGB genügt haben dürfte.

des Einzelnen einerseits. Andererseits mit dem Angriff auf den Kern des Menschseins und der Entzweiung des Menschen von der eigenen Seele, die zunächst die Entzweiung von seinen Nächsten ermöglicht und schließlich die totale Vereinzelung. Sie ermöglicht es dem Staat, sich in einem ersten Schritt dieser Seelen zu bemächtigen und sodann jedes Ziel zu erreichen. Wurde der Mensch erst dazu genötigt, diese Pervertierung zuzulassen, an seinem Körper und in seinem Geist, war damit die Türe geöffnet, *alles* geschehen zu lassen. Der Damm war gebrochen für ein lediglich enumeratives Mehr an Perversion. Qualitativ war die Spitze erreicht. Es ermöglicht die alte Strategie des „divide et impera", das so lange gewährleistet, dass nur die Abtrünnigen – und nicht etwa jeder Einzelne – der Meute zum Opfer fallen oder: sich dem Fraß aussetzen, wie die Mehrheitsmeinung medial kontrolliert wird und das zugleich deutlich macht, wie sehr die von Machtansprüchen Besessenen sich einer persönlichen Entwicklung vehement verweigern.

Eine neue Definition

Eine neue Definition tut Not. Sie baut begrifflich und inhaltlich auf dem Totalitarismus-Begriff auf, erweitert ihn und wächst in dieser Erweiterung über ihn hinaus:

Faschismus ist ein staatliches System, das die ausnahmslose Befolgung seiner Maxime, als Essenz der zugrundeliegenden Ideologie, durch die Erzeugung eines kollektiven Wahns, der die Maxime introjiziert, und die Anwendung manipulativ-subtiler Methoden auf fanatisch-totalitäre Weise zu sichern sucht. Sie ermöglicht durch die Erzwingung der geistigen Aneignung pervertierter ethischer Standards, die sich gegen den Kern des Menschseins richten, die Entzweiung des Menschen von seiner Seele und damit den Rückgriff auf den Menschen selbst.

Zu klären bleibt, ob die Merkmale des Nationalismus, der Rechtsradikalität und des Führerprinzips notwendige Bestandteile der Faschismus-Definition sind.

Nationalismus begriffsimmanent?

Welchen Beitrag leistet der Nationalismus zu diesem System? Inwiefern ist ein „übersteigertes Nationalbewusstsein“ oder „erwachendes Selbstbewusstsein einer Nation mit dem Bestreben, einen eigenen Staat zu bilden“ notwendig, um ein solches fanatisch-totalitäres System zu errichten?

Um die Probe zu machen, wählen wir ein fiktives Beispiel: Eine Gruppe ambitionierter Gitarristen, die auf demokratischem Wege ins Parlament gewählt wurde und nun die Regierung stellt, hält es für erstrebenswert, den Staat so zu organisieren, dass ausnahmslos Gitarren und keine anderen Musikinstrumente genutzt werden dürfen. Wer sich an diese Maxime nicht hält, sie öffentlich infrage stellt oder nur denkt, sie infrage stellen zu wollen, wird nicht nur mit Gewaltanwendung, sondern darüber hinaus mit subtilen Mitteln unter Druck gesetzt, die auf den Schwachpunkt des Menschen abzielen und ihm den Schutz seiner Mitmenschen zu entziehen droht. Muss diese Gruppe neben ihrer Gitarren-Maxime nationalistische Ambitionen besitzen, damit sie fanatisch-totalitär die ausnahmslose Befolgung ihrer Maxime durch die Anwendung subtiler gegen den Kern des Menschseins gerichtete Methoden zu sichern sucht, die durch die Erzwingung der geistigen Aneignung pervertierter Standards die Entzweiung des Menschen von seiner Seele und damit den Rückgriff auf diese ermöglicht? Hat ihr Bestreben dafür inhaltlich mit Aspekten von übersteigertem Nationalbewusstsein durchsetzt zu sein? Wir sehen, das muss sie nicht: Übersteigertes Nationalbewusstsein leistet keinen Beitrag, der nicht schon gegeben war. Offensichtlich ist ein nationalistisches Motiv keine conditio sine qua non der Faschismus-Essenz.

Rechtsradikalität begriffsimmanent?

Welchen Beitrag leistet die Rechtsradikalität zu diesem System? Inwiefern hat das System „radikal im Sinne der politischen Richtung bzw. Ideologie der äußersten Rechten zu sein, um das oben beschriebene fanatisch-totalitäre System zu errichten? Füllt die Rechtsradikalität eine Lücke und war sie damit Erfordernis zur Realisierung der vorgeschlagenen Faschismus-Definition? In der Tat bilden die Elemente „fanatisch-totalitär" und „radikal" eine gemeinsame Schnittmenge. Wir haben gesehen, dass Definitionen des Begriffs der Rechtsradikalität eine Subsumtion der untersuchten Verhältnisse unter die Definition zulassen. Weil sie künstlich und unangemessen erschien, wurde die Begriffserfüllung abgelehnt. Doch die Rechtsradikalität fügt der neuen Faschismus-Definition nichts Wesentliches hinzu. Was fanatisch-totalitär ist, bedarf zur Sicherung der ausnahmslosen Befolgung seiner Maxime durch die Anwendung subtiler gegen den Kern des Menschseins gerichtete Methoden, die durch die Erzwingung der geistigen Aneignung pervertierter Standards die Entzweiung des Menschen von seiner Seele und damit den Rückgriff auf diese ermöglicht, nicht einer Ideologie der äußersten Rechten. **Es ist das fanatisch-totalitäre Moment, das den Faschismus essenziell prägt; es ist darüber hinaus das Abzielen auf den Kern des Menschseins, soweit der Faschismus der Neuen Normalität gemeint ist – auf das Motiv kann es nicht ankommen.**

Denn selbst wenn im oben gewählten Gitarristen-Beispiel die Ausübung von Gewalt und Anwendung subtiler Methoden, gerichtet auf den Kern des Menschseins zur Sicherung der ausnahmslosen Befolgung seiner Maxime *allein* auf Basis der Gitarren-Maxime erfolgt, ist sie fanatisch-totalitär. Sie wird es weder erst durch ein zusätzliches Element der Rechtsradikalität, noch gewinnt sie durch dieses ein „Mehr" an fanatisch-totalitärer Qualität. Sie ist, egal, welchen Inhalt sie verfolgt und auf Basis welcher Maxime sie gründet, damit egal, wie ihre Ideologie sich darstellt, per se fanatisch-totalitär. Dieser Umstand begründet sich in der Haltung, die das eigene Bestreben über die Individualität des Einzelnen und der Bevölkerung als Kollektiv stellt, damit deren Persönlichkeitsrechte beschneidet (soweit also totalitär ist) und der *jedes* Mittel recht ist, dieses eigene Bestreben zu verteidigen und den Menschen von seiner Seele abzutrennen.

Führerprinzip begriffsimmanent?

Entgegen offizieller Lesart kann auch das Führerprinzip nicht begriffsimmanent in einer Faschismus-Definition enthalten sein. Wer die Essenz des Faschismus begreift, erkennt, dass in ihm Autorität nicht ausschließlich von einem Führer ausgeübt werden muss. Was fanatisch-totalitär *ist*, bedarf zur Sicherung der ausnahmslosen Befolgung seiner Maxime, auf die oben beschriebene Art und Weise, *nicht* die Verwirklichung eines zusätzlichen Kriteriums. Das fanatisch-totalitäre Moment, mit seiner Zielrichtung gegen den Kern des Menschseins, prägt den Faschismus essenziell; weder kommt es auf das Motiv an, noch auf die technisch-operative Weise der Umsetzung.

Motive der Definitions-Geber

Um sicherzugehen, dass es statthaft ist, sich über das errungene Übereinkommen hinwegzusetzen, nach der die Merkmale Nationalismus, Rechtsradikalität und Führerprinzip dem Faschismus begriffsimmanent sind, gebietet die Sorgfalt, sich mit den Beweggründen der Definitionsgeber auseinanderzusetzen. Die Definition des Faschismus entstand freilich nicht zuletzt aufgrund des Eindrucks der Schrecken des Nationalsozialismus, der in der Regel unter den Faschismus-Begriff subsumiert wurde. Originär jedoch geht sie auf den Ursprungs-Faschismus zurück.

Obwohl auch das in der Prüfung beanspruchte Creifelds-Lexikon und die wissenschaftliche Erörterung in erster Linie auf ihn referiert, geschieht dies in der Gegenwart nicht konsequent: auch der amerikanische Ku-Klux-Klan wird mitunter als Faschismus bezeichnet, sogar als der erste Faschismus überhaupt.[186] Er fand 1865 in der Gründung des Klans seinen Kristallisationspunkt, also rund fünfzig Jahre vor der Gründung der ersten Bewegung mit dem Begriff der „Fasci" im

186 Sarah Churchwell, US-Amerikanische Literaturwissenschaftlerin, "American Fascism: It Has Happened Here, "In America Negroes do not have to be told what fascism is," the poet and activist Langston Hughes told an audience in the 1930s. "We know." ", June 22, 2020, https://www.nybooks.com/online/2020/06/22/american-fascism-it-has-happened-here/, 08.05.24.

Namen. Dass gerade das italienische Mussolini-Regime als Blaupause jeder weiteren Faschismusprüfung dient, liegt offensichtlich nicht darin, dass sich sein Unrechtsregime in der konkreten Ausgestaltung in besonderem Maße von anderen Unrechtsregimen abgehoben hat und etwa als Synonym einer unerträglichen Form der Unterminierung des Menschenrechts qua Definition fungiert. Der Nationalsozialismus mit seiner Entwicklung zum Holocaust ging in unerträglichem Maße über den Ursprungs-Faschismus hinaus. Wie bereits dargestellt, erscheint es dennoch folgerichtig, den Mussolini-Faschismus als den Ursprungs-Faschismus zu bezeichnen. Die Partei „Partito Nazionale Fascista" trug das „fascio" im Namen, das dem Begriff des Faschismus den Weg ebnete.

Die in der Duden-Definition enthaltenen Merkmale Nationalismus, Rechtsradikalität und Führerprinzip waren zwar integrale Bestandteile des Mussolini-Faschismus. Sie bildeten allerdings nicht die Essenz des Ursprungs-Faschismus, die vielmehr im umfassenden Ermächtigungsanspruchs Mussolinis geborgen war, sich in die Herzen und Seelen der Menschen einzunisten. Insofern erscheint die Intention der Definitionsgeber zwar nachvollziehbar, sie verfehlt allerdings ihr Ziel, den Faschismus im Kern zu erfassen.

Archetypus des umfassenden Machtprinzips

Die holistische Betrachtung zeigt, dass es sich bei dieser urfaschistischen Bestrebung um ein manipulativ-besessenes Ur-Muster handelt. Die archetypische Entsprechung liegt im „plutonischen" Prinzip,[187] das am ehesten mit dem Prinzip der absoluten Macht umschrieben werden kann. Es wird von Menschen bedient, die sich von menschlicher Ethik abgewandt haben. Damit ist ihr Handeln pathologisch, weil es dem sozialen Wesen Mensch grundsätzlich artfremd ist. Obwohl das Prinzip ein Lebensprinzip darstellt, bringt es in seiner

187 Der Zeitgeist lässt es zumutbar erscheinen, in diesem Buch Archetypen des Lebens anzuführen, wie in der klassischen Astrologie beschrieben.

unerlösten Form unsägliches Leid über die Menschen. Dieses Muster wird historisch zirkulierend, immer wieder auf's Neue strapaziert und kommt in Despotien verschiedener Form auf die Welt. Wir sehen uns deshalb immer wieder Kopien dieses alten, bekannten Musters gegenüber. Um die Neue Normalität endgültig einordnen zu können, betrachten wir Beispiele, in denen sich das Symptom Faschismus als der plutonische Archetyp realisiert hat.

Faschistisches Momentum außerhalb des Ursprungs-Faschismus

Das historische Terrain ist für den wissenschaftlichen Ansatz ein schwieriges Terrain. Vermeintliche Tatsachen lassen sich bereits in der Gegenwart, wenn, dann nur mit äußerster Sorgfalt bestimmen. Umso mehr gilt das aus zeitlicher Distanz. Wir haben soeben erlebt, wohin es führt, wenn die Gesellschaft kein wirkliches politisches Interesse zeigt und sich auf eine Haltung zurückzieht, in der es der „Wissenschaft" überlassen bleibt, die Realität zu skizzieren: geradewegs in die sozialethische Katastrophe; möglicherweise in den gelebten Faschismus. Deswegen sollten wird das Feld nicht ausschließlich den Historikern überlassen. Der Blick vom Zweiten Weltkrieg zurück bis zum Ersten Weltkrieg zeigt in Europa, wie bereits angerissen, keine eindeutigen Zeichen faschistoider Strukturen; anders als in Asien. Die chinesische Kulturrevolution der sechziger und Siebzigerjahre des letzten Jahrhunderts böte, trotz, oder, gerade, weil die kritische historische Aufarbeitung unerwünscht ist, einen Anlass, sie in einer vertieften Erörterung auf ein faschistisches Moment hin zu untersuchen.

Stattdessen betrachten wir eine düstere Periode des Mittelalters: die *Spanische Inquisition.*

Faschistisches Momentum in der Spanischen Inquisition

Die Inquisition, als römisch-katholisches Instrument zur Lokalisation von Häretikern, wurde seit dem Spätmittelalter bis zum Ende des neunzehnten Jahrhunderts in Spanien, Portugal und Italien institutionalisiert. Papst Sixtus der IV. sorgte maßgeblich für die Umsetzung der

Inquisition in Spanien, die durch den spanischen Staatshaushalt finanziert wurde. In geheimen juristischen Prozessverfahren ohne mündliche Hauptverhandlung wurden Verdächtigte von umherziehenden Bezirkstribunalen verurteilt. Die Anwendung der Folter war ein probates Mittel zur „Wahrheitsfindung". Nicht nur die Finanzierung, auch die Organisation machten die *Spanische Inquisition* zur Staatsangelegenheit: Der Hohe und Allgemeine Rat der Inquisition, die sogenannte „Suprema", war ein Staatsorgan. Er beriet den Generalinquisitor in organisatorischen und Verwaltungsangelegenheiten und war später das oberste entscheidungsbefugte Gericht.

Juden und Muslime stellten den größten Teil der Opfer. Nach ihrer de facto erzwungenen Taufe, deren Alternative im Exil bestand, sahen sie sich erhöhtem Verdacht ausgesetzt, heimlich weiterhin ihren eigentlichen Glauben zu praktizieren. Protestanten, „Hexen", Homosexuelle und bigam lebende Menschen machten den anderen Teil der Opfer aus. Um der Häresie Herr zu werden, griff die Zensur wild um sich. Die Druckzulassung der Vorzensur tilgte nicht das Risiko einer Verurteilung der Autoren, Drucker und Buchhändler.

Das System *Spanische Inquisition* war maßgeblich auf die aktive Unterstützung der Menschen angewiesen. Anzeigen führten zu Festnahmen, die grundsätzlich die Beschlagnahme des Besitzes nach sich zog. Weder wurde der Festgenommene über die Gründe der Festnahme unterrichtet, noch besaß er ein Recht auf die freie Wahl seiner Rechtsanwälte. Die Vorauswahl bestimmte das Gericht. Die Richter wählten aus einem Sanktionsbündel zwischen „Abschwören", Büßergewand, Sühne durch öffentlich vollzogene Prügelstrafe, Gefängnis, Galeere und Todesstrafe. Das Vermögen des Verurteilten wurde grundsätzlich eingezogen. Das kooperierende Volk nahm im sogenannten Autodafé an der feierlichen Urteilsverlesung, dem öffentlichen Abschwören oder der Versöhnung teil.

Die *Spanische Inquisition* weist damit ein faschistisches Moment auf. Es ist fanatisch in seinem Bestreben, sich des Glaubens der Menschen zu bemächtigen und versucht, „den rechten Glauben" mit Gewalt zu erzwingen. Das Moment hatte auf die Bevölkerung übergegriffen, die das System mit ihren elementaren Beiträgen stützte, vermutlich in der Vorstellung, dazu intrinsisch motiviert zu sein.

Die These, nach der eine Ideologie per se bestrebt ist, sich des Glaubens des Menschen zu bemächtigen und im Versuch der Erzwingung damit ein fanatisch-totalitäres und faschistisches Moment aufweist, ist zwar interessant, im Ergebnis aber unzutreffend. Denn obwohl Ideologien dazu tendieren, ihre Inhalte als umfassende Wahrheit darzustellen, verwirklicht sich das faschistische Moment frühestens mit dem Überschreiten jeden Maßes. Erst in der fanatisch-totalitären Umsetzung einer Ideologie gewinnt sie an faschistischer Qualität.

Der Blick auf die Neufassung der Faschismus-Definition bezeugt die weitgehende Kongruenz mit der Spanischen Inquisition. Eingebettet in staatliche Strukturen ließ sie ein Entkommen aus der Maxime des Katholizismus als einzig wahren Glauben nicht zu. Damit war sie fanatisch-totalitär. Sie erzeugte auch einen kollektiven Wahn, der die Maxime introjizierte, was sich in der Unterstützung aus dem Volk zeigte. Gleiches gilt für die Erzwingung der geistigen Aneignung pervertierter ethischer Standards, die nahelegten, die Unterstützung der Inquisition sei angemessen und ethisch korrekt. Im erzwungenen Verlangen, einen Glauben anzunehmen, der nicht der eigene war, kann durchaus der Rückgriff auf den Menschen gesehen werden. Sie mag in bestimmtem Umfang, wenn der Einzelne stark mit seinem Glauben identifiziert war, wie vermutlich en gros vielfach zutreffend, auch die Entzweiung des Menschen von seiner Seele bewirkt haben. Nicht sicher kann auf die manipulativ-subtile Methodik geschlossen werden – allerdings erscheint sie wahrscheinlich. Obwohl die Methoden der Spanischen Inquisition sich gegen die persönliche Individualität und das Leben der Menschen richteten, lassen die historischen Überlieferungen nicht den sicheren Schluss zu, dass sie den Kern des Menschseins erfasst haben. Die Methoden scheinen nicht darauf gezielt zu haben, das Menschsein zu erfassen, indem sie seine engen und engsten Bindungen zu Artverwandten, Nächsten, Kindern und Eltern sowie schließlich die Verbindung zu sich selbst zerstörten. Damit weist die *Spanische Inquisition* zwar ein faschistisches Moment auf und entspricht der Essenz des Ursprungsfaschismus. Indem sie den katholischen Glauben erzwingen will, macht sie ihren umfassenden Ermächtigungsanspruch auf den Menschen deutlich. Doch sie genügt nicht vollumfänglich der neuen Faschismus-Definition.

Betrachten wir nun zwei politische Systeme, die dem Ursprungsfaschismus historisch nachfolgten: das sozialistische System der DDR und Rumäniens bis zum Fall des Eisernen Vorhangs im Jahr 1989. Hier müssen wir nicht allein auf Dokumente zurückgreifen, die in der Regel von Siegermächten erstellt wurden und nicht weniger Zweifel an deren Wahrheitsgehalt zulassen, als subjektive Erinnerungen. Wir können Zeitzeugen befragen.

Faschistisches Momentum in der DDR

Besaß der Staat der Deutschen Demokratischen Republik (DDR) ein faschistisches Moment, ein Moment, das in seinem Abglanz bereits intuitiv auf das Wesen des Faschismus schließen lässt? Der Blick der DDR auf den sogenannten Kapitalismus der Bundesrepublik machte in ihm die Wurzel des Faschismus aus, die sein Wiederaufkeimen jederzeit möglich gemacht haben soll. Die Mauer betrachtete er als den „antifaschistische Schutzwall".[188] Daran knüpft Egon Krenz, Nachfolger Erich Honeckers als Generalsekretär des Zentralkomitees der SED, in seiner Rede im Oktober 2019 auf der Festveranstaltung des DDR-Kabinetts-Bochum[189] an. „Nie wieder Krieg, nie wieder Faschismus!", dieser Schwur von Buchenwald galt als das Fundament, auf dem die Deutsche Demokratische Republik am 7. Oktober 1949 gegründet worden sei.

Mussolini, der Begründer des Ur-Faschismus, war ein harter Kritiker

---

188 So lautete die erwünschte Antwort in der Schule.

189 Rede von Egon Krenz auf der Festveranstaltung des DDR-Kabinett-Bochum am 12.10.2019, zum 70. Jahrestag der DDR, https://ddr-kabinett-bochum.blogspot.com/2019/10/rede-von-egon-krenz-auf-der.html, 08.05.24.

des Kapitalismus. Die Verbindung von Kapitalismus und Faschismus ist damit zwar höchst interessant, lässt sich unter Bezugnahme auf den Ur-Faschismus jedoch nicht eindeutig belegen. War die DDR in dieser Abgrenzung möglicherweise voreilig selbstgerecht? Entscheidend ist, ob der Staat der DDR sich der Seele des Menschen bemächtigen wollte.

Gespräche mit ehemaligen DDR-Staatsbürgern, die der DDR sehr kritisch gegenüberstanden, bestätigten: Obwohl die DDR-Führung ihr Volk kontrollieren wollte, reichte ihr Anspruch nicht über das totalitäre Moment hinaus. Karrieren und Annehmlichkeiten im Leben wurden von der Partei-Mitgliedschaft abhängig gemacht. Den Jugend- und sozialistische Namensweihen, die in der Erinnerung positiv konnotiert sind, zu unterstellen, den Versuch der Tilgung religiösen Glaubens darzustellen, würde der Sache vermutlich nicht gerecht. Religion konnte in den verschiedenen Ausprägungen gelebt werden – außerhalb der Schule. Dort hatten kritische Fragen grundsätzlich zu unterbleiben, ansonsten riskierten die Schüler die Unterbringung in einem Erziehungsheim. Die radikale Abkehr vom sozialistischen Staat, von der Ideologie des Marxismus-Leninismus oder der Maxime „Alle Menschen sind gleich", wurden mit Erschießungen und Folter beantwortet. Wer über die Grenze zu fliehen versuchte, musste mit seinem Tod rechnen.

Und doch sehen wir Momente, die Luft zum Atmen ließen: Die in den achten Klassen grundsätzlich obligatorisch stattfindende militärische Ausbildung wurde nicht rücksichtslos umgesetzt. War eine Familie bekannterweise nicht „auf Linie", hielt man es mitunter für angemessen, den entsprechenden Kindern, ohne sie auf sonstige Weise zurückzusetzen, die Ausbildung zu „ersparen". Ob dies nun mehr einer im Einzelnen angewandten Empathie oder einem ökonomischen Gedanken geschuldet war, sei dahingestellt.

Der autoritäre und totalitäre Charakter scheute nicht vor Einsatz körperlicher und der Kombination aus psychischer und körperlicher Gewalt zurück. Auf meine Frage hin, ob die DDR ein faschistisches Moment besessen habe, stellten mir Zeitzeugen die Gegenfrage: Will sich ein Staat, der mich total kontrollieren möchte, nicht gleichzeitig meiner Seele bemächtigen?

Die DDR hat ethische Standards in wesentlichen Punkten deutlich missachtet. Ihr Agieren war mit der überpositiv verbrieften Menschenwürde nicht in Übereinstimmung zu bringen, die den Menschen als frei erkennt. Das Handeln der Verantwortlichen und all derer, sie sich am geschehenen Unrecht beteiligt haben, stellt damit – wie in allen Totalitarismen – einen unerträglichen Angriff auf die Würde des Menschen dar. Sie hatte aber ganz offenbar nicht den fanatisch-totalitären Anspruch des Ursprungs-Faschismus, sich des Menschen im Ganzen zu bemächtigen.

Hier finden wir Flexibilität, ein Symptom, das im fanatischen Momentum ausgeschlossen ist. Ob sie bereits in den Köpfen der Führer oder erst in den Köpfen der Ausführenden auszumachen war, ist ex posteriori schwer festzustellen. Doch genau diese Flexibilität erlaubte das Abweichen vom Kurs und weicht die im Faschismus herrschende, unüberwindbare Rigidität auf. Wir finden nicht die erzwungene Pervertierung ethischer Standards, die auf die Entzweiung des Menschen von seiner Seele zielt. Wer sich in der DDR bedeckt hielt, konnte seine Seele schützen.[190] Der Kontrollanspruch ist also nicht per se kongruent mit dem Ermächtigungsanspruch der Seele.

Der Abgleich der DDR mit der neuen Faschismus-Definition zeigt: Weder versuchte die DDR, die absolute, ausnahmslose Befolgung der Maxime zu erreichen, noch erzeugte sie einen kollektiven Wahn, der die Maxime introjizierte. Die Menschen blieben im Geiste in aller Regel frei und erkannten die versuchte Beeinflussung ihrer Zustimmung. Man kooperierte, um sich ein halbwegs anständiges Leben zu ermöglichen.

Die Methoden waren auch nicht manipulativ-subtil. Man gab sich mit der Kooperationsbereitschaft zufrieden und operierte mit totalitären Mitteln. Solange der Schwindel genügte, um das Ziel zu erreichen, verzichtete man offenbar darauf, die Menschen tiefergehend

190 So lauten Zeugenberichte.

zu manipulieren. Die Methodik war nicht fanatisch-totalitär. Die Erzwingung der geistigen Aneignung pervertierter ethischer Standards kann wie für jedes Militär angenommen werden, allerdings nicht weitergehend. Weder strebte die DDR die Entzweiung des Menschen von seiner Seele an, noch versuchte sie, Rückgriff auf den Menschen selbst zu nehmen. Insbesondere zielten ihre Methoden nicht darauf, den Kern des Menschseins zu zerstören, indem der Menschen von seinen engen und engsten Bindungen abgetrennt wurde. Im Gegenteil: Der Gemeinschaftsgeist wurde hochgehalten.

Faschistisches Momentum im sozialistischen Rumänien

Zeitzeugenberichte aus dem sozialistischen Rumänien zeichnen ein sehr ähnliches Bild. Die Stimmung wurde als klar repressiv empfunden und die totalitären Strukturen waren unübersehbar. Das freie Äußern der eigenen Wahrheit war, wenn überhaupt, nur im engsten und vertrauten Kreis denkbar.

Doch wie in der DDR fehlte es an der für das faschistische Momentum notwendigen Rigidität des fanatisch-totalitären Anspruchs. Obwohl Rechtsverstöße mit aller Härte verfolgt wurden, gingen die Sanktionen gegen Abweichler nicht „bis zum Äußersten". Das Muster des angestrengten Aufrechterhaltens eines strafrechtlichen Vorwurfs, selbst in Fällen, in denen sich die mangelnde Verhältnismäßigkeit bereits dem juristischen Laien schier aufdrängt, ist nicht bekannt. Auch hier imponierte also eine Flexibilität, die die Rigidität des Faschismus konterkariert. Das System lässt sich nicht mit der neuen Definition in Übereinstimmung bringen.

Kritik der Faschismus-Definitionen

Obwohl die Merkmale „Führerprinzip", „Nationalismus", „Rechtsradikalität", „Korporatismus", „Miliz" sowie „Geheimpolizei" den Ursprungsfaschismus in Teilen widerspiegeln und ihre Abbildung in einer Definition des Faschismus-Begriffs daher nachvollziehbar ist, wird die Aufzählung dieser Merkmale der Essenz dessen, was als spezifisch für den Ursprungs-Faschismus, den Faschismus des Nationalsozialismus und den Ereignissen seit 2020 zu erkennen ist, nicht gerecht. Wollen wir eine profunde Diagnose stellen, dürfen wir nicht lediglich auf phänotypische Momente der Ausgestaltung historischer Geschehnisse abstellen. Wir müssen das tiefergehende Moment zu greifen versuchen, das jeder dieser und allen weiteren Phänomenen gleicher Natur zugrunde liegt. Es geht also gerade nicht um eine Analyse im Wortsinn. Sie löst das Ganze auf, indem sie auf die einzelnen Komponenten abstellt, in der Überzeugung, die Summe der Teile mache das Ganze. Um das Wesentliche zu erfassen, ist es nötig, den Blick unter die Oberfläche zu richten. Dort erst erkennen und erfassen wir den Kern, als seine Essenz. Diese Essenz, die Essenz des Faschismus besteht, wie wir gesehen haben, unabhängig von diesen Merkmalen.

Indem der Ursprungs-Faschismus die Schwelle der Sicherung seines Vorhabens überschreitet, ein neues italienisches Imperium zu errichten, geht er über das totalitäre Moment hinaus und wird zu dem, was als essenziell im Faschismus zu erkennen ist. Denn die Bemächtigung des (italienischen Mussolini-) Staats, der von einigen wenigen Individuen installiert wurde, findet ihr Ende eben nicht in der materiellen Beherrschung des Einzelnen. Er macht nicht Halt in der Anwendung punitiver Gesetze oder körperlicher Gewalt. Er zielt auf die Bemächtigung des Geistes und der Seele des Menschen, kurz: auf sein wesentliches Element, das ihn zum Menschen erhebt. In dieser Bemächtigung gerät der Staat exzessiv, er nimmt sich mehr, als er benötigt, um zu existieren. Er begnügt sich nicht damit, bloß totalitär seinen Bestand um jeden Preis zu sichern. Er wird fanatisch-totalitär, weil er im Bestreben, sich des Menschen in absoluter Weise zu bemächtigen, den Grund zu zerstören sucht, auf dem der Mensch sich künftig seiner individuellen Natur erinnern könnte. Er trachtet danach, die Wurzel menschlicher Individuation zu entfernen, damit jegliches Wiederaufleben individueller Züge und damit die Seelennatur des Menschen, verunmöglicht wird.

In diesem Ansinnen unterscheidet der Mussolini-Faschismus sich nicht wesentlich vom Nationalsozialismus, wie wir ihn in Büchern und im Unterricht kennengelernt haben. Dieser trachtete danach, jeden seiner Widersacher zu vernichten, verriet er sich auch nur in der noch so leisen Äußerung oder im bloß geistigen Widerstand gegen die nationalsozialistischen Ziele. Die eugenische Lehre, die nach der Interpretation Adolf Hitlers jüdisches Leben inkludierte, war die Basis für die Vernichtung sogenannten „unwerten Lebens". Ganz offensichtlich ging der Nationalsozialismus damit in der Realität weiter, als der Mussolini-Faschismus es ursprünglich wollte und schließlich getan hat.

Faschismus extensiviert

Nicht nur wird eine Aufzählung phänotypischer Merkmale der Essenz des Faschismus nicht gerecht: Diese Neue Normalität geht in Anspruch und Wirklichkeit in einem entscheidenden Kriterium über die Essenz des Ursprungs-Faschismus hinaus. Es genügt ihr nicht, sich des Menschen umfassend zu bemächtigen, sich in die Herzen und Seelen einzunisten, wie Mussolini es in seiner Sprache formulierte. Sie zwingt die Menschen nicht nur zur Aneignung pervertierter ethischer Standards, sondern richtete sich gegen den Kern des Menschseins. Die Neue Normalität zielt auf die engen und engsten Bindungen des Menschen; sie gilt es zu zerstören, bis die Verbindung des Menschen zu sich selbst zerreißt.

Obwohl die Bindungen des Menschen historisch immer wieder Gegenstand eines Angriffs geworden sind, ist dieser Anspruch als Kernelement seiner Ideologie mit der gleichzeitigen Realisierung historisch wohl unbekannt. Diese bewusste Zerstörung enger und engster Bindungen ist nicht zu verwechseln mit der Zerstörung von Bindungen in Kriegen oder anderen Formen von Faschismus, die durch die Verfolgung bestimmter ethnischer oder religiöser Gruppen erreicht wurde. Obwohl dort sehr wohl Bindungen zwischen Ehepartnern und Familienmitgliedern zerstört wurden, zielten die verwendeten Methoden nicht darauf, die engen und engsten Bindungen unwiderruflich aus dem persönlichen und überpersönlichen Wertesystem zu tilgen. Die Zerstörung der Bindungen war nicht Teil der Strategie und vom direkten Vorsatz der Urheber daher nicht erfasst, sondern vielmehr das Ergebnis einer perversen Ideologie, die die Verfolgung der Betroffenen zum Ziel hatte. Damit war sie nicht essenzieller Bestandteil der Ideologie, sondern eher notwendiges und billigend in Kauf genommenes Übel. Anders sind auch Auswüchse zu verstehen, die die gegenseitige Denunziation selbst engster Familienangehöriger evozierte – ein Phänomen, das uns nun wiederbegegnet ist. Obwohl hierdurch in der Geschichte enge Bindungen schmerzhaft beeinträchtigt wurden, betrafen die Beeinträchtigungen nicht die genuinen, biologisch-psychologisch determinierten Bindungsmuster. Dass Menschen sich aufgrund persönlicher Verwerfungen, meist projiziert auf inhaltlichen Dissens, geradezu vernichten können – auch unter Brüdern und Schwestern – ist in der biblischen Archetypologie historisch festgehalten.[191] Diese Tatsache unterscheidet sich jedoch fundamental von der essenziellen Verbindung zwischen Eltern und ihren Kindern, die in der Regel – jedenfalls spätestens am Sterbebett – reziprok besteht. Sein Kind, nicht das eigenständige, aber erst recht nicht das Kind in seiner frühen Schutzlosigkeit, *lässt man nicht alleine.* Seine Mutter und den Vater auch nicht, wenn es darauf ankommt. Genau dieser Grundsatz aber wurde getilgt.

Zweifel an der epochalen Ausschließlichkeit des Angriffs auf enge und engste Bindungen ergeben sich aus der Maxime der hier nicht explizit betrachteten chinesischen Kulturrevolution. Sie zielte darauf ab, die Bindung der Menschen zum früheren Präsidenten der Volksrepublik China, Mao Zedong, über alle natürlichen Bindungen zu erheben und natürliche Bindungen gleichzeitig herabzuwürdigen. „Mao" sollte den Kindern „näher sein", als die eigenen Eltern, denn im Gegensatz zum gottähnlichen Mao war jeder andere ein „Nichts".[192]

191 Genesis 4,1–24, Kain und Abel.

192 So die Zeitzeugin Yu Xiangzhen, in Axel Dorloff, „50 Jahre Kulturrevolution in China. Das verdrängte Trauma einer ganzen Generation", https://www.deutschlandfunkkultur.de/50-jahre-kulturrevolution-in-china-das-verdraengte-trauma-100.html, 08.05.24.

Ob Anspruch und Realisierung der Kulturrevolution, die offenbar ein grauenvolles Kapitel der chinesischen Geschichte darstellt, in der Essenz – nicht in den phänotypischen, totalitären Auswüchsen – an diejenige der Neuen Normalität heranreicht, muss hier offenbleiben. Der Anspruch Maos, die fingierte Bindung zu ihm selbst über natürliche Bindungen zu stellen, ist zwar pervers, aber jedenfalls nicht kongruent mit dem Angriff auf *jegliches* Bindungsmuster.

Zweifel ergeben sich auch aus der NS-Politik, die den Müttern abverlangte, nicht auf die Bedürfnisse ihrer Kleinkinder einzugehen, sondern sie gezielt zu ignorieren. Das Ergebnis dieser Forderung begünstigte das Heranwachsen von Menschen, die den NS-Faschismus gehorsam mittrugen. Das Versagen elementarster Bedürfnisse der Säuglinge und Kleinkinder ist geeignet, Bindungen nachhaltig zu schädigen. Doch obwohl diese Praxis mitunter der faschistischen NS-Politik zugeschrieben wird, ist bekannt, dass sie auch in anderen politischen Kontexten angewendet wurde und immer noch wird. So war der Angriff auf die Mutter-Kind-Bindung auch im sozialistischen Rumänien der gleichen Epoche bekannt und historisch nachfolgend in der DDR, wo Mütter rasch nach der Niederkunft wieder arbeiten gehen sollten und ihre Säuglinge zwangsläufig in Krippen verwahrt wurden. Heute noch finden sich diese Ansätze in zeitgenössischer Ratgeberliteratur und immer wieder trifft man auf Hebammen und Eltern, die diese Inhalte transportieren. Soweit man hier noch argumentieren könnte, es handle sich um Überbleibsel der NS-Erziehung, gilt das nicht für den asiatischen Kulturraum.[193] Auch dort wird auf Erkenntnisse moderner Bindungstheorien wenig Rücksicht genommen. Nicht fundamental anders, als in unseren Breiten, werden dort bereits bei Geburten Traumen gesetzt, die ein ganzes Leben lang nachwirken. Damit ist die Schädigung primärer Bindungen kein genuin nationalsozialistisches Anliegen, wenngleich totalitäre Regime verschiedenster Ausprägung dieses Vehikel für ihre Zwecke nutzen. Es scheint vielmehr

193 Exemplarisch im Film „Bébés" von Thomas Balmès aus dem Jahr 2010.

stark mit dem jeweiligen Zeitgeist, der Auflösung indigener Strukturen und wesentlich mit der nach der Industrialisierung begonnenen Aufforderung verwoben zu sein, Kapital zu generieren. Als die Väter nämlich im Alltag nicht mehr am Hof zugegen waren, sondern in den Fabriken der Städte arbeiteten, waren die Mütter bar jeder Unterstützung genötigt, ihre Säuglinge unterzubringen. Dies geschah mitunter in Aufhängungen an den Wänden, in die die fest in Tücher gewickelten Kinder gesteckt wurden. Ein Röhrchen immerhin wurde genutzt, damit die Kinder sich nicht mit ihren Ausscheidungen beschmutzen mussten – Pampers waren noch nicht geboren.

Obwohl es offenbar ein Anliegen des NS-Faschismus war, primäre Bindungen gezielt zu schädigen, wurde das Konzept der Familie – notwendigerweise mit all seinen Bindungen – hochgehalten. Zwar bestand zwischen der ideologischen Maxime und der bindungsschädigenden Erziehungspolitik in Bezug auf die „Erweiterung des Lebensraums“[194] für das deutsche Volk ein Zusammenhang, dieser war aber nicht zwingend und darüber hinaus, zeitlich bedingt, glücklicherweise nicht erfolgreich.

Gänzlich anders liegt der Fall in der Neuen Normalität. Dort lautete das Credo: „Sperre dein Kind in sein Zimmer und lass deine Mutter alleine sterben, Hauptsache, niemand steckt sich an“.[195] Während in der Neuen Normalität *jeder* Wert hinter der Maxime zurücktreten musste, bestand zugleich ein innerer Zusammenhang zwischen der Maxime, die die Verhinderung einer „Ansteckung“ verlangte und dem Kontakt

---

194 Ein Begriff, der ursprünglich vom Wilhelminismus zwischen 1890 und 1914 geprägt wurde.

195 Ungeachtet des tatsächlichen Gefahrenpotentials durch Covid-19 stellt dies auch im medizinischen Kontext einen Kulturbruch dar: Selbst Pestkranke vor den Stadtmauern wurden von Schwestern gepflegt, ohne dass sie dafür in hochsicherheitstauglicher Ausrüstung erschienen, so lernten wir es noch im Religionsunterricht. Heute scheint diese Tatsache aus dem allgemeinen Bewusstsein verbannt. Seit 2020 sind beinahe ausschließlich Artikel im Internet aufzufinden, die auf die Isolierung der Pestkranken abstellt. Unter dem Stichwort „Geschichte der Krankenpflege" hält Wikipedia derzeit noch fest: „Für die Versorgung der Leprösen und Pestkranken wurden spezielle Spitäler errichtet, in denen sich geistliche und säkulare Bruderschaften und Hospitaliter um die Versorgung und Betreuung der Erkrankten kümmerten.", Wikipedia, „Geschichte der Krankenpflege", https://de.wikipedia.org/wiki/Geschichte_der_Krankenpflege, 11.04.24.

zu anderen Menschen. „Kontakt ist gefährlich“, so lautete die Losung, mit der die Menschen operierten und ihren „neuen“ Alltag strebsam strukturierten. *Jeder* Kontakt stellte also eine potenzielle Gefahr dar. Damit standen menschliche Bindungen in einem direkten Zusammenhang mit der Maxime. *Jedes* Aktivieren eines Bindungsmusters musste unterbunden werden, um die mögliche Transmission und Erkrankung zu unterbinden. Damit verhielten sich menschliche Bindungen grundsätzlich direkt-kausal zur Maxime.

Die Zerstörung der Bindungen war damit ein integraler Bestandteil der Neuen Normalität – ein Novum in der Geschichte staatlichen Unrechts. Nie zuvor hat sich eine historisch bekannte Ideologie angemaßt, den Angriff auf das ethische Grundmuster des sozialen Wesens Mensch, das sich aus dem Lebensprinzip selbst ergibt, zum Kern seiner Anstrengungen zu machen: die Bindungen des Menschen. Noch einmal: Die Beliebigkeit sozialer Bindungen, die sich bis zur Wertlosigkeit steigerte, sobald sie sich an der Maxime zu messen hatten, ist essenzieller Bestandteil der Ideologie der Neuen Normalität. Die Bindungszerstörung war nicht hinwegzudenken, ohne dass die Maxime entfallen wäre und damit eine conditio sine qua non.

Die Menschen sollten es als einzig wahr und wichtig erkennen, die Maxime zu erreichen: die Verhinderung des Todes an Covid-19. Für diesen Zweck mussten enge und engste soziale Bindungen aufgegeben werden – keine andere Ideologie der bekannten Geschichte hat je so weit gereicht. Im Gegenteil:

Eine gesunde Gesellschaft zeichnet sich auch dadurch aus, dass sie der Familie und dem mütterlichen Prinzip einen angemessenen Platz einräumt. Unsere westliche Hemisphäre, die sich fest in den Klauen der rationalen Dominanz befindet, lässt genau dies vermissen und offenbart dabei ihre vielleicht größte Schwäche. Stattdessen erlebten wir historisch eine Überspitzung der Haltung gegenüber diesen Werten, die in einer Glorifizierung der Mutterrolle kulminierte. Den angemessenen und schmerzlich vermissten Raum für das weibliche Prinzip konnte es tragischerweise nicht im Mindesten erreichen.

Damit sind die Geschehnisse seit 2020 nicht nur als Faschismus zu bezeichnen, sie sind mehr als das, weil sie in Gestalt der Neuen Normalität in ihrer Essenz über den Ursprungs-Faschismus und alle weiteren Ausgestaltungen von Faschismus hinausgehen.

Der Ausgangspunkt für die unerträglichen Entwicklungen des Nationalsozialismus lag in der fanatisch-totalitären Anhaftung an eine seiner Maximen, der Verbesserung „deutschen" Erbguts, die die krankhaften Auswüchse der Eugenik weiterentwickelten und den Gipfel ihrer Perversion in der „nationalsozialistischen Rassenhygiene" fand. Doch das zugrundeliegende Muster ist ein menschliches. Dieses kann – hier sind wir bei der Kritik der Faschismus-Definitionen angelangt – in der aufrichtigen Suche nach einer möglichst realitätsnahen Abbildung der Wirklichkeit und im Bestreben, künftigen Auswüchsen menschlichen Handelns etwas entgegensetzen zu können, nicht an ein singuläres historisches Ereignis gebunden werden. Auch in der Ideologie und Realisierung der Neuen Normalität hat sich erneut der Archetyp der absoluten Macht entfaltet. Es ist nicht auszumachen, ob die Wiederholung des Musters in der Zukunft nicht neue essenzielle Spielarten hervorbringt, die ihrerseits diese Form des Super-Faschismus überragen und es notwendig machen werden, die nun neue Definition anzupassen. In jeder noch so feinsinnig begründeten und scheinbar von edlen Motiven getragenen Maxime und in der Auffassung, eine umfassende Lösung für nur irgendein Problem auf dieser Welt gefunden zu haben, ruht, gleich in einem Samenkorn, die genetische Handlungsbeschreibung, sich auf fanatisch-totalitäre Weise in die eigene Wirklichkeit zu verbeißen, bis der Blick verstellt ist und ethischen Aspekten entsagt. Die Gefahren, die sich in historischen Epochen immer wieder auf's Neue verwirklichen, erwachsen aus diesem Nukleus. Es ist elementar, zu verstehen, dass sie sich in Zukunft auch in Maximen anderer politischer Kontexte realisieren können. Unter Zuhilfenahme unbegrenzter Vorstellungskraft erscheint es möglich, dass die Schwelle aller je realisierter und bekannt gewordenen Grausamkeit grundsätzlich überschreitbar ist. Es könnten sich künftig oder bereits heute, vor unseren Augen, ohne, dass wir in der Lage wären, das Ausmaß zu erkennen, solche der Art nach nicht begrenzbaren und für einen gesunden Geist unerträglichen Grausamkeiten verwirklichen. Noch einmal:

Die Frage, ob das maßgebliche Kriterium zur Verwirklichung des Faschismus der Grad an Grausamkeit sein kann, mit dem Menschen anderen Menschen begegnen, ist klar mit Nein zu beantworten.

Anders ausgedrückt: Der Grad an Grausamkeit zwischen Menschen ist kein maßgebliches Kriterium zur Beurteilung der Frage, ob faschistische Zustände vorherrschen.

Obwohl die folgende Feststellung die Tendenz heraufbeschwört, den Geist in peinliche Not zu bringen, sei bei aller Offenkundigkeit klargestellt: Dieser neue Faschismus ist nicht „schlimmer", als historisch entwickelte Formen des Faschismus. Nicht in dem, was sich aus ihnen auf Erden entwickelt hat. Die Auswüchse des Nationalsozialismus waren unerträglich. Sie dürfen sich nie mehr realisieren. Im Kern einer Ideologie jedoch, in seiner genetischen Handlungsbeschreibung, liegt die Idee für das, was folgen soll und folgen kann. Wenn eine Maxime, als Essenz einer Ideologie und Fundament einer Politik, tiefer reicht, als alle vorangegangenen Formen von Faschismus, weil sie bis an den Kern des Menschseins heranreicht, ist sie geeignet, weitaus schlimmere Ergebnisse auszuformen, als diejenigen es sind, die sich bereits entwickelt haben. Das macht dieses Buch zu einem Weckruf: Erkenntnis und Umkehr sind das dringende Gebot der Stunde.

Ob und wann sich die Gefahr der erneuten Realisierung verwirklicht, ist nicht auszumachen, weil unter den Gesetzen der Polarität sowohl die eine, als auch die andere Möglichkeit denkbar ist. Wenn wir aber das menschliche Muster durchdrungen haben, das im Faschismus angelegt ist, vergrößern wir die Chance, unerträglichen Entwicklungen rechtzeitig etwas entgegenstellen zu können, zuvörderst: Das Gespräch, das Aufzeigen von ethischen Alternativen und Zugewandtheit, die nichts anderes ist, als das Postulat eigentlicher Einheit und der Illusion aller Trennung.

KAPITEL 5

Der Super-Faschismus

Die unsäglichen Gräueltaten des Nationalsozialismus sollten als außergewöhnliches historisches Ereignis gekennzeichnet werden, damit seine Wiederholung in der Zukunft vermieden werden könnte. Unglücklicherweise trägt dieses Ansinnen nicht, auch wenn die Zielsetzung unabdingbar ist. Wer nämlich das Wesen des Faschismus verkennt, trägt nichts zu seiner Vermeidung in Zukunft und Gegenwart bei. Er erhöht vielmehr das Risiko seiner Verwirklichung. Er erlaubt das vorgebliche Agieren von Gruppierungen, mitunter durch Unterstützung aller „fakten"-prüfenden Institutionen, gegen den sogenannten Faschismus, der seinerseits danach trachtet, den Faschismus zu bekämpfen. Indem die Essenz des Faschismus mit nicht zutreffenden, im Kern überladenen, Definitionen verschleiert wird, wird der Ausbreitung eines eben solchen Faschismus Vorschub geleistet.

Das untersuchte System ist die von einer ökonomisch und politisch einflussreichen Minderheit installierte Ordnung für ganze Gesellschaften, nach der die sogenannte „neue Normalität" weite Teile zuvor geschriebener und ungeschriebener Regeln ersetzen sollte und ersetzt hat. Die Reichweite des Austauschs erstreckte sich dabei nicht nur auf die Außerkraftsetzung beinahe aller bürgerlichen Freiheitsrechte, den Abwehrrechten des Einzelnen gegen den Staat, sondern auch auf die wichtigsten ethischen Übereinkünfte.

Wer spätestens seit 2020 aufmerksam gelebt hat, konnte leidvoll beobachten oder am eigenen Leib erfahren, dass alleine der Wunsch, Diskurse in die Öffentlichkeit einzubringen, nicht nur Widerstand in der Gesellschaft erregte und demokratischer Teilhabe beeinträchtigte oder verunmöglichte, sondern sogar immer wieder äußerste Gewalt seitens des Staates hervorrief. Immer noch betroffen, erinnere ich mich an die Sommer 2020 und 21 in Berlin, wo ich Zeuge solcher Gewaltausbrüche wurde. Sie wurden an sitzenden, schweigenden, also friedlichen

Demonstranten verübt, darunter besonders verstörend: Die Gewalt an der bereits erwähnten schwangeren Frau. Die Polizeigewalt geriet maßlos. Bis hierhin erhoben wir die Diagnosen „Mängel in der Demokratie" und „totalitäre Tendenzen".

Die Konsequenzen auf das eigene Leben – ganz besonders der Kinder und Heranwachsenden – erstrecken sich auf Sinnkrisen, den Verlust von Vertrauen in Institutionen und Politik. Am schmerzhaftesten wiegt jedoch der Vertrauensverlust in die Menschen als einzelne Individuen und in die Menschheit als Kollektiv. Die Langzeitfolgen und neuen Prägungen, die bei Kindern und Heranwachsenden zu vermuten sind, sind nicht schwer auszumachen. Sie kumulieren vorrangig in einer subjektiven und objektiven Schwäche, die bis zur gefühlten Ohnmacht reichen kann und soll: Es sind starke Persönlichkeiten, die einen kompromisslosen Machtanspruch gefährden. Von geschwächten Menschen ist wenig bis gar kein Widerstand zu erwarten. Sie schlucken – oft im wahrsten Sinne des Wortes – was ihnen vorgesetzt wird. Damit möglichst weite Teile der Bevölkerung von Ohnmacht erfasst werden, bedient man sich eines beeindruckenden Instrumentariums. Dazu zählt auch die Strategie der Verdummung, die in der Neuen Normalität ausführlich Anwendung gefunden hat und die für diejenigen, die ihr inhaltlich nicht zum Opfer fielen, in besonderem Maße Ohnmacht erzeugte: Mit Ratio oder gesundem Menschenverstand waren die Menschen unter dem kollektiven Wahn en gros nicht mehr zu erreichen.

Deswegen liegt die Betroffenheit mehr bei uns, dem gemeinen Volk, als bei den Schöpfern der Neuen Normalität. Unsere Lebenswirklichkeit vollzog sich nach den Ideen eines vermutlich verstörend kleinen Kreises unermesslich finanzstarker Individuen, die sich mitunter jährlich in Davos trifft, um sich auf „unvermeidbare industrielle Revolutionen"[196] vorzubereiten. Selbst, wenn wir einer überaus zurückhaltenden Haltung entsprechend, bloße Zufälle annehmen, kommen

196 Schwab Klaus, „Die Vierte Industrielle Revolution" (German Edition), Pantheon Verlag, 2016.

wir – die Freiheit und Menschlichkeit im Fokus – nicht umhin, kritisch zu beobachten, was an Ideen und konkreter Umsetzung auf diesem Planeten geschieht.

Diese Neue Normalität, der den neuen Super-Faschismus darstellt, installierte das „neue Normal“: den Tod der Mütter, Väter und Kinder in Isolation. Der letzte Akt, wenn sie zu Grabe getragen wurden, erfolgte unter Verwendung von „FFP2-Masken“, vormals Schutzausrüstung auf Baustellen. Es war eine Gesichtsbedeckung, die weite Teile des Antlitzes nicht nur der wenigen zugelassenen Trauernden, sondern auch des Verstorbenen bedeckten. So tumbe, wie zynisch zugleich.

So war und ist[197] es das Isolieren der Kinder vor den Eltern und anderen Kindern, die Kontakte für ein gedeihliches Aufwachsen brauchen, wie körperliche Nahrung. Es war das Verstummen in den Klassen und Kirchen, weil Gesänge verboten wurden. Es war die Pervertierung des Begriffs der Solidarität, indem seine Semantik in sein Gegenteil verkehrt wurde. Was in allen Zeiten der Menschheit als sozial und dem Grundbedürfnis des Säugetiers Mensch entstammend, der für seine Gleichgesinnten einsteht, eben als „solidarisch“ galt, wurde als „unsolidarisch und asozial“ beurteil. So verhielt sich ein Lehrer, der einem verunfallten Schutzbefohlenen den Atem spendete, unsozial, unsolidarisch und musste im Wertesystem der neuen Solidarität als Schädling betrachtet werden. Eben gleiches galt für eine Mutter, die ihr Kind auf seinen letzten Atemzügen oder ein Vater, der sein Neugeborenes bei seinen ersten Atemzügen begleiten wollte.

Diese Verkehrung von Bedeutungen und Werten ist nicht nur pervers, sondern zudem kennzeichnend für zentrale Praktiken ritualisierter Gewalt, die auf dem Boden relativ wenig christlicher Sitten fußt. Dies gilt im Übrigen auch für die Übung, jede weitere Entwicklung rechtlicher Konsequenzen auf ein bestimmtes, natürliches Verhalten hin, vom Gutdünken des Penigers oder hier: vom Verordnungsgeber,

197 Die Quelle ist der Autorin bekannt: Noch Mitte Dezember 2023 wird das Mittel der Isolation von Freiburger Eltern an ihren Kindern ausgeübt, die von Beruf Lehrer sind – vor 2020 ein Fall für Polizei und Jugendamt.

abhängig zu machen. Wir erinnern uns: es war zur politischen Praxis geworden, Rechtsklarheit jedenfalls zu vermeiden. Konkret wurde die Realisierung von Regelungsinhalten von weiteren, zum Regelungserlass unbekannten, Faktoren abhängig gemacht, wie die „tagesaktuellen" Maßgaben des RKI.

Während weite Teile unserer Gesellschaft bisher angenommen haben dürfte, nur äußerste Randgruppen unserer Menschheit kämen mit derlei obskuren Themen wie ritualisierter Gewalt in Berührung, sorgen erste Ansätze der Thematisierung seit dem Sommer 2023 für die notwendige Klärung. Der Mitherausgeber des Manova-Online-Magazins, Tom-Oliver Regenauer, war wohl einer der ersten deutschen Autoren, der sich dem Thema in der alternativen Tagespresse gewidmet hat. Weitere Autoren sind bereits gefolgt.[198] Wie erleichternd wäre es, keine Parallelen ausmachen zu können, zwischen Praktiken, wie sie Opfer ritualisierter Gewalt,[199] möglicherweise auch in geheimdienstlichen Programmen erfahren, und dem Vorgehen unserer politisch Verantwortlichen in der Neuen Normalität. Möge sich jede Parallelität in Wohlgefallen auflösen! Bis dies geschehen ist, ist die Causa geeignet, folgende Frage aufzuwerfen: Inwieweit könnten wir global zustimmungslos und ohne nachträgliche Genehmigung zu Teilnehmern einer Studie zum Thema Bewusstseinskontrolle geworden sein? Unter Installation der „neuen Normalität" bestimmten seit dem Frühjahr 2020 die neuen Definitionen der Kernbegriffe unser Leben. Seitdem scheinen sie in den Ganglien des sozialen Gedächtnisses zu persistieren: Weil man es so wollte. Tatsächliche Rechtfertigungen für diese Verkehrungen existieren nicht.[200]

---

198 Tom-Oliver Regenauer, „Mord ist ihr Hobby", https://www.manova.news/Art.ikel/mord-ist-ihr-hobby, 08.05.24.

199 Für tiefere Einblicke aus Sicht einer Psychologin: Alison Miller, „Werde, wer Du wirklich bist", Asanger Verlag, 4. Auflage 2020.

200 Die nun freigeklagten und publizierten Protokolle des Corona-Krisenstabs des Robert Koch-Instituts belegen endlich, dass die Grundlage sämtlicher ergriffener Maßnahmen nicht auf der fachlichen Einschätzung des RKI gründeten, sondern auf der politischen Anweisung eines externen Akteurs – dessen Name in den Protokollen geschwärzt ist und dessen Nennung derzeit eingeklagt wird; Paul Schreyer, „Es soll hochskaliert werden", https://multipolar-magazin.de/artikel/rki-protokolle-1, 08.05.24.

Nachwort

Die Würde des Menschen steht nicht zur Disposition

Wenn ich im Zuge meiner Ausführungen in einem Gespräch auf das zu sprechen komme, was unseren ethischen Übereinkünften zugrunde liegt und mein Gegenüber eine umfassende Darstellung verlangt, gelange ich nach meinen Ausführungen über Recht und Gesetz bald zum überpositiven Recht und schließlich auf das zu sprechen, was die Galionsfigur des christlichen Glaubens vor zweitausend Jahren in kompromissloser Weise vorlebte und formulierte. Dies stößt auf diffusen Widerstand. Warum? Was geschieht hier? Ist es die Abscheu gegenüber allen christlichen Werten, weil die Diskrepanz zwischen Vorbeten und Haltung zwischen und neben allen Abscheulichkeiten, die die katholische Kirche hervorgebracht hat, groß ist? Ich glaube nicht, dass das Phänomen der „Unaussprechlichkeit" der christlichen Botschaft außerhalb der Kirchen sich hiermit hinreichend begründen lässt.

Auch, wenn unsere Parteienlandschaft unter Einfluss wirkmächtiger Lobbyarbeit im Begriff ist, sich in gewisser Parallelität zu den Dreißigerjahren des vergangenen Jahrhunderts neu zu strukturieren, existieren sie bislang noch: die Volksparteien mit dem C im Namen. Wir sahen seit 2020 scharf umrissen, wie groß die Kluft zwischen Predigt und Handlung auch bei unseren Volksvertretern ist. Solange es vor wenigen Jahren en vogue war, unsere christlich geprägte von der morgenländischen Kultur und jeden Islams abzugrenzen, berief man sich öffentlich und laut hörbar auf die sogenannte christliche Kultur des Abendlandes. Davon ist heute nichts übrig geblieben. Was also geschieht, wenn die Leute davonlaufen, sobald man sich fernab der Gotteshäuser auf christliche Werte bezieht, festgemacht in aller Deutlichkeit, an seinem prominentesten Namen?

All die Menschen, die in den vergangenen drei Jahren in einer bis ins kleinste Detail und historisch zirkulierenden menschlichen Spielart, sich selbst, ihre Mitmenschen, ihre Kinder und ihre menschliche Natur verrieten, konnten dies nicht ohne Einbuße tun. Hier sei nicht zu sprechen von den Schäden manifester, zellulärer und körperlicher Art. Ich spreche hier von den Schäden in den Seelen, die unweigerlich entstehen, sobald die Seele sich von sich selbst abwendet. Am Ende eines Gedankens angekommen, wenn ausgesprochen wird, worum es in der Sache geht, wird ein Ausweichen unmöglich. Wer das fragliche Wort „Nächstenliebe" vernimmt und dann, noch verstörender, den Namen des biblischen Propheten, den die Römer ans Kreuz genagelt haben und bislang auf irgendeine Weise erfolgreich zur Seite konnte, wird nun auf's Äußerste provoziert. Denn jeder fühlt, solange er sich Mensch nennt, dass das, was wir den prophetischen Worten dieses einfachen Mannes entnehmen, nichts Katholisches, Protestantisches oder sonst einer Religion Zugehöriges ist. Es ist die reinste Konsequenz menschlichen Seins.

Die Würde des Menschen ist unantastbar. Das ist der Anfangspunkt unserer Verfassung, von der so viele Menschen auf allen Seiten nichts mehr hören wollen, genau wie von diesem alten Propheten. Diese Würde musste der Anfangspunkt sein, dem alle folgenden Formulierungen von Menschenrechten nur nachfolgen können, weil sie sich in einer Konsequenz aus der menschlichen Daseinsform ergeben. Wir begingen einen großen Fehler, wenn wir annähmen, bei dieser menschlichen Daseinsform stehen bleiben zu können. Alles, was existiert, besitzt diese Würde. Warum? Hier wird es kompliziert. Wer bloß nachspricht, dass diese Erde ein Produkt des Zufalls ist, winkt ab. „Eine Würde des Menschen? Eine Würde aller Geschöpfe und Daseinsformen, gar? Mitnichten.", so würde er sagen. Dann existierte eine Würde tatsächlich für niemanden. Dann könnten wir unseren Kindern das Gesicht nehmen und Teil einer Verfügungsmasse werden, die den Interessen Weniger bis zur Erschöpfung und Aufgabe diente.

Erst, wenn wir für wahr halten wollen, dass Zufälle so unwahrscheinlich sind, dass sie aus rationalen Gründen ausgeschlossen werden konnen, sind wir bereit, die Beseelung allen Seins auf diesem Planeten zu erkennen. Im nächsten Zug gelingt die Achtung vor dieser Welt, die nur Frieden hervorbringen kann. Wer auf Krieg, Zerstörung und Entseelung setzt, muss zwangsläufig ein anderes Programm in Gang setzen. Wer aber die Augen offen hält, wartet nicht erst auf die Installation dieser Programme. Er beginnt mit dem Nachdenken darüber, ob er sie weiter mit seiner nicht nur zugewandten, sondern auch indifferenten Haltung unterstützen möchte. Wer den Gedanken in sich aufkeimen spürt, er sei Mensch und wolle es bleiben, muss dem Nachdenken Handlungen folgen lassen.

Es gab unter den Menschen, die sich von der Maxime der Neuen Normalität nicht verrückt machen ließen und scheinbar „im Bilde" waren, solche Menschen, die beflissentlich durch ihre Taten stützten, was sie doch als Ergebnis verquerer politischer Anstrengungen ausmachten. Wenn ich dieses Verhalten auch aus persönlicher Sicht nachvollziehen kann, gelingt es mir nicht, wenn ich aus der Perspektive kollektiver Verantwortung jedes einzelnen auf diese Entscheidung blicke. Die vergangenen Jahre forderten uns in aller Deutlichkeit auf, zu erkennen, dass „Regeln", die der eigenen Würde und aller folgenden Menschenrechte, wie in unserer Verfassung formuliert, widersprechen, nicht umgesetzt werden dürfen. Es ist die einzige konkrete Möglichkeit, ihnen das Wesentliche zu entziehen: den Nährboden. Es gilt, die eigene unreflektierte Folgsamkeit zu durchbrechen – für die Menschheit. Die Normierung war das de facto durchschlagende Argument, das dem Widerstehenden entgegengehalten wurde, ohne Rücksicht darauf, dass die Normierung Unrecht konstituierte. Genauso, wie ein junges Mädchen Astrid Lindgrens Lehrerin in „Madita", die zugelassen hatte, dass ihre Schülerin vom Direktor vor ihren Augen verprügelt wurde, gegen meine Vorhaltung in Schutz nahm, „na ja, es waren halt die Regeln damals" – war diese Verteidigung in der Neuen Normalität an der Tagesordnung. Der ethische Imperativ zur Emanzipation über verfasste Regeln appelliert an unseren Geist und unser Herz. Der Mensch spürt, wenn er widerstehen soll. Aus allen Augen über den maskierten Gesichtern blickte Scham, wenn nicht Selbstgerechtigkeit und Angst überwogen. Wer sich dem Spüren verweigern will, darf denken. Der ethische Imperativ zur Emanzipation über verfasste Regeln nämlich, wird ausgelöst, wenn unsere Verfassungsgrundsätze unterminiert werden. Sie liegen gleichsam einer Schale in unserer Verfassung, diesem fein ausbalancierten Kunstwerk, das bei Auslegung lege artis den Menschen als das erkennt, was er ist: Ein freies Wesen, unumstößlich eingebettet in sozialen Kontext. Das Zurückziehen auf den Regelungsgehalt *unabhängig* vom Regelungsinhalt ist nicht nur gefährlich, sondern ermöglicht die Abkehr von jeder Ethik und so auch den Faschismus.

Solche Appelle waren in der Vergangenheit selten erfolgreich genug, um menschliche Katastrophen abzuwenden. Einige dieser Menschen, die also mittrugen, was sie selbst als falsch erkannten, taten den nächsten Schritt, der inkludierte, allen Menschen das gleiche Verhalten abzuverlangen, das sie an den Tag legten. So konfrontierte man mich wiederholt mit der Frage, ob ich mir denn zu gut dazu sei, einfach mal eine Maske anzuziehen. Genau diese Frage spiegelt eindrucksvoll, was hier geschehen ist, selbst, wenn für einen Teil der Menschen die Antwort nicht offensichtlicher sein könnte. Für ihn nämlich besteht die Offensichtlichkeit in der Beantwortung der Frage mit einer anstandslosen Umsetzung des Verlangten. Wir bilden eine Gesellschaft, die von ihrer menschlichen Natur nicht entfernter sein könnte. Wir sollten dem Bedauern dieses Umstands nicht mehr Aufmerksamkeit widmen, als nötig ist, um in eine konstruktive Haltung zu gelangen. Noch einmal in aller Deutlichkeit: Eine Regierung, die in Ermangelung eines Umstands, der den Schutz der Bevölkerung erforderlich machte, die bekannten Normierungen erließ, demaskiert sich selbst und mit ihr die Anordnung zum Tragen von Masken. Sie tut es in einer Deutlichkeit, die keine Fragen offenlässt. Eine solche Anordnung ist nicht notwendig. Eine Anordnung, die nicht notwendig ist, ist nicht zulässig. Sie wurde in unserer Lebenswirklichkeit Realität, weil alle Rädchen des Systems aufeinander eingespielt waren, weil die Menschen kollektiv von einer Art Wahn erfasst wurden und die Notwendigkeit höchstrichterlich festgestellt wurde. Die Erzeugung des Wahns gelingt spielend, wenn die Schwachstelle des Menschen erkannt und ausgenutzt wird: Seine Urangst. Sie ist einer der funktionalsten Provokateure des Wahns. Es genügt manchmal ein bloßes Wort, um ein Muster der Angstvermeidung zu affizieren, die zunächst den Menschen und schließlich ein Kollektiv erfasst. Wo die Verbindung zwischen Kind und Eltern, der Familien, der Sippe und der Geschichte – und in der letzten Dimension: zu sich selbst – unterbrochen ist, ermangelt es am Urvertrauen, dem einzigen Stoff, der davor schützt, der Urangst zu erliegen.

Jede weitere Diskussion um die Geeignetheit von Masken zum Schutz vor Viren stellt sich als sinnlos dar. Sie ist nicht mehr, als ein höchst unökonomischer Zeitvertreib und darf geführt werden, wenn eine Gefahrenlage in der Tat vorliegt. Nicht notwendige, rechtswidrige und damit unzulässige Anordnungen, die dabei mannigfach Schäden erzeugen, sind ausschließlich als zynisch zu erkennen. Zynismus gegenüber der Menschlichkeit und damit dem Kern unserer Existenz, den wir auch mit Würde umschreiben, dürfen niemals mitgetragen werden. Denn andernfalls breiten sich Zynismus und Unterminierung der Würde gegenüber allen Menschen aus. Das ist der Anfang vom Ende der menschlichen Existenz. Nichts ist wichtiger, als sich ihm entgegenzustellen.

Jedes einzelne menschliche Individuum trägt Verantwortung für unser Zusammenleben. Kardinal Sarah, der sich qua seines Amts nicht nur berufungs-, sondern auch berufsbedingt mit Fragen ethischen Handelns auseinandersetzt, hält es für ein Leben mit christlichen Werten unvereinbar, nach der Einsicht über richtiges Handeln, beim bloßen Beten stehenzubleiben. Beten aber meint, global gefasst, unsere Hingabe an das, was wir als größer erkennen, als wir selbst es sind. Genügt es, angesichts allen Unrechts, konkret gefragt, „energetisch“ zu arbeiten? Das jedenfalls bevorzugten weite Kreise spiritueller Gruppierungen in den vergangenen Jahren, um auf diese Weise dem Unrecht etwas entgegenzusetzen. Es bedarf wohl keines ausnahmslos rationalistischen Geistes, um diese Haltung infrage zu stellen. Schließlich kann es recht bequem sein, vom Wohnzimmer aus mit geistigen Energien zu arbeiten, während die konkrete Auseinandersetzung den anderen überlassen bleibt, die sich von der Polizei drangsalieren lassen. Selbst schuld, sagten die Energiearbeiter und pochten darauf, dass Widerstand ohnehin immer falsch sei.

Dem ist zu widersprechen. Wer an den Menschen glauben will, darf sich nicht jeglicher Energien berauben lassen, die in einer gelungenen Kanalisation diejenigen Umstände ändern können, die niemandem zum Vorteil gereichen. Es kann gerade nur im Willen derjenigen Einflussnehmenden liegen, uns mit einem artifiziellen Verständnis von Spiritualität zu speisen, das gegen den Widerstand und zum ewigen Frieden aufruft. Wie lässt sich diese Einsicht mit christlichen Werten begründen? Wieder einmal Jesus Christus, Yeshua, und diene sein Beispiel auch bloß als Metapher, der vor lauter Zorn über wertefernes Markttreiben und „Heilkunde" gegen unmäßige Bezahlung im Tempel seines Vaters alle Tische umstieß und die Händler und Pharisäer vertrieb. Nicht, weil er auf ewigen Frieden setzte – sondern, weil er seine Werte verteidigte. Wenn wir uns wenigstens auf den Kern unserer menschlichen Werte besinnen möchten, das Menschsein in aller Schlichtheit, so kommen wir nicht umhin, es nach außen zu verteidigen.

Die neue Maxime nahm den Menschen in seinem Menschsein ins Visier. Wenn alle Bindungen restlos zerstört sind, bleibt der Mensch vereinzelt zurück. Kaum wagt man, sich diese Dystopie auszumalen. Einen Vorgeschmack haben wir bereits erhalten. Das soziale Wesen Mensch würde seines Lebenssinns beraubt. Denn ohne Beziehung zu seinesgleichen, zur Welt im Ganzen, ist jeder Mensch nichts. So viel zur metaphysischen Betrachtung des Imperativs der Maxime. Überdies vermögen auch die handfesten Konsequenzen zu irritieren: Die strikt fortgeführte Vereinzelung bewirkte im Endergebnis das Ende der Menschheit. Die Möglichkeit der Fortpflanzung bestünde nur mehr für diejenigen, die die Kontrolle über die Vereinzelung ausübten. Dieses

Menschsein kann nicht verteidigt werden, wenn der Fokus ausschließlich auf „das Gute" gerichtet ist. Es gelingt erst in einem Erkennen alles Grauen, das dann das Gute so viel deutlicher herausstellt.

Horchen wir gut hin, was uns indigene Völker zu sagen haben! Wir hören auch bei dem Volk der Kogi, das seit fünftausend Jahren in ununterbrochener Kontinuität an der Pazifikküste Südamerikas seine Kultur lebt, den Appell, sich zusammenzuschließen. Die Menschen sollten gegen Gesetze und Erlasse vorgehen, die dem Erhalt der Welt und der Menschheit entgegenwirken. Erst in einem zweiten Schritt ermuntern sie dazu, unsere Kraftorte zu besuchen, uns mit ihnen zu verbinden und mit unseren spirituellen Führern zusammenzuarbeiten. Dem voraus gehen die Tat und der Mut, Wahrheiten auszusprechen.

Kardinal Robert Sarah hält jede Unternehmung eines „reinen" Christentums für den untauglichen Versuch, sich in „Spiritualität" zu üben. Auf diese Weise existiere die christliche Haltung am Ende nur noch in unserem Kopf und verwehre Gott die Möglichkeit der Inkarnation. Dieser Gedanke erscheint mir zwingend. Für uns Menschen liegt der Wirkkreis auf dieser Erde. Wir tun gut daran, unsere Verbindung zwischen dem Unten und dem Oben, der Erde und dem, was wir Himmel nennen, zu pflegen. Wer sich in die Erlebniswelt kleinster Kinder einfühlt, erkennt, wie wesentlich dies ist. Doch scheint der Grat zwischen der Arbeit an dieser Verbindung und dem Wirken in der manchmal schier unerträglichen irdischen Polarität sehr schmal und die Verlockung, sich bloß mit Ersterem zu beschäftigen, groß. Unsere menschlichen Körper fordern unseren konkreten Beitrag auf dieser Erde. Sich diesen „niederen" Arbeiten zu verwehren und auf „geistigere" Ebenen auszuweichen, erinnert wenigstens in Spuren an eine gewisse Hybris, war der Himmel doch nicht zufällig in allen alten Kulturen den Göttern zugeordnet. Das scheint es zu sein, was Sarah mit „subtilem Stolz" meint, wenn er sich fragt, welches Motiv hinter dieser Haltung steckt.

Dies also ist ein Appell nach einem Bekenntnis zum Menschen, aller Angst und Ohnmacht zum Trotz. Eine Verurteilung, die sich de facto gegen die überwiegende Mehrheit der Bevölkerung richtete, ließe nichts und niemanden gewinnen. Der Appell besteht also auch zum Trotze aller menschlichen Schwäche. Dieser Appell ist dringlich. Erst in einer entsprechenden Haltung, die aus Bewusstheit erwächst, kann dieses Menschsein, das so unter Beschuss ist, seine Wertschätzung erfahren und den Raum finden, sich endlich zu entfalten, wie es ursprünglich gemeint war. So ist auch das Credo eines dauerhaften Friedens ohne Angriffe von außen einer kritischen Betrachtung zu unterwerfen. Wie aber kann er gelingen? Sicherlich nicht, indem wir uns keine Feinde machen wollen. Wieder dieser alte Prophet: „Liebt Eure Feinde, wie Euch selbst", gab er uns auf den Weg und inkludierte damit die Tatsache von Feindschaft.

Wer das Wesen der Polarität endlich erfasst hat, verliert keine Zeit mehr damit, sich über die Rettung der Menschheit aus der einen oder anderen Richtung Illusionen zu machen. Es ist an uns! Dieses Spiel, mit oft grausamen Facetten, verlangt danach, dem Bösen ins Auge zu blicken. Und sind die Menschen nicht böse, so weisen sie alle übrigen Grauschattierungen auf, die die Farbpalette hergibt. Es wäre nicht unsere Welt, bestünde sie nicht in jedem ihrer Puzzlesteine aus dem lichten und dem dunklen Pol. Wir tun gut daran, beiden unseren Respekt zu zollen. Nur in einer Erkenntnis der Daseinsberechtigung aller Ausdrücke menschlicher Natur können wir uns überhaupt aufmachen, Frieden zu finden. Frieden, den wir zuerst in uns selbst ausmachen müssen.

Literatur- und Quellenverzeichnis

Apotheke Adhoc, *Keine 2 Meter: Spahn und das Aufzug-Dilemma*, https://www.apotheke-adhoc.de/nachrichten/detail/politik/keine-2-meter-spahn-und-das-aufzug-dilemma-corona-abstandsregel/, zuletzt abgerufen am 07.05.24.

Arendt, Hannah, *Elemente und Ursprünge totaler Herrschaft, Antisemitismus, Imperialismus, Totalitarismus*, Verlag Piper, München, 1991.

Bachmeier, Uli, *Hetze gegen Claudia Roth auf Facebook-Seite der CSU*, https://www.augsburger-allgemeine.de/bayern/Claudia-Roth-Hetze-gegen-Claudia-Roth-auf-Facebook-Seite-der-CSU-id36293467.html, zuletzt abgerufen am 08.05.24.

Balmès, Thomas, *Bébés*, StudioCanal, 2010.

Barozet E. et. Al., *The Chilean socio-ethno-genomic cline*, https://www.tandfonline.com/doi/full/10.1080/19485565.2021.1879626, zuletzt abgerufen am 28.06.21.

Basad, Judith Sevinc, *Student muss 1500 € Strafe zahlen, weil er Corona–Deutschland ‚Drecksstaat' nannte*, https://www.nius.de/Gesellschaft/student-muss-1500-euro-strafe-zahlen-weil-er-corona-deutschland-drecksstaat-nannte/9f794d5d-1693-4aeb-88d0-e9cedb29bad3, zuletzt abgerufen am 08.05.24.

Bauer, Rudolph, *Die Schlange wechselt ihre Haut / und bleibet Schlange nach wie vor. Oder: Beiderseits der Brandmauer: Kartellparteien und AfD*, http://nrhz.de/flyer/beitrag.php?id=28735, zuletzt abgerufen am 07.05.24.

Beck, Norbert, *COVID-19-Obduktionen: Harte Fakten*, Deutsches Ärzteblatt 2020; 117(26): A-1333 / B-1131, https://www.aerzteblatt.de/archiv/214530/COVID-19-Obduktionen-Harte-Fakten, zuletzt abgerufen am 08.05.24.

Berlet, Chip, *Mussolini on the Corporate State*, https://politicalresearch.org/2005/01/12/mussolini-corporate-state, zuletzt abgerufen am 08.05.24.

Berlin, *Wissenswertes über die Ministerpräsidentenkonferenz*, https://www.berlin.de/rbmskzl/politik/senatskanzlei/bundesangelegenheiten/die-ministerpraesidentenkonferenz/wissenswertes-1351117.php, zuletzt abgerufen am 06.05.24.

Bill and Melinda Gates Foundation, https://www.gatesfoundation.org/, zuletzt abgerufen am 07.05.24.

Binder, Lisa Marie, *Der Rechts-Befund – Anspruch und Wirklichkeit des Grundgesetzes als Leitbild für unsere Gesellschaft*, massel Verlag 2024.

Binder, Lisa Marie, *Der Viruspabst*, https://www.manova.news/artikel/der-virus-papst, zuletzt abgerufen am 08.05.24.

Binder, Lisa Marie, *Die Enttarnung Teil 1/2*, https://www.manova.news/artikel/die-enttarnung, zuletzt abgerufen am 08.05.24.

Binder, Lisa Marie, *Gefährliche Masken-Pädagogik*, https://www.manova.news/artikel/gefahrliche-masken-padagogik, zuletzt abgerufen am 07.05.24.

Binder, Lisa Marie, *Rohe Vorweihnachtszeit*, https://www.manova.news/artikel/rohe-vorweihnachtszeit, zuletzt abgerufen am 08.05.24.

Böhl, Lukas, *90 statt 180 Tage, Genesenenstatus: Gilt die Verkürzung rückwirkend?*, https://www.stuttgarter-nachrichten.de/inhalt.genesenenstatus-verkuerzt-rueckwirkend-mhsd.b8962515-2fba-4957-bb99-d0b1e5043421.html, zuletzt abgerufen am 10.05.24.

BR24, *Masken-Urteil: Ermittlungen gegen Weilheimer Richterin beendet*, https://www.br.de/nachrichten/bayern/masken-urteil-ermittlungen-gegen-weilheimer-richterin-beendet,ScjlIkX, zuletzt abgerufen am 07.05.24.

Bundesamt für Verfassungsschutz, *Verfassungsschutzrelevante Delegitimierung des Staates*, https://www.verfassungsschutz.de/DE/themen/verfassungsschutzrelevante-delegitimierung-des-staates/verfassungsschutzrelevante-delegitimierung-des-staates_node.html, zuletzt abgerufen am 15.09.23.

Bundesministerium der Justiz, *Fragen und Antworten zur Neufassung der Strafvorschrift der Volksverhetzung (§ 130 des Strafgesetzbuchs)*, https://web.archive.org/web/20221119220814/, https://www.bmj.de/SharedDocs/Artikel/DE/2022/1028_Paragraf130_FAQ.html.

Bundesministerium für Bildung und Forschung, *Corona-Impfstoffe im Vergleich: Unterschiede der Impfstoffarten*, https://www.bmbf.de/bmbf/shareddocs/kurzmeldungen/de/coronavirus-impfstoffe-im-vergleich.html, zuletzt abgerufen am 12.12.2023.

Bundesverfassungsgericht, *Abschussermächtigung im Luftsicherheitsgesetz nichtig, Pressemitteilung Nr. 11/2006 vom 15. Februar 2006*, https://www.bundesverfassungsgericht.de/pressemitteilungen/bvg06-011.html.

Business Insider, *In New York sterben 80 Prozent der Covid-19-Patienten, die an ein Beatmungsgerät angeschlossen werden — einige Mediziner versuchen, diese nicht mehr zu verwenden*, https://www.businessinsider.de/wissenschaft/gesundheit/80-prozent-der-kuenstlich-beatmeten-corona-patienten-in-newyork-sterben-2020-4/, zuletzt abgerufen am 02.11.23.

Center for Health Security, *Event 201 Pandemic Exercise: Segment 4, Communications Discussion and Epilogue Video*, https://www.youtube.com/watch?v=LBuP40H4Tko, 07.05.24

Centers for Disease Control and Prevention, *CDC 2019-Novel Corona virus (2019-nCoV) Real-Time RT-PCR Diagnostic Panel*, https://www.fda.gov/media/134922/download, zuletzt abgerufen am 10.05.24.

Charny, Israel W., *Encyclopedia of Genocide: A-H*, Verlag Bloomsbury Academic, 2000.

Chen, Tinggui et. al., *Changes of people's fertility attitudes based on analysis of online public opinion on three-child policy in China*, https://www.tandfonline.com/doi/full/10.1080/19485565.2023.2271831, zuletzt abgerufen am 08.05.24.

Churchwell, Sarah, *American Fascism: It Has Happened Here*, https://www.nybooks.com/online/2020/06/22/american-fascism-it-has-happened-here/, zuletzt abgerufen am 08.05.24.

Creifelds Rechtswörterbuch, C.H. Beck Verlag, München, 13. Auflage, 1996.

DDR-Kabinett Bochum, *Rede von Egon Krenz auf der Festveranstaltung des DDR-Kabinett-Bochum am 12.10.2019, zum 70. Jahrestag der DDR*, https://ddr-kabinett-bochum.blogspot.com/2019/10/rede-von-egon-krenz-auf-der.html, zuletzt abgerufen am 08.05.24.

Deutscher Bundestag, https://www.bundestag.de/.

Deutscher Bundestag, *Ja zu Gesetzen zum Bevölkerungs- und Sozialschutz und zu Krankenhäusern*, https://www.bundestag.de/dokumente/textarchiv/2020/kw13-de-corona-infektionsschutz-688952, zuletzt abgerufen am 19.07.23.

Die Bibel nach der Übersetzung Martin Luthers, Stuttgart 2017.

Dowideit, Anette, Nabert, Alexander, *Wenn der Staatssekretär Wissenschaftler zu ‚maximaler Kollaboration' aufruft*, https://www.welt.de/politik/deutschland/plus225868061/Corona-Politik-Wie-das-Innenministerium-Wissenschaftler-einspannte.html, zuletzt abgerufen am 08.05.24.

Drebes, Jan, *Was die Ministerpräsidentenkonferenz entscheiden darf – und was nicht*, https://rp-online.de/politik/deutschland/corona-mpk-heute-912-themen-termine-und-entscheidungen-der-ministerpraesidentenkonferenz-9-dezember_aid-54251433, zuletzt abgerufen am 06.05.24.

Eco, Umberto, Saviano Roberto et. al, *Der ewige Faschismus*, Hanser Verlag, 2020.

Esposito, Fernando, *Faschismus – Begriff und Theorien*, https://docupedia.de/zg/Faschismus#cite_ref-136, zuletzt abgerufen am 07.05.24.

EU Debates, *European Commission approves Pfizer's Covid-19 vaccine after EMA agency gives safety OK*, https://www.youtube.com/watch?v=te6Ho-XoBNQ, zuletzt abgerufen am 07.05.24.

European Commission, Directorate-General for Health and Food Safety, *APA BionTech-Pfizer, Advanced purchase agreement (APA) for the development, production, priority-purchasing options and supply of a successful covid-19 vaccine for EU member States*, https://ia802304.us.archive.org/25/items/contract_03/Contract%203.pdf, zuletzt abgerufen am 07.05.24.

European Medicines Agency (Europäische Arzneimittel Agentur), *Risk Management Plan, November 2022, COMIRNATY (COVID-19 mRNA VACCINE) RISK MANAGEMENT PLAN*, https://www.ema.europa.eu/en/documents/rmp-summary/comirnaty-epar-risk-management-plan_en.pdf, zuletzt abgerufen am 07.05.24.

Flanker, *OVRA*, https://biblio.toscana.it/argomento/OVRA, zuletzt abgerufen am 08.05.24.

Forbes Breaking News, *VIRAL GAFFE: VP Kamala Harris Calls To 'Reduce Population'—She Means 'Pollution'*, https://www.youtube.com/watch?v=-ls1Ou24sLk, 08.05.24.

Friedrich, Carl Joachim, Brzezinski, Zbigniew K., *Totalitarian Dictatorship and Autocracy*, Harvard University Press; REV. Reprint 2014 ed. Edition (5. Februar 1965).

Fröhlich, Alexander, *Angeblich unrechtmäßige Polizei-Gewalt in Berlin: Geht der UN-Beauftragte für Folter den Querdenkern auf den Leim?*, https://www.tagesspiegel.de/berlin/geht-der-un-beauftragte-fur-folter-den-querdenkern-auf-den-leim-4268830.html, zuletzt abgerufen am 07.05.24.

Gallati, Jean-Pierre, SRF, *Corona-Podium Aarau, Ich habe mir überlegt, ob man abbrechen soll*, https://www.srf.ch/news/regional/aargau-solothurn/corona-podium-aarau-ich-habe-mir-ueberlegt-ob-man-abbrechen-soll, zuletzt abgerufen am 06.05.24.

Gates, Bill, https://rumble.com/embed/vhz9dj/?pub=m6fb1, zuletzt abgerufen am 14.05.24.

GAVI, The Vaccine Alliance, *COVAX*, https://www.gavi.org/covax-facility, zuletzt abgerufen am 08.05.24.

Gensing, Patrick, *Wenn umdrehen zur Nazi-Methode wird*, https://www.tagesschau.de/faktenfinder/kampagnen-roth-101.html, zuletzt abgerufen am 08.05.24.

Glascock, Stuart, *Mighty is the Man Who Wears the Purple and the Gold, The immense impact of Bill Gates Sr.*, https://web.archive.org/web/20190109204813/, https://www.washington.edu/alumni/columns-magazine/june-2013/features/gates/.

Gur-Arie, Rachel, *American Eugenics Society (1926-1972)*, Embryo Project Encyclopedia (2014-11-22). ISSN: 1940-5030, 08.05.24; Arizona State University, *American Eugenics Society*, https://hdl.handle.net/10776/8241, zuletzt abgerufen am 08.05.24.

Hägler, Fabian, *Sympathisanten wollten coronakritischen Wettinger Arzt Binder aus der Psychiatrie befreien*, https://www.aargauerzeitung.ch/aargau/kanton-aargau/bericht-sympathisanten-wollten-coronakritischen-dr-binder-aus-der-psychiatrie-befreien-ld.2160011, zuletzt abgerufen am 07.05.24.

Hellwig, in: Nipperdey, Hans Carl (Hrsg.), *Die Grundrechte und Grundpflichten der Reichsverfassung*, Bd. II, Hobbing Berlin, 1930.

Hersh, Seymour, *The cover-up*, https://seymourhersh.substack.com/p/the-cover-up, zuletzt abgerufen am 07.05.24.

Hildebrandt, Camilla, *Die Corona-Rechtsprechung hat sich vom Leben entkoppelt*, https://multipolar-magazin.de/artikel/rechtsprechung-vom-leben-entkoppelt, zuletzt abgerufen am 07.05.24.

Holzeisen, Renate im Video: *Die kommende Weltregierung*, Walter van Rossum, ab Minute 58:00, https://www.manova.news/artikel/die-kommende-weltregierung-2, zuletzt abgerufen am 07.05.24.

Huber, Ernst Rudolf, *Deutsche Verfassungsgeschichte seit 1789*, Bd. II, 1988, Bd. VI, 1981, Verlag: W. Kohlhammer, Stuttgart, Berlin, Köln, Mainz.

In Franken, *Corona-Verstorbene, Obduktion von Covid-19-Toten: Warum das RKI seine Meinung geändert hat*, https://web.archive.org/web/20201125174609/, https://www.infranken.de/ratgeber/gesundheit/covid-19-patienten-obduzieren-das-rki-raet-jetzt-doch-dazu-art-4992924.

Johns Hopkins Bloomberg School of Public Health, *About the Event 201 exercise*, https://web.archive.org/web/20220707015503/, https://www.centerforhealthsecurity.org/our-work/exercises/event201/about.

Johns Hopkins Bloomberg School of Public Health, *Event 201 Pandemic Tabletop Exercise*, https://web.archive.org/web/20230430132733/https://centerforhealthsecurity.org/our-work/tabletop-exercises/event-201-pandemic-tabletop-exercise.

Johns Hopkins Bloomberg School of Public Health, *PUBLIC-PRIVATE COOPERATION FOR PANDEMIC PREPAREDNESS AND RESPONSE A CALL TO ACTION*, https://web.archive.org/web/20220719012239/https://www.centerforhealthsecurity.org/our-work/exercises/event201/event201-resources/200117-PublicPrivatePandemicCalltoAction.pdf.

Johns Hopkins Bloomberg School of Public Health, *Tabletop Exercise Event 201, Segment 4, Communications Discussion and Epilogue Video*, https://centerforhealthsecurity.org/our-work/tabletop-exercises/event-201-pandemic-tabletop-exercise, zuletzt abgerufen am 22.04.24.

Johns Hopkins Bloomberg School of Public Health, *The Event 201 scenario*, https://web.archive.org/web/20220707015510/https://www.centerforhealthsecurity.org/our-work/exercises/event201/scenario.html.

Kappelsberger, Florian, *Marke Maske*, https://www.sueddeutsche.de/muenchen/ebersberg/im-rathaus-grafing-marke-maske-1.5058976, zuletzt abgerufen am 07.05.24.

Kenya Conference of Catholic Bishops, *STATEMENT BY THE KENYA CONFERENCE OF CATHOLIC BISHOPS ON MASS TETANUS VACCINATION CAMPAIGN CARRIED OUT IN KENYA IN MARCH AND OCTOBER 2014*, https://web.archive.org/web/20200426144832/https://www.kccb.or.ke/home/news-2/pressstatement-tetanus/.

Kiss, Pascal, Ehrenfeld, Franziska, Simon, Veronika, *Impfdurchbrüche, Können infizierte Geimpfte andere mit Covid-19 anstecken?*, https://www.swr.de/wissen/ansteckend-trotz-corona-impfung-forschung-100.html, zuletzt abgerufen am 22.2.2022.

Klöckner, Marcus, Jens Wernicke, *Möge die gesamte Republik mit dem Finger auf sie zeigen*, Rubikon-Verlag, November 2022.

Konrad Adenauer Stiftung, *Verfassungsschutzrelevante Delegitimierung des Staates*, https://www.kas.de/de/web/extremismus/verfassungsschutzrelevante-delegitimierung-des-staates, zuletzt abgerufen am 08.05.24.

Kumar, Isabelle, Sans, Sabine, *Klaus Schwab: „Wir können nicht zur alten Normalität zurückkehren*, https://de.euronews.com/2020/11/17/klaus-schwab-wir-konnen-nicht-zur-alten-normalitat-zuruckkehren, zuletzt abgerufen am 08.05.24.

Kurbegovic, Erna, Leung, Colette, Eugenics Archive, *American Eugenics Society*, https://www.eugenicsarchive.ca/connections?id=5233e53d-5c2ec5000000000e2, zuletzt abgerufen am 08.05.24.

Landeszentrale für politische Bildung Baden-Württemberg, *Rechtsextremismus*, https://www.demokratie-bw.de/rechtsextremismus, zuletzt abgerufen am 08.05.24.

Latson, Jennifer, *What Margaret Sanger Really Said About Eugenics and race*, https://time.com/4081760/margaret-sanger-history-eugenics/, zuletzt abgerufen am 08.05.24.

Latypova, Sasha, *Covid-19-Countermeasures: Evidence of the intent to harm,* https://rumble.com/v28i9hh-sasha-latypova-covid-19-countermeasures-evidence-of-the-intent-to-harm.html, zuletzt abgerufen am 07.05.24; Manovas Weltredaktion, Das unrechtmäßige Gesetz, https://www.manova.news/artikel/das-unrechtmassige-gesetz, zuletzt abgerufen am 07.05.24.

Legnani, Massimo, *Sistema di potere fascista, blocco dominante, alleanze sociali,* in: Angelo Del Boca/Massimo Legnani/Mario G. Rossi, *Il regime fascista. Storia e storiografia,* Roma-Bari 1995.

Lewin, Kurt, in: Matthias Burchardt, *Wer sich nicht verändert, wird verändert; Governance, Schulentwicklung und Change als Bausteine totaler Steuerung.*

Mancini, Mario, *La dottrina del fascismo,* https://marioxmancini.medium.com/la-dottrina-del-fascismo-a492747a69c9, zuletzt abgerufen am 08.05.24.

Matthews, Kirstin RW, Ho, Vivian, *The grand impact of the Gates Foundation. Sixty billion dollars and one famous person can affect the spending and research focus of public agencies,* https://www.ncbi.nlm.nih.gov/pmc/articles/PMC2373372/, zuletzt abgerufen am 08.05.24.

Matuschek, Milosz, *Stromaufwärts zur Quelle,* Verlag Milosz Matuschek, 2023.

Mazur, Lucas B., et. al., *Female and male body image ideals among Arab immigrants and Germans in Germany,* https://www.tandfonline.com/doi/full/10.1080/19485565.2021.1983759, zuletzt abgerufen am 28.09.21.

Mies, Ullrich, *Westliche Welt im Ausnahmezustand,* https://web.archive.org/web/20230319221708/https://www.rubikon.news/artikel/westliche-welt-im-ausnahmezustand.

Miller, Alison, Werde, wer Du wirklich bist, Asanger Verlag, 4. Auflage 2020.

Moses, Theodora R., *American Birth Control League,* https://www.britannica.com/topic/American-Birth-Control-League, zuletzt abgerufen am 08.05.24.

Mussolini, Benito, Gentile, Giovanni, *La dottrina del fascismo e i documenti ufficiali dal 1919 al 1945,* Passaggio al bosco, 2019.

Nand, Kripa N. et. al., *Priming with DNA Enhances Considerably the Immunogenicity of hCG β–LTB Vaccine,* https://onlinelibrary.wiley.com/doi/abs/10.1111/aji.12388, zuletzt abgerufen am 08.05.24.

Nava, Victor, *Kamala Harris says US must 'reduce population' to fight climate change in latest gaffe,* https://nypost.com/2023/07/15/kamala-harris-says-us-must-reduce-population-to-fight-climate-change-in-latest-gaffe/, zuletzt abgerufen am 08.05.24.

Nolte, Ernst, *Der Faschismus in seiner Epoche,* Piper Verlag, München, 1984.

Nolte, Ernst, *Vergangenheit, die nicht vergehen will. Eine Rede, die geschrieben, aber nicht gehalten werden konnte,* zuerst in: FAZ, 6.6.1986, Historikerstreit.

Ntv, *Wie Erdbeben und Tornados, Gates sieht in Pandemien neue Normalität,* https://www.n-tv.de/panorama/Gates-sieht-in-Pandemien-neue-Normalitaet-article22320631.html, zuletzt abgerufen am 08.05.24.

Oller et. al., *HCG Found in WHO Tetanus Vaccine in Kenya Raises Concern in the Developing World,* https://www.researchgate.net/publication/320641479_HCG_Found_in_WHO_Tetanus_Vaccine_in_Kenya_Raises_Concern_in_the_Developing_World, zuletzt abgerufen am 08.05.24.

Ossenbühl, Fritz, *Staatsphilosophie und Rechtspolitik. Festschrift für Martin Kriele zum 65. Geburtstag,* C.H. Beck Verlag, München, 1997.

Özgören, Ayse Abbasoglu, Ergöcmen, Banu, *Under-5 mortality and morbidity outcomes of fertility postponement in Turkey: explanations by observed and unobserved characteristics,* https://www.tandfonline.com/doi/full/10.1080/19485565.2020.1821596, zuletzt abgerufen am 28.06.21.

Papier, Hans-Jürgen, *Deutschland zwischen Covid und Klima, Grundrechte unter Vorbehalt?,* Denkfabrik R21, 18.09.2023, https://www.youtube.com/watch?v=TuwtiqRUUPU, zuletzt abgerufen am 07.05.24.

Pharma Relations, *#wirbleibenzuhause: Scholz & Friends kommuniziert für das BMG,* https://www.pharma-relations.de/news/wirbleibenzuhause-scholz-friends-kommuniziert-in-der-corona-krise-fuer-das-bmg, zuletzt abgerufen am 13.01.22; healthreminder, https://www.healthreminder.de/news/wirbleibenzuhause-scholz-friends-kommuniziert-in-der-corona-krise-fuer-das-bmg, zuletzt abgerufen am 10.05.24

Ploppa, Hermann, *Hitlers amerikanische Lehrer,* Liepsen Verlag, 2016.

PTA heute, *Erste Hilfe auch in COVID-19-Zeiten,* https://www.ptaheute.de/corona-pandemie/corona-schutzmassnahmen/erste-hilfe-auch-in-covid-19-zeiten, zuletzt abgerufen am 07.05.24.

Püschel, Klaus/ Aepfelbacher, Martin, *Umgang mit Corona-Toten: Obduktionen sind keinesfalls obsolet,* Dtsch Arztebl 2020; 117(20): A-1058 / B-892, https://www.aerzteblatt.de/archiv/214070/Umgang-mit-Corona-Toten-Obduktionen-sind-keinesfalls-obsolet, zuletzt abgerufen am 10.05.24.

Regenauer, Tom-Oliver, *Mord ist ihr Hobby,* https://www.manova.news/Art.ikel/mord-ist-ihr-hobby, zuletzt abgerufen am 08.05.24.

Rieg, Timo, *Covid: Schwere Vorwürfe wegen massenhafter künstlicher Beatmung,* https://www.telepolis.de/features/Covid-Schwere-Vorwuerfe-wegen-massenhafter-kuenstlicher-Beatmung-9048800.html, zuletzt abgerufen am 07.05.24.

Robert-Koch-Institut, *Das RKI im Nationalsozialismus*, https://www.rki.de/DE/Content/Institut/Geschichte/ns-geschichte_node.html, zuletzt aufgerufen am 10.05.24.

Robert-Koch-Institut, *Verfolgte Ärzte im Nationalsozialismus, Dokumentation zur Ausstellung über das SA-Gefängnis General-Pape-Straße*, https://edoc.rki.de/handle/176904/5442, zuletzt aufgerufen am 10.05.24.

Sachs, Michael, Grundgesetz, Kommentar, 4. Auflage, Verlag C.H. Beck München, 2007.

Sandmann, Daniel, *Ich vergleiche, also bin ich*, https://www.manova.news/artikel/ich-vergleiche-also-bin-ich, zuletzt abgerufen am 07.05.24.

Sarah, Robert, Diat, Nicolas, *Herr, bleibe bei uns, denn es will Abend werden*, Librairie Arthème Fayard, 2019.

Sattelmaier, Dirk in: MANOVA im Gespräch: *Ungebetene Gäste in Uniform* (R. Bauer, L. M. Binder-Raupenstrauch und D. Sattelmaier), ab Minute 39:00, https://www.youtube.com/watch?v=fWja64tRhIk, zuletzt abgerufen am 08.05.24.

Scherrer, Lucien, *Donald Trump wird gesperrt, Ayatollah Khamenei darf weiter twittern – beim Kurznachrichtendienst herrscht politische Willkür*, https://www.nzz.ch/feuilleton/twitter-files-elon-musk-matt-taibbi-ld.1717034, zuletzt abgerufen am 10.05.24.

Schmale, Holger, *Regierungen zeigen die Instrumente*, https://www.fr.de/wirtschaft/regierungen-zeigen-instrumente-11667665.html, zuletzt abgerufen am 07.05.24.

Schober, Jessica, *Impfgegnerin will weiter in KZ-Gedenkstätte arbeiten*, Süddeutsche Zeitung vom 11.12.2022.

Scholten, Jan, *Homöopathie und die Elemente*, Narayana Verlag, 1997.

Schreyer, Paul, *Es sollte hochskaliert werden*, https://multipolar-magazin.de/artikel/rki-protokolle-1, zuletzt abgerufen am 18.03.24.

Schwab, Klaus, Malleret, Thierry, *Covid-19: The Great Reset*, Forum Publishing, 2020.

Schwab Klaus, *Die Vierte Industrielle Revolution* (German Edition), Pantheon Verlag, 2016.

Seibert, Thomas-Michael, Hildebrandt, Camilla, *Das ist ein kalkulierter Verfassungsverstoß* Expressis-verbis, https://www.expressis-verbis.lu/2021/12/09/das-ist-ein-kalkulierter-verfassungsverstoss/, zuletzt abgerufen am 07.05.24.

Seldmair, Eirik, *Düsseldorfer Verwaltungsgerichtspräsident kritisiert Merkel scharf*, https://rp-online.de/nrw/landespolitik/verwaltungsgericht-duesseldorf-deutliche-kritik-an-merkel_aid-57704339, zuletzt abgerufen am 07.05.24.

Sharav, Vera, Klardenker, *Gedenkveranstaltung 75 Jahre Nürnberger Kodex Vera Sharav – Wöhrder Wiese Nürnberg 20.08.22*, Minute 9:38, https://www.mediarebell.com/watch/OVBRj9A8fh7boqz, zuletzt abgerufen am 07.05.24.

Silberg, Veronika, *Mir kommen die Tränen": Bilder schockieren – Kleines Kind in China wegen Corona komplett allein isoliert*, https://www.merkur.de/welt/china-corona-regeln-massnahmen-quarantaene-isolation-kinder-video-bilder-weibo-90991057.html, zuletzt abgerufen am 07.05.24.

Süddeutsche Zeitung, *Bill Gates: Massenproduktion von Corona-Impfung vorbereiten*, https://www.sueddeutsche.de/politik/regierung-bill-gates-massenproduktion-von-corona-impfung-vorbereiten-dpa.urn-newsml-dpa-com-20090101-200401-99-550543, zuletzt abgerufen am 07.05.24.

Synchron, *Neurotechnology to address the limitations of the human body*, https://synchron.com/, zuletzt abgerufen am 08.05.24.

Talwar, G.P., Raghupathy, Raj, *Anti-fertility vaccines*, https://www.sciencedirect.com/science/Art.icle/abs/pii/0264410X89900431?via=ihub, zuletzt abgerufen am 08.05.24.

Taz, *Anwältin aus Psychiatrie entlassen*, https://taz.de/Juristin-Beate-Bahner-in-der-Klinik/!5679099/, zuletzt abgerufen am 07.05.24.

The national WW II Museum, *Confronting the Histories of Vichy and European Fascism: An Interview with Robert O. Paxton*, https://www.nationalww2museum.org/war/articles/robert-paxton-vichy-france, zuletzt abgerufen am 08.05.24.

The University of Melbourne, *The Fourth Industrial Revolution, Klaus Schwab*, http://law.unimelb.edu.au/__data/assets/pdf_file/0005/3385454/Schwab-The_Fourth_Industrial_Revolution_Klaus_S.pdf, zuletzt abgerufen am 08.05.24.

Valentin, Hugo, *Antisemitenspiegel. Der Antisemitismus: Geschichte, Kritik, Soziologie.*, Wien 1937.

Van Rossum, Walter, The Great WeSet, „Alternativen in Medien und Recht", massel Verlag, 2023.

Vorsamer, Barbara, *PR-Agentur Hill & Knowlton:Schmutzige Sprechblasen*, https://www.sueddeutsche.de/politik/pr-agentur-hill-knowlton-schmutzige-sprechblasen-1.179920, zuletzt abgerufen am 06.05.2024.

Wikipedia, https://www.wikipedia.de/.

Wirsching, Andreas, *Vom Weltkrieg zum Bürgerkrieg? Politischer Extremismus in Deutschland und Frankreich 1918-1933/39. Berlin und Paris im Vergleich*, München 1999.

Wittgenstein, Ludwig, Philosophische Untersuchungen, Bibliothek Suhrkamp, Frankfurt a.M., 1977.

World Economic Forum, *Augmented tech can change the way we live, but only with the right support and vision*, https://www.weforum.org/agenda/2022/08/ethics-not-technological-limits-will-be-the-guiding-factor-for-an-augmented-age/, zuletzt abgerufen am 08.05.24.

World Economic Forum, *Leadership and Governance*, https://www.weforum.org/about/leadership-and-governance/, zuletzt abgerufen am 08.05.24.

World Health Organization, *Contributors*, https://open.who.int/2018-19/contributors/contributor, zuletzt abgerufen am 06.09.23.

Xiangzhen, Yu, in: Axel Dorloff, *50 Jahre Kulturrevolution in China. Das verdrängte Trauma einer ganzen Generation*, https://www.deutschlandfunkkultur.de/50-jahre-kulturrevolution-in-china-das-verdraengte-trauma-100.html, zuletzt abgerufen am 08.05.24.

Zehnpfennig, Barbara, *TOTALITARISMUS*, https://www.staatslexikon-online.de/Lexikon/Totalitarismus, zuletzt aufgerufen am 07.05.24.

Zimmermann, Niklas, *Ruft die Stadt Essen zur Denunziation von Bürgern auf?*, https://www.faz.net/aktuell/politik/inland/corona-in-essen-ruft-die-stadt-zur-denunziation-von-buergern-auf-17001551.html, zuletzt abgerufen am 08.05.24.

Entscheidungsverzeichnis

BayVGH, Urteil vom 02.08.2023, Az. 20 N 20.2861.

BVerfG, Beschluss der 3. Kammer des Ersten Senats vom 22. Juni 2018 - 1 BvR 2083/15 -, Rn. 1-35.

BVerfGE 20, 56, (97f.).

BVerfGE 27, 71 (81 f.).

BVerfGE 31, 314 (322).

BVerfGE 44, 125 (145).

BVerfGE 54, 208.

BVerfGE 83, 328 (295 f.).

BVerfGE 90, 27 (32 f.).

BVerfGE 107, 299 (329).

BVerfGE 115, 118 – 166.

BVerfGE 124, 300, 328 ff..

BVerfGE 159, 223-355.

US Supreme Court, Brandenburg v. Ohio, 395 U.S. 444 (1969), https://supreme.justia.com/cases/federal/us/395/444/, 08.05.24.

VGH München, Beschluss v. 08.09.2020 – 20 NE 20.2001, Rn. 28.

Mein Dank gilt:

Meinem Mann, der mir Raum dafür gibt, zu tun, was mir so wichtig ist, den unerbittlichen Lehrmeisterinnen in Gestalt meiner Töchter, meinem Verleger Martin, dessen beinahe uneingeschränktes *Ja* dieses Buch initiiert hat, Iris, für ihren Kopf in Sachen Stringenz und zuverlässige Informationsbeschaffung, meinem Kollegen Daniel, der ohne Wenn und Aber bereits war, sich tiefgründig mit meinen Gedanken zu befassen, Walter für sein Vorwort, das mir viel bedeutet, meinem Vater, in dem ich immer einen geistigen Sparringpartner finden konnte, meinem Bruder für seine nicht zu trübende Begeisterungsfähigkeit, meiner Mutter für alles, meinen Freunden, ohne die Vieles Nichts wäre, Marina!, für Weisheit und ihr Lachen, Jürgen, dessen Vertrauen in mein Anliegen nicht aufzuwiegen ist und dem lieben Gott für alle sogenannten „Zufälle" des Lebens.

The Great WeSet

Sachbuch-Reihe, 2023

Wir setzen dem Great Reset des Weltwirtschaftsforums ein **We**, ein **Wir**, entgegen. Die Reihe widmet sich der Gegenöffentlichkeit, die sich in vielen Bereichen des gesellschaftlichen Lebens formiert hat.

Vielleicht wird aus der »improvisierten Skizze« einer wirkungsvollen Freiheitsbewegung dann mit der Zeit ein großes Gemälde.

Roland Rottenfußer, manova.news

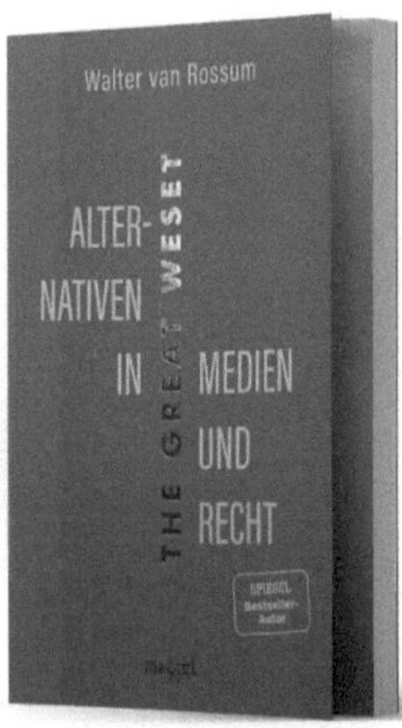

Im ersten Band stellt Walter van Rossum Alternativen in Medien und Recht vor.

ISBN 978-3-948576-06-6
September 2021

224 Seiten,
Inkl. Anhang mit über
50 Internetseiten und Blogs

© Dirk Wächter

Walter van Rossum, Jahrgang 1954, ist Journalist, Medienkritiker und mehrfacher Bestsellerautor. Er arbeitete u.a. für WDR, DLF und schrieb in der ZEIT, FAZ, u.v.a.

Seit Herbst 2021 diskutiert Walter van Rossum mit wechselnden Gesprächspartnern über brisante Themen der Gegenwart. Die Kultsendung »The Great WeSet« wird bei Manova und YouTube veröffentlicht.

Lob und Kritik

Teilen Sie Ihre Leseeindrücke! Autor und Verlag freuen sich über vielfältige **Rezensionen** unter:
www.masselverlag.de

Für einen lebhaften Dialog abonnieren Sie gerne auch unseren **Newsletter**. Wir informieren Sie über neue Bücher und Lesungen von Lisa Marie Binder.

Impressum

massel Verlag Martin Sell
Am Harras 14
81373 München
Germany
www.masselverlag.de
verlag@massel.net

Lektorat: Paul Andersson
Gestaltung: jedernet GmbH, München
Druck: ScandinavianBook, Neustadt a. d. Aisch

Wir freuen uns über Leserbriefe, Manuskripte von Neuautoren und Empfehlungen! Sie haben einen Fehler im Buch entdeckt? Schreiben Sie uns bitte eine E-Mail an: verlag@massel.net